청중을
깨우는
강해설교

청중을 깨우는 강해설교

1990년 5월 5일 · 제1판 1쇄 발행
2010년 6월 5일 · 제1판 23쇄 발행
2017년 10월 25일 · 개정판 4쇄 발행
2022년 7월 29일 · 개정판 6쇄 발행

지은이	이동원
발행인	김용성
펴낸곳	요단출판사
보 급	김동융, 이대성, 박준호

등 록	2018. 2. 6. 2018-000010호
주 소	07238) 서울특별시 영등포구 국회대로76길 10
기 획	(02)2643-9155
보 급	(02)2643-7290 Fax (02)2643-1877

ⓒ 1990. 이동원 all rights reserved.

값 15,000원
ISBN 978-89-350-1338-8 03230

이 책의 저작권은 저자가 소유하고 있습니다.
출판사의 사전 승인 없이 책의 내용이나 표지 등을 복제, 인용할 수 없습니다.

청중을 깨우는
강해설교

현대 강단의 위기와 기회

이동원 지음

요단

나의 설교의

가장 날카로운 비판자이면서

동시에 더 할 수 없이

따뜻한 격려자인

나의 아내 명자에게

이 책을 드립니다.

머·리·말

설교는 하늘을 위한 땅의 소리, 땅의 말씀이다. 설교는 전적으로 하나님 나라의 메시지여야 한다. 그러나 설교는 동시에 땅의 옷을 입고 땅의 언어로 들려져야 한다.

이 책은 본래 대전에 소재한 침례신학대학 목회대학원의 설교학 공개강좌를 글로 옮긴 것이다.

이 책은 설교의 방법론을 포함하지만 방법론에 주안점을 두고 강의한 내용도 아니다. 차라리 '설교신학'이라고 할까, 급변하는 시대의 정황 속에서 설교자가 끌어안고 고뇌해야 하는 강단의 과제를 안고 전체적으로 접근해 보려고 한 것이다.

설교도 하나의 사건이라면, 이 사건을 가능케 하는 여러 요인들을 신학적이면서도 실제적인 측면에서 다루어보고 싶었다. 그리하여 설교자들의 설교 위기를 진정한 설교의 기회로 승화시키고 싶었다. 여기서 필자는 필자 자신의 설교의 고민을 정직하게 투사하면서 우리 모두가 지향해야 할 설교의 목표를 가늠하려고 하였다.

침례신학대학교에서 강의한 내용이어서 자주 '침례교회'가 언급된 부분에 대해서는 독자의 양해를 구한다. 때로는 한국의 어떤 설교자의 이름, 특정 교단의 이름도 거론했는데 비판의 의도 없이 다만 강의의 핵심을 노출시키기 위한 예증이었음을 양지하시기 바란다. 그러나 이 강의의 전체 맥락은 오늘의 세계적 복음주의자들이 지향하는 '설교신학'에 성실하려고 하였다.

    이 책은 1990년에 처음 출간되었으나, 이 책에서 강조되었던 내용들은 아직도 우리의 강단에 유효한 것이어서 다시 새롭게 단장하여 출간하기로 하면서 시대에 맞지 않는 일부 내용과 표현들은 업그레이드 되었음을 알려 드린다. 설교의 십자가를 짊어진 선배, 동역자, 후배 사역자들, 귀먹은 이 시대의 청중을 깨우는 모든 설교자들에게 감사와 존경으로 이 책을 헌정한다.

이동원 드림

차·례

머리말 **6**

1장 현대와 설교
01. 설교의 위기 - 평신도의 경우 **11**
02. 설교의 위기 - 설교자의 경우 **15**

2장 설교의 학문적인 연관성
01. 분석과 종합의 갈등 **22**
02. 주경신학과 설교 **30**
03. 조직신학과 설교 **39**
04. 선교신학과 설교 **50**

3장 성서해석학의 과제
01. 성서해석학의 역사적 검토 **58**
02. 성서해석의 원칙들 **70**
03. 새로운 성서해석학의 등장 **100**
04. 복음주의적 성서해석학의 경향 **105**

4장 설교의 유형과 강해설교
01. 설교의 유형들 **113**
02. 강해설교가 아닌 것 **119**
03. 강해설교는 무엇인가? **121**
04. 강해설교의 역사와 과제 **128**

5장 귀납법적 강해설교
01. 귀납법적 성서연구 **134**
02. 귀납법적 강해설교 **150**

6장 설교자의 전제와 준비
01. 설교자 **168**
02. 청중 **189**
03. 설교 **200**

7장 설교의 형성과 전달
01. 설교 작성의 단계 **212**
02. 서론과 결론 **239**
03. 보조 자료의 사용 **250**
04. 커뮤니케이션 **259**

8장 설교와 초청
01. 초청의 성서적 근거 **273**
02. 초청의 역사적 실행 **277**
03. 초청의 문제점 **286**
04. 한국 강단에서의 초청의 적용 **299**
05. 초청의 방법 **306**

9장 설교 작성의 실례(룻기)
01. 룻기 전체 개요 **312**
02. 룻기 설교 실습 **315**

10장 설교의 영광과 소명 **327**

참고문헌 **332**

1장 / 현대와 설교

> "설교자는 현대라고 하는 시대적 상황과 설교라고 하는 성경적 상황을 동시에 가지고 있다. 이 두 가지 상황이 마주치면서 설교는 그 위기를 만들어낸다. 설교자가 만나는 청중이 가지고 있는 현대와 설교자가 천착해 있는 성서는 그 어느 것도 포기할 수 없는 동시적인 것이다. 바로 여기에서 설교자는 설교의 위기를 만나게 된다. 설교자는 이 두 가지 상황에 민감하지 않으면 안 된다."

01
설교의 위기 – 평신도의 경우

무역 중개상을 하고 있는 김영한이라는 사람이 있다. 토요일 밤늦게까지 바이어와 흥정하고 술대접을 하다가 기독교인의 양심 때문에 술을 입에만 적시면서 고민스러운 몇 시간을 보낸다. 주일 아침 피곤한 몸으로 깨어 아내와 함께 교회에 출석한다. 목사님은 종말론 교리설교를 이어가며, '천국의 소망'을 말씀하신다. 몇 주째 계속되는 테마이다. 오늘 오후 바이어를 만나 흥정의 마지막 타결을 어떤 선에서 할 것인가 생각하며 고민한다. 자기의 생각을 마무리 짓고 있는데, 갑자기 "다 같이 기도합시다." 하는 목사님의 목소리가 들린다.

장차 프로야구 선수를 지망하는 고등학생 오수영 군이 있다. 어젯밤 늦게까지 텔레비전에서 진행되는 경기장의 화려함을 지켜보고 잠자리에 들었던 오군은 주일 아침 목사님의 설교를 들으면서 무슨 일인지 오늘 따라 설교가 더 늘어지고 힘없는 할아버지의 잔소리처럼 느껴진다. 고저의 리듬도 없이 마냥 계속 되는 목사님의 설교가 언제쯤 끝날 것인가 생각하다가 자기도 모르게 눈을 감았다.

전문대 교수인 장세영 씨는 미국에서 만 7년 만에 Ph. D학위를 받았으나 마땅한 대학에 자리가 없어 전문대에 우선 눌러앉아 기회를 보기로 하고 귀국한 젊은 교수이다. 최근에 친구들과 아파트 단지 교회에 심심풀이로 나가고 있다. 그러나 "하나님은 절대적으로 살아계십니다." "당신은 계명을 지켜야 합니다." "하나님을 떠나면 지옥에 갑니다." "죽기를 원합니까, 살기를 원합니까?" 하고 소리치는 목사님의 설교가 너무 독선적이고 일방적이라는 생각이 들었다. 그는 설교를 들으며 기회가 있으면 불교 서적을 좀 탐독해야겠다고 생각한다.

신혼 주부인 이영애 씨는 얼마 전 아들 하나를 낳고 시집살이에 적응하느라 하루하루가 긴장의 연속이다. 시집올 때까지 계속해온 경건의 시간을 중단했다. "이것이 삶일까?" 어떤 회의가 그를 엄습한다. 오늘 교회에서 목사님은 "제자의 도리"를 설교하신다. 처녀 시절에 제자의 삶을 살겠다고, 선교사가 되겠다고 결심했던 자신이었다. 그러나 시어머니를 섬기고, 남편을 뒷바라지하고, 아기를 키우는 자신이 어떻게 제자가 될 수 있을 것인지 아무리 생각해도 신통한 해답이 없다. 문득 삶과 신앙에 대한 회의가 파도처럼 밀려오다가 깜빡 잠이 든 사이에 남편이 "당신 뭐해"라고 툭 치는 소리에 깜짝 놀라 잠을 깬다.

이러한 현상들에 대한 "소감이 어떠한가?"라고 설교자들에게 묻고 싶다. 이 네 종류의 사람은 오늘 이 시대를 살아가는 대표적인 현대인들의 모습이라고 생각한다. 처음 김영한 씨의 모습을 통해서 세속주의(secularism)라는 이 시대의 물결을 볼 수 있다. 거세게 밀려오는 이 세속 사회에서 세속적인 문제에 깊이 빠져 살아가고 있는 현대인들에게 오늘 우리가 선포하고 있는 설교의 의미는 무엇인가? 필자는 여기에 설교의 과제와 설교자의 고민이 있다고 생각한다.

두 번째, 오수영 군을 통해서 우리가 살고 있는 이 시대가 소위 멀티미디어(multi Media)시대임을 볼 수 있다. 모든 것이 빠르게 달려가며, 화려한 색채 문화가 등장하고 있는 이 시대 속에서 무미건조하고 일방적인 소리에 의존해야 하는 우리의 설교가 현대인들과 과연 어떻게 커뮤니케이션이 가능할 수 있겠는가? 이와 같은 상황 속에 바로 설교자의 고민이 있고 설교의 과제가 있다고 생각한다.

세 번째, 장세영 씨를 통해서 우리 시대의 상대주의(relativism)라는 한 특성을 볼 수 있다. 현대인들은 문자 그대로 '절대'를 거부해버렸다. 모든 것이 상대화될 수 있다고 생각한다. 상대주의 교육의 하수인이 되어버린 포스트모던 인들에게 하나님의 절대적인 메시지를 전달한다는 것이 과연 어떤 의미가 있는가? 여기에 또한 설교자의 고민이 있고 설교의 과제가 있다.

네 번째, 이영애 주부를 통해서 소위 현실주의(realism)라는 시대적

조류를 볼 수 있다. 이상이 사라지고 꿈을 버린 현대인들, 현실 속에서 거센 삶의 파도와 부딪치며 살아가는 이들에게 오늘 우리의 설교는 어떤 의미를 주는가?

02
설교의 위기 – 설교자의 경우

반석교회 김대균 목사는 설교가 끝나면 교회 현관에서 교인들과 인사를 할 때마다 교인들이 무슨 말로 설교에 대한 코멘트를 하는가에 유달리 민감한 편이다. 예배를 마치고 집에 돌아올 때면 그는 꼭 아내에게 "오늘 내 설교 어떠했소?" 하고 묻는다. 오늘 따라 "목사님, 은혜 받았습니다."라고 인사하는 사람이 많지 않다. 아내는 "오늘 설교의 핵심이 도대체 뭐예요?"라고 반문한다. 갑자기 힘이 쭉 빠져버린다. "그래도 김 집사는 은혜 받은 것 같던데 …" 하고 독백처럼 중얼거린다. 내일 아침 늦게까지 잠이나 자야겠다고 생각한다. 다음 주일 설교는 틀림없이 히트할 것이라고 다짐하면서 ….

은혜교회 이영신 목사는 요즈음 설교에 의욕을 잃고 있다. "아무리 외쳐도 우리 교회는 왜 사람들이 모이지 않을까? 왜 내 설교를 통해서 구원받았다고 간증하는 사람이 없을까? 왜 내 설교를 통해서 삶의 변화를 체험했다고 고백하는 사람들이 없을까? 설교한다는 것이 정말 효과가 있는 것일까? 아니, 나는 설교자의 소명이 없는데 괜히 이 길로 들어선 것이 아닐까?" 오늘 아침 준비한 설교 원고에 확신이 없다. 교회로 향하는 발걸음이 무겁기만 하다.

새소망교회 박모세 목사는 목회 생활 20년이다. 이제는 설교를 고민하지 않는다. 3년마다 한번씩 같은 본문에 설교 제목만 조금 바꾸어도 교인들은 알아차리지 못하는 듯하다. 어젯밤 한 20분 정도 옛날 원고를 다시 다듬었다. 설교보다도 이제는 교회 건축이 문제이다. 주일 아침 예배가 끝나자마자 사무회의를 소집한다. 빨리 설계를 확정지어야 하기 때문이다. "목사님, 오늘 설교는 왜 그렇게 바쁘세요?" 하고 한 집사가 묻자 "더 큰일이 있잖아요."라고 피하면서 대답한다.

목동교회 송균양 목사는 신학교 졸업한지 3년, 지난 달 목사 안수를 받았다. 설교를 본격적으로 시작한지 벌써 5년, 그러나 아직도 설교 준비가 두렵기만 하다. 토요일은 잠을 이룰 수 없다. 어젯밤은 2시간 정도 밖에 못자고 준비를 계속했으나 아직도 개요를 확정할 수 없다. "이 '성화'의 주제를 어떻게 전개할까?, 결론은 어떻게 맺어야할까? 구체적인 삶의 적용을 어떻게 도전해야 할까?" 아직도 결론 부분을 맺지 못한 채 원고를 성경에 끼고 무거운 발걸음으로 되도록 천천히 교회로 향한다.

여러분은 이 네 가지 유형 속에서 어디에 해당된다고 생각하는가? 필자는 이 네 분의 목사님을 통하여 설교자의 네 가지 형태를 생각해 보았다.

첫 번째, 반석교회 김대균 목사는 일종의 설교 도취형 목사이다. 정직하게 내가 누구이며 내 설교가 어떤 자리에 있는가 당의 문제에 직면하기를 거부하고 있는 목사가 아닐까?

두 번째, 은혜교회 이영신 목사는 설교 회의형 설교자이다. 그는 설교의 능력이나 혹은 자기 설교의 진정한 권위를 신뢰하지 못하고 있는 설교자이다.

세 번째, 새소망교회 박모세 목사는 설교 무관심형의 설교자이다. 그는 설교가 목회에서 얼마나 중요한 것인가를 알지 못한다. 설교가 차지하고 있는 자리, 혹은 설교의 우선순위, 그 중요도를 인식하지 못하고 하나의 매너리즘에 빠져서 그냥 주일이 되면 적당히 준비해서 강단에 올라 설교를 거듭하는 일종의 설교 무관심형의 설교자이다. 그러나 개신교의 가장 큰 권위는 강단에 있다.

네 번째, 목동교회 송균양 목사는 설교 고민형의 설교자이다. 그는 일종의 자학적인 기질의 설교자 혹은 완전주의적인 설교자일지도 모른다. 그는 설교는 될 수록 완전해야 된다고 생각한다. 그리고 그 완전과 표준에 도달하지 못한 자기의 설교 때문에 밤잠을 이루지 못하고 고민하지만 아직도 개요를 확정하지 못하고 있다.

도취형의 설교자나 회의형의 설교자나 무관심형의 설교자나 고민형의 설교자들에게는 모두 똑같이 설교의 위기가 있다.

여러분은 설교자로서 자신을 어떻게 평가하는가? 여러분 자신의 설교는 어떠한 방향으로 나아가고 있다고 생각하는가? 설교자는 자신이 살고 있는 사회에서 무엇이 진행되고 있으며 교인들이 무엇에 관심이 있는가를 알고 있어야 한다고 생각한다. 우리는 이런 이유에서 때로 신문과 텔레비전의 뉴스에도 시선을 던질 필요가 있다.

지난 청문회 석상에서 한 국회의원이 사회를 맡고 있던 사회자를 향해서 "당신, 설교하지 마시오."라고 말하는 것을 들었다. "설교 하지 마!"라는 말은 우리가 사용하는 많은 언어 가운데서도 우리의 귓전을 수없이 울리는 표현이다. 이와 같이 '설교' 라는 단어 자체가 지극히 부정적인 이미지를 형성하고 있는 시대 속에서, 현대인을 향해서 우리는 어떻게 설교할 것인가? 여기에 바로 설교의 위기가 있다.

 한 어린이가 엄마와 함께 교회에 와 설교를 듣다가 알아들을 수 없는 목사님의 이야기가 너무 오래 계속되자 그의 인내는 한계에 도달했다. 그 아이는 엄마에게 이렇게 말한다. "엄마, 저 사람에게 돈 주고 빨리 집에 가자."

 우리는 이 에피소드 속에서 적어도 목사의 설교가 이 어린이와는 상관없는 독백이었음이 분명하다고 생각할 수 있다.

 로마의 가톨릭 신학자였던 칼 라너(Karl Rhaner)는 설교의 위기를 이렇게 진단한다. "많은 사람들이 교회를 떠나가는 것은 강단으로부터 흘러나오는 말들이 그들에게 아무런 의미를 주지 못하기 때문이다. 설교는 그들 자신의 생활과 아무런 관련이 없으며, 그들을 위협하고 있는 많은 문제들을 설교자들의 설교가 그냥 지나치고 있기 때문이다." 여기에 설교의 위기가 있고, 이것은 바로 오늘의 설교가 극복해야 할 중요한 과제이다.

| 다른 설교자를 모방하는 것에 대해서 |

1. 독창성이 우선이다. 한 교회에 시무하시는 설교자들의 경우는 함께 살기 때문에 어쩔 수 없이 닮는 경우가 많다. 그러나 다른

교회의 어떤 유명한 설교자를 모방하려는 것은 좋은 태도가 아닌 것 같다. 그래서 필자는 개인적으로 다른 설교자들의 테이프를 잘 듣지 않는 편이다. 자꾸 듣다보면 그 설교자를 흉내 내려 하기 때문이다. 물론 과거에 그 사람의 설교 스타일은 어떠한가 해서 한 번씩은 듣기도 했다. 그러나 개인의 독창성을 유지하기 위해서는 많이 듣지 않는 편이 좋겠다고 생각한다.

각각의 설교자는 그분 한 분밖에 없는 것이다. 하나님께서 '내'게 주신 스타일을 가지고 자신의 독창적인 방법을 계발하는 것이 중요하다. 다른 설교자를 흉내 내는 것은 바람직하지 않다고 본다.

설교 초기에는 우리가 모방을 할 수도 있을 것이다. 필자도 초기에는 많은 모방을 하기도 했다. 사람들이 하는 일에는 하나님이 하시는 것과 같은 의미의 창조는 가능하지 않다. 오히려 사람들은 서로 모방을 하면서 영향을 주고받는 것이다. 단지 우리는 모방을 넘어서 창조적인 설교자가 되어야 한다는 말이다.

2. 좋은 설교를 분별할 수 있어야 한다. 필자가 뒤에서 소개할 사람 가운데 브라이슨(Bryson) 교수가 있는데, 그는 뉴올리언스 침례신학교의 설교학 교수이셨다. 한번은 이 교수가 학생들에게 좋은 설교를 한 편씩 써오라고 과제를 내주었다. 학생 한 명이 설교를 써왔는데 자세히 살펴보니 그 설교가 바로 자기 설교였다. 이름을 밝히지 않고 여러 사람이 한 설교를 편집해서 출판한 설

교집에 포함된 것이었다. 그 학생은 그 설교를 한 단어도 빠뜨리지 않고 그대로 베껴온 것이었다. 그래서 브라이슨 박사가 그 리포트에 F학점을 주었다. 그러자 그 학생이 항의하기를 "내 설교에 무슨 잘못이 있어서 F를 주는 것입니까?" 하였다. 그러자 브라이슨 박사가 씩 웃으면서 자신의 원고를 보여주고는 "학생, 그 설교는 이것을 베낀 것이 아닌가?" 하였다. 그러자 그 학생은 얼굴이 새빨개져서 어쩔 줄 몰라 했다. 그러자 그 교수는 그 학생을 꽉 껴안아주고는 걱정하지 말라고 하면서 다시 학점을 주겠다고 했다. 그리고는 F를 지워버리고 A를 주었다. 학생은 누구를 놀리나 싶어서 교수님의 얼굴을 쳐다보고 있으니, 교수는 그 학생을 향해서 이렇게 말한다. "자네에게는 한 가지 놀라운 사실이 있는데, 무엇이 좋은 설교인가를 분별할 수 있는 안목이 있다는 점일세."

우리는 모두 다 모방을 하게 된다. 설교가 어느 정도 모방으로부터 시작되는 것은 사실이다. 그러므로 모방은 사실 나쁜 것만은 아니라고 생각한다. 그러나 모방을 할 바에는 좋은 설교자를 모방하는 것이 좋다는 것이다.

3. 명작은 오래간다. 로이드 존스 목사님 같은 분은 1,200명 정도의 교인들이 모여 있는 웨스트민스터교회에서 설교를 하셨다. 사실 영국 런던에서 가장 많이 모이는 교회라고 해도 1,000명 정도밖에 되지 않는다. 존 스토트 목사님이 시무하셨던 교회도

역시 그 정도이다.

　그러나 이 두 분의 설교들은 앞으로 역사가 1000년이 흐른다 해도 많은 사람들이 읽기를 원하고 모방하기를 원하는 그런 위대한 내용과 질을 가지고 있는 설교라고 여겨진다. 그러므로 기왕이면 좋은 설교를 모방하는 것이 바람직하다는 것이다. 역사 속에 오래오래 남을 수 있는 설교의 거인들의 설교를 모방해서 우리가 배운다면 모방의 의미를 우리는 충분히 살릴 수 있을 것이다.

　그러나 이에 첨가하고 싶은 말은, 설교 초기에서는 그러한 모방이 가능하지만 몇 년이 지나게 되면 되도록 빨리 모방에서 벗어나 자신의 독창적이 설교를 계발하도록 해야 한다는 것이다.

2장 / 설교의 학문적인 연관성

> "설교는 다른 신학들과 밀접한 관계를 가진다. 설교는 성경을 말씀 그대로 읽어내는 주경신학, 현대적인 상황에 따라서 그 말씀을 정리한 조직신학, 그리고 말씀을 전하는 선교신학 등과 관계를 지닌다. 더 나아가서 설교는 성서가 가지고 있는 삶에 대한 포괄적인 관심을 동시에 가진다. 따라서 설교자는 어떤 부분에 머물러 있기를 거부하고 삶에 대한 전체 이해를 추구하여 그의 설교를 사람들의 삶과 연결시킨다."

01
분석과 종합의 갈등

　　서양철학, 즉 계몽주의 철학과 현대과학의 영향 중 하나가 분석하는 정신이다. 현대인들은 매사를 분석하는 시대정신에 매료당하고 있으며, 또 이 분석이 현대사회나 문화의 발달에 기여하고 있는 막대한 공로를 높이 평가하지 않을 수 없다. 그러나 이 분석하는 정신이 모든 것에 있어서 우리에게 유익한 것만은 아니다. 분석하는 정신이 우리에게서 빼앗아 간 중요한 것 중 하나는 사물을 '전체로서 바라보는 안목'(holistic view)이다. 근대의 산업혁명 이후 바로 우리 시대에서 일어나고 있는 정보혁

명의 대변혁을 우리는 경험하고 있다.

이러한 영향으로 우리 시대에 중요한 세 가지 문화적 특성이 나타나는데, 그 하나는 모든 것을 분류하는 분류주의(reductionism)이며, 둘째는 전문화(specialization)경향이며, 셋째는 모든 것을 분화시키는 분화주의(compartmentalization)이다. 비슷하지만 기술적으로 약간의 차이가 있는 표현들인데, 모두가 다 분석의 영향으로 나타난 것이다. 이것이 긍정적으로는 과학적 편리와 실용적 유익을 현대인들에게 가져다준 것이 사실이지만, 우리를 인격의 통합이 없는 편견에 찬 기능인으로 만드는 부정적인 측면의 경향도 있다. 한 가지 면에는 뛰어난 전문적인 지식이 있지만 다른 면에서는 매우 무지할 수 있다.

이와 같은 경향은 설교자들에게 있어서도 마찬가지이다. 설교자가 전문가로서 설교에 있어서는 매우 뛰어날 수 있지만, 다른 것에 관해서는 매우 둔감하고 무지하며, 인격적으로 균형이 없는 사람이 될 수 있다. 이러한 분석의 영향으로 학문과 학문 사이의 대화가 단절되고, 또 인간과 인간 사이의 벽이 두터워지며, 문화적 소외를 경험하는 인간 기형아가 더욱 많아지고 있는 것은 현대인의 비극이다.

학자들은 이런 분석적인 현대과학 정신을 일컬어 '선긋기'(line-drawing)라는 말로 설명하고 있다. 그런데 신학적으로 보면 이러한 선긋기는 인간 타락의 결과라는 점을 간과해서는 안 된다. 하나님과 인간 사이에 선이 그어지면서 하나님과 인간 사이의 단절이 시작되었고, 인간과 인간 사이의 단절, 유대인과 이방인의 단절, 인종과 인종 사이의 단절이라는 비극을 가져왔다. 이런 '선긋기', 즉 분석하는 정신이 현대 기독교에 끼친 해독으로 다음과 같은 몇 가지 대표적인 사례를 들 수 있다.

첫째는, 영과 육을 완전히 나누는 이원론이다. 우리가 잘 아는 대로 바울 서신이나 요한 서신의 중요한 기록의 동기 중 하나는 당시에 이미 일어나고 있던 영지주의에 대한 경고에 있었다. 철학적으로 영지주의의 견해가 이원론이라는 것은 잘 알려진 사실이다. 사람이 죽을 때 영혼이 육체에서 떠난다는 설명은, 설명을 위해서는 타당하게 받아들여질 수 있을지 모르지만 우리는 적어도 살아있는 동안만큼은, 영과 육으로 나눌 수 없는 하나의 유기체로서 존재하는 것이다. 이것을 무리하게 나누려 하고, 영에 속한 것만이 거룩하고 깨끗하며 육에 속한 것은 더럽고 나쁜 것이라는 이원론은 매우 해로운 영향을 끼쳤다.

그것은 인간을 전체로 보지 못하고, 또 육적인 것의 귀한 것을 바라보지 못하게 한다. "너희 몸은 하나님이 거하시는 전이라"는 말씀을 통해 알 수 있는 것처럼, 세계 모든 종교 가운데서 육체가 악하지 않다고 강조하는 종교는 기독교밖에 없다. 물론 아담에 속한 죄악적 성품을 성경이 경고하고 있는 것은 사실이지만, 그것이 우리의 육체에 대한 정죄는 아니다. 육체 자체는 하나님이 주신 선물이다. 귀한 것이다. 육체로 행하는 일도 귀한 것이다. 그런데 불필요하게 영과 육에 선을 긋고 나눈 나머지, 육에 속한 모든 것을 세속적인 것으로 간주함으로써 기독교 생활의 중요한 면들을 잃어버렸다.

둘째로, 이 선긋기의 해독은 성(聖)과 속(俗)을 나누는 이원론에서도 나타난다. 설교하는 것은 거룩한 것이고 점심시간에 밥 먹는 일은 세속적이라는 것이다. 성경에서는 밥 먹는 것을 세속적이라고 하지 않고 "먹든지 마시든지 무엇을 하든지 다 하나님의 영광을 위하여 하라"고 하였다. 그 일의 동기와 목표의 여하에 의해서 거룩함이 결정되는 것이지 속되고 거룩한 일이 따로 있는 것은 아니다. 성과 속에 대한 선긋기, 이것은 우리가 삶 속에서 바른 판단을 하지 못하도록 좋지 못한 영향을 많이 끼쳐왔다. 그래서 우리로 하여금 세상을 향해 책임을 망각하게 하고, 세상 속에서 교회의 역할을 다하지 못하게 하였다. 따라서 교회와 세상 사이에 불필요한 담이 생겨난 것은 이 선긋기의 영향 때문이라고 볼 수 있을 것이다.

셋째로, 성직자와 평신도의 구분이다. 이것은 건드리기 어려운 상당히 미묘한 측면 중의 하나라고 생각한다. 헨드릭 크래머(Hendrick Kramer)의 「평신도 신학」(A Theology of Laity)이 출판되면서 처음으로 성경이 말하는 평신도의 진정한 가치에 대한 발견이 시작되었다. 그리고 성경이 말하는 성직이라는 것이 불필요하게 우상화되었다는 사실을 현대인들이 처음으로 각성하는 중요한 계기가 되었다. 기능적으로 지도자가 필요한 것이 사실이고, 성경은 지도자의 필요성을 누누이 강조하고 있지만 '부르심'(calling)이라는 단어나 성직과 평신도의 개념을 이해할 때, 이 두 가지가 근본적으로 나누어질 수 있는 개념이라고 성경은 말하지 않는다는 것이 헨드릭 크래머의 혁명적 선언이다.

요즘 성직자와 평신도의 불필요한 선긋기를 극복하고, 평신도의 중요성을 강조하고, 평신도의 사역을 강조하고 있는 운동들이 일어나고 있는 사실은 매우 주목할 만한 현상이다. 종교개혁은, 성직자의 손에만 있고 평신도의 손에는 없었던 성경을 평신도들에게 돌려주는 데 큰 기여를 했다. 그러나 종교개혁 이후의 가장 중요한 과제는 성직자의 손에만 주어져 있는 사역을 평신도들에게도 나누어줄 수 있는가, 또는 평신도를 어떻게 사역에 동참시킬 수 있는가 하는 것이다.

어쨌든 이 불필요한 '선긋기'에 의해서 성직자와 평신도의 거리가 너무 멀어진 것은 사실이며, 이것은 극복해야 할 하나의 중요한 과제이며 소위 분석정신이 가져다준 해독의 한 결과이다.

넷째로, 신학과 인간학의 분리이다. 중세기에는 신학을 학문의 여왕이라고 하여 다른 학문은 다 열등하고 차원이 낮은 것으로 보았다. 그러나 하나님이 육신을 입고 이 땅에 오셨다는 성육신의 사실보다 더 강하게 인간을 긍정하고 있는 사실은 없다. 즉 이 둘은 결코 나뉠 수 없는 사실이다. "우리가 하나님이 사랑하신 사람을 사랑할 때, 그것은 바로 하나님을 사랑하는 것이다"라고 하는 새로운 발견을 해야 한다. 이렇게 할 때 우리는 비로소 인간학의 중요성을 재발견하게 된다.

최근 몇 년 동안 필자에게 가장 중요한 영향을 끼쳤던 책 중의 하나가 휘튼대학교 교수인 아더 홈즈(Arthur Holms)가 쓴 「모든 진리는 하나님의 진리」(All Truth is God's Truth)이다. 어느 분야의 발견이든 진리는 바로 하나님 자신의 진리라는 것은 매우 중요한 발견이다. 이것은 오늘날 기독교 교육의 가장 중요한 전제가 되고 말았다. 이 발견으로 말미암아 소위 기독교 신앙과 다른 학문의 통합, 믿음과 학문, 믿음과 다른 배움 사이의 통합이 가능하게 되었다.

아더 홈즈가 이 책에서 가장 강하게 강조하는 것은 '진리에 대한 궁극적인 자리는 바로 하나님'이라는 것이다. 자연과학이 발견한 진리든,

문학이 발견한 진리든, 심리학이 발견한 진리든 그 진리의 주인은 하나님이고, 그 진리의 근원도 바로 하나님이라는 사실이다. 사실 성경의 관심이 꼭 우리가 소위 말하는 '영적인 관심'만은 아니다. 성경은 삶 전체에 대한 포괄적인 관심을 가지고 있다. 모세오경이 취급하고 있는 관심을 보면 거기엔 법률에 대한 관심, 의학적 관심, 위생에 대한 관심, 예술에 대한 관심, 건축에 대한 관심도 있다. 포괄적인 관심, 전인적인 관심 이것이 성경의 관심이다. 이러한 인식의 밑바탕에 깔려 있는 전제는 설교자의 사역과 기독교인의 사역이 하나님과 인간 사이의 영적인 관계만을 대상으로 하는 것이 아니라는 것이다. 그것은 인간 삶 전체를 다루는 포괄적이며 전체적인 사역(holistic ministry)이 되어야 한다. 인간이 관계되는 모든 사건에 대한 진리는 우리 그리스도인의 관심 영역에서 벗어나지 못한다. 모든 진리가 다 하나님의 진리이기 때문이다.

우리는 오랫동안 "설교자는 성경만 알면 된다."라는 사고방식의 지배를 받아왔다. 물론 성경은 설교자의 가장 중요한 관심이어야 한다. 이것은 양보할 수 없는 관심이다. 그렇다고 해서 반드시 그리스도인들과 설교자가 다른 학문의 영역에 대해서 무관심해도 좋다는 말은 아니다. 자연과학이 발견한 궁극적인 진리, 즉 특별계시의 차원뿐만 아니라 일반계시의 차원에도 하나님이 간섭하고 사역하고 있으며, 그 모든 것이 주께서 주신 것이라는 사실을 받아들이고, 이해하고, 사용해야 할 책임이 과연 기독교인에게 없다고 말할 수 있겠는가? 이것이 아더 홈즈의 중요한 질문이다.

다섯째로, 신학에 끼친 영향으로서, 신학이 지나치게 세분화되어 있다는 것이다. 성서신학, 조직신학, 역사신학, 실천신학으로 나누고, 실천신학 안에서도 자꾸 세분화되기 시작한다. 새로운 학문들이 실천신학 안에서도 자꾸 등장한다. 설교학, 기독교 교육학, 선교학, 종교음악 등 수많은 학문들이 그 안에 나타나고 있다.

이런 전문화의 경향은 자기 전공 이외의 다른 분야에는 전혀 무식하게 되어 기독교 인격의 폭을 좁게 만든다는 것이다. 그래서 전에는 신학을 세분화하는 것이 신학을 이해하기 위한 좋은 방법으로 평가되었지만, 오늘날 많은 신학자들은 신학의 세분화 그 자체를 비판하고 있다. 그렇다면 결국 우리는 한 분야만 전공한 후에 포괄적이고 전인적인 삶을 다루어야 하는 목회를 설교를 통해 어떻게 성취시켜 나갈 수 있겠는가 하는 점이 문제이다. 신학박사 학위를 받은 사람들이 목회에 별로 성공하지 못하는 경우는 바로 전문화라는 '선긋기' 가 가져온 비극일지도 모른다.

폴 투르니에(Paul Tournier)는 의사로 심리학적인 글을 많이 썼는데, 그는 "무엇이 인간인가?"라는 질문을 던졌다. 인간을 분해해 놓았을 때, 두뇌가 '나' 인가? '나' 는 신장 속에 있는가, 폐 속에 있는가? 혹은 골수 속에 있는가? '나' 라는 것은 무엇인가? 이것은 결코 분석을 통해서는 이해할 수가 없다. 이 전체가 모여 있을 때, 전인으로서의 '나' 가 비로소 인간일 수 있다. 폴 투르니에는 그의 저서를 통해서 인간에 대한 전인적 이해를 중요하게 강조했다.

필자가 설교학을 강의하면서 첫머리에 이런 말을 하는 것은, 설교자는 성경만 알면 되는가라는 물음에 그 대답은 '아니오!' 라는 것을 강조하기 위함이다. 설교학을 공부한다고 해서 그가 설교에 유능한 사람이 될 수 있는가? 아니다! 결국 유능한 설교자는 삶 전체에 대한 관심과 삶의 모든 면에서의 성숙이 먼저 깊이 뿌리박고 있어야 한다는 것이다.

성경 그 자체가 삶에 대한 포괄적인 관심을 가지고 있다면, 우리는 삶 전반에 걸친 포괄적인 안목을 가지고 성경을 읽을 수 있어야 한다. 그리고 삶의 포괄적인 관점에서 성경을 읽고, 연구하고, 해석할 때, 거기서 삶을 다루는 참다운 설교가 나올 수 있을 것이다.

설교자는 성경을 설교의 가장 중요한 텍스트로 삼되, 동시에 성경이 관심 갖고 있는 삶의 모든 분야에도 관심을 가지고 삶 전체에 대해 성숙한 설교자로서 끊임없는 자기 노력을 기울여야 한다. 설교에 대한 어떤 특정한 기술만을 가지고 하나님이 쓰실 수 있는 설교자가 될 수는 없다.

02
주경신학과 설교

월터 카이저(Walter C. Kaiser) 교수는 그의 유명한 저서 「새로운 주경신학 연구」(Toward An Exegetical Theology)에서 현대신학과 설교의 위기를 지적하고 있다. 이 책은 여러분이 반드시 비치해두고 탐독해야 할 중요한 저서이다. 그는 특별히 이 모든 위기의 원인이 "주경신학을 등한히 한 데 있다."고 지적한다. 제임스 스마트(James D. Smart)라는 학자도 「왜 성서가 교회 안에서 침묵을 지키는가」(The strange silence of the Bible in the Church)를 통해 교회 안에서 성서가 침묵을 지키고 있을 일을 개탄하며 슬퍼하고 있다.

성경 '본래의 의미' 즉 그 본문이 의도했던 본래의 의미에 대한 고찰이 없이 어떻게 이 현대와 현대인을 향해서 말씀하시는 성경의 '현대적 의미'를 언급할 수 있을 것인가? 혹은 성경의 역사적 정황에 대한 고찰이 없이 어떻게 우리가 살고 있고, 행동하고 있으며 호흡하고 있는 오늘의 정황에 대한 설교가 가능할 것인가?

결국, 주경신학의 작업이나 주경신학을 통한 설교의 작업이라는 것은 성경이 쓰여진 '그때'(than)라는 상황과 우리가 살고 있는 '지금'(now)이라는 상황 사이에 다리를 놓는 작업이다. 이것을 성서해석학의 '활'(arch)이라고 말한다. 그때와 지금의 관계를 말하는 것이다. 그때를 통해서 지금을 보는 것이고, '지금'의 현재 상황을 통해서 다시 '그때'

의 상황을 고찰하는 끊임없는 그때와 지금의 대화 – 이 대화를 위해서는 우리는 연구하고, 또 성경의 저자인 성령의 도우심을 받아 성경을 묵상하고 고찰한다. 결국 주경신학의 과제도 이것이다.

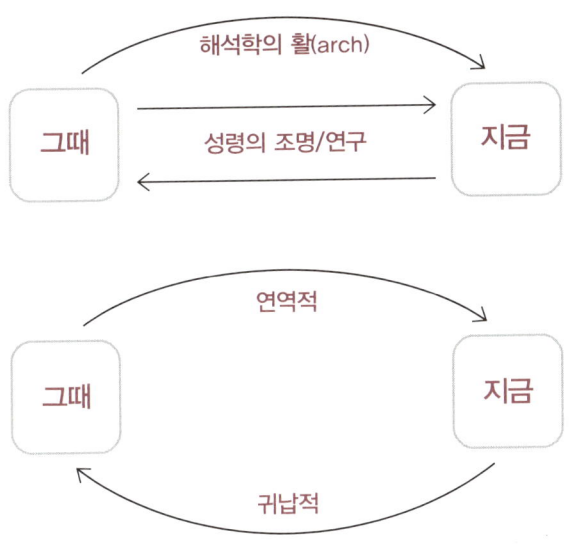

설교의 뿌리는 주경신학이고, 주경신학의 가장 중요한 출발점은 석의(釋義)에 있다. 석의라는 말은 영어로 엑서지시스(exegesis)라고 하는데, 희랍어 엑세게시스(ἐξήγησις)에서 나온 단어이다. '의미를 끌어내다'라는 의미로서 성경의 본 의미에 충실한 해석이나 설명(narration or explanation)을 가리킨다.

본래 이 단어는 명사형으로는 신약성경에 나타나 있지 않는데, 동사형 엑세게오마이(ἐξηγέομαι)는 '…로부터 끌어내다, 석의하다' 는 뜻이며, 70인역에서는 히브리어 사파르(ספר, to recount, tell, declare)의 의미로 사용되고 있다. 한글개역에서는 단순히 "말한다"(눅 24:35), "나타난다"(요 1: 18), "고한다"(행 10 : 8; 15 : 12, 14)등의 동사로 번역되어 있다.

만약 참된 석의의 과정을 거치지 않고 설교한다면 성경학자들은 그런 설교자들에게 "엑서지시스(exegesis, 본문의 의미를 끌어내어 읽음)하지 않고 아이서지시스(eisegesis, 본문에 의미를 부여하여 읽음)할 가능성이 있다."고 경고할 것이다. 즉 성경의 의미를 끌어내는 것이 아니라, 내가 하고 싶은 말을 위하여 성경의 의미를 끌어대는 것이다. 설교들 중에는 흔히 '엑서지시스' 이기보다는 '아이서지시스' 에 근거한 것이 많다.

모든 설교자들이 보편적으로 함께 죄책을 느껴야 할 점은, 성경 자체의 의미를 통해서 말씀을 묵상하기 보다는 자신이 하고 싶은 이야기를 위해서 성경을 이용한다는 것이다. 이때 우리는 '엑서지시스'를 하고 있는 것이 아니라 '아이서지시스'를 하는 것이 된다. 성경에 대한 우리의 고찰이 아이서지시스가 되지 않고 엑서지시스가 되도록 하는 이 작업을 위해서 출발한 중요한 학문, 즉 주경신학의 관점에서 발달된 학문 중의 하나가 바로 성경해석학(hermeneutics)이다.

성서해석학이라는 말은 희랍어 헤르메뉴오스(ἑρμηνεύς)에서 유래한 말인데, 이 말은 본래 헤르메스(Hermes. 한글개역, '헤메')라는 희랍신화에 나타나는 신의 사자가 금으로 만든 자(尺)를 가지고 등장해서 메시지를 전달하는 데서 기원한다. 그가 금으로 만든 자를 가지고 있는 것은 그에게 메시지를 부탁한 그분의 메시지를 바르고 정확하게 전달했는가를 측정하기 위해서이다. 그 자(尺)야말로 성서해석학의 중요한 과제를 잘 나타내주고 있는 상징이다. 그래서 이 단어를 사용했다고 한다.

결국 성서해석학의 과제는, 어떻게 우리가 하나님을 바르게 대표하는 메신저(messenger)로서 메시지(message)를 성경에서 유추하여 하나님의 말씀을 본래 의도된 그대로 오늘의 청중에게 재해석해서 전달할 수 있느냐 하는 것이다. 이러한 고민에서부터 출발한 학문이 성서해석학이다.

설교학이란 무엇인가? 우리가 보통 하멜레틱스(homiletics)라고 말하는데 이것은 '같은'(homo)과 '말한다'(lego)라는 단어의 합성어이다. 즉 "같은 것을 말한다"는 뜻이다. 설교학이 학문으로 출발하게 된 동기는 어떻게 성경과 같은 것을 말할 수 있느냐 하는데 있다. 그것을 오늘의 언어로 재해석하되 멋대로 하지 않고 성경과 '같은' 메시지를 전하면서 또한 오늘날 청중의 필요에 응하는 메시지를 어떻게 전달할 수 있느냐 하는 고민에서 발달한 학문이 설교학이다. 설교학의 성패는 얼마나 충실하게 우리가 주경신학의 결과와 성서해석학적인 원칙들을 잘 활용해서 성경 본래의 뜻을 오늘의 청중의 언어로 전달하느냐에 달렸다. 우리가 바른 설교, 그리고 하나님이 본래 기대하셨던 그 의미에 충실한 설교를 하기 위해서 부단히 관심을 가져야 할 영역 가운데 하나가 바로 주경신학에 대한 관심이다.

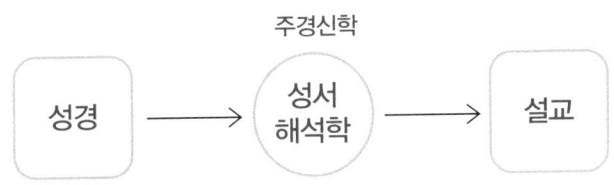

카이저(Kaiser) 교수는 성서가 설교화되기 위해서 주경신학의 도움

을 얻어야 할 가장 근본적인 두 가지 과제를 이렇게 지적한다. 그는 이 두 가지에 대한 바른 이해가 없이는 설교할 생각을 말아야 한다고 충고한다. 첫째, 성서 본문의 '삶의 정황'을 알아야 한다. 성경이 본래 어떤 삶의 정황 속에서 그 메시지가 주어졌는가를 알아야 한다. 우리가 잘 아는 대로 성경은 교리책이 아니다. 그리고 성서는 역사적이기는 하나 역사책은 아니다. 이것은 구원의 역사이지 단순한 역사를 말하지 않는다. 성경은 인간 삶을 말하고 있는 책이다. 어떤 삶의 상황 속에서 그 메시지가 주어졌는가 하는 삶의 정황을 알아내는 일, 학자들은 이것을 '삶에 있어서의 상황'이라고 한다. 성경은 본래 어떤 삶의 상황 속에서 '이 메시지'를 말했는가? 그 당시 사람들이 삶의 무슨 문제를 가지고 고민하면서 '이 메시지'를 말했는가? 이것을 알아내는 작업이 없이 우리는 설교의 자리에 서 있지 못한다.

둘째로, 본문의 문맥 context을 소화해야 한다. 카이저 교수는 "문맥을 바르게 파악하는 것은 성서 이해의 생명이다."라고 말한다. 이 문맥이란 단어는 '함께'를 의미하는 접두어 con과 '짜다'(wave)를 의미하는 textus의 합성어이다. 그래서 '함께 짜다'라는 뜻이 되었다. 성경의 어떤 메시지도 홀로 독립되어 있는 것은 없다. 얽혀 있는 문맥을 가진다. 물론 예외는 있다. 잠언의 어떤 메시지는 한 구절만으로 독립된 단순한 경구를 구성하지만, 대부분의 경우는 문맥을 가지고 있다. 그러나 대부분 우리는 문맥에 대한 고찰 없이 한 구절만을 뽑아내어 설교를 할 때가 얼마나 많은가?

카이저 교수는 그것을 '설교의 죄'라고 말하고 있다. 설교자들이 설교를 통해서 범하는 가장 무서운 범죄 중 하나가 소위 문맥을 무시하는 것이다. 최소한 본문이 들어있는 그 책의 맥락과 그 장의 맥락까지는 이해해야 한다. 그 정도의 이해도 없다면 설교는 설교자의 뿌리 없는 독백으로 끝날 가능성이 크다.

따라서 우리에게는 주경신학의 도움이 반드시 필요하다. 원어에 대한 지식이 빈곤할 때 혹은 신학적 소양이 부족하다고 느껴질 때, 혹은 주석학적인 기술이 부족하다고 생각될 때, 설교자들은 어떻게 주경신학의 도움을 빌어서 설교라는 과제를 해낼 수 있을까? 꼭 그것을 다 갖추어야 설교가 가능해진다고는 생각하지는 않는다. 그러나 그들에게 다음과 같은 실제적인 제안을 할 수 있다.

첫째로, 평소에 성서신학에 대한 책을 많이 읽는 습관을 가져야 한다. 특별히 새로운 연구서적들, 복음적인 입장에서 쓰여진 성서신학 책들을 자주 접하는 습관을 가져야 한다. 요즘에 많이 나오는 '연구 성경'(Study Bible)의 서론을 잘 읽기만 해도 성서신학에 대한 도움을 많이 받을 수 있다.

이런 서론 부분들은 우리가 그대로 지나가기 쉬운 것들이다. 그러나 어떤 부분을 읽든지 그 책의 서론은 '선긋기'를 극복하기 위한 가장 중요한 작업이다. 골치가 아프다고 설교의 필요에 매달려서 그냥 지나치지 말고 최소한 연구 성경의 서론이라도 읽는 일에 인색하지 말아야 하겠다. 특별히 연구 성경 중에서 제일 잘된 것은 'NIV 연구 성경'이라고 생각한다.

둘째로, 양질의 주석을 읽는 습관을 가져야 한다. 특별히 강조하고 싶은 것은 우리가 이해하기 쉬운 경건서적류의 주석은 되도록 피해야 한다. 우리는 그것이 소화하기 좋아 거기에만 매달리는 경향이 있다. 그러나 우리가 설교의 기초를 견고하게 하기 위해서는 한번쯤 딱딱하고 메마른 주석이라도 그 본문의 역사적 배경을 더욱 정확하게 보여주고 있는 양질의 주석을 읽어야 한다.

필자가 이런 말을 할 때면 언제나 받는 질문 가운데 하나는 "그러면 목사님은 어떤 주석을 참고하십니까?"이다. 세상에서 가장 무지한 질문 중의 하나가 바로 이 질문이라고 생각한다. 왜냐하면 어떤 사람도 모든 주석을 잘 쓸 수는 없기 때문이다. "창세기에는 어떤 주석이 좋은가?" "출애굽기에는 어떤 주석이 좋은가?"라는 구체적인 질문을 해야 한다.

따라서 어렵더라도 도서를 구입할 때 쉬운 책만 고르기보다는 복음주의적인 학자들이 쓴 양질의 주석을 구입하면 도움이 될 것이다. 양질의 주석 중에는 「말씀 주석 시리즈」(W.B.C-Word Biblical Commentary-Series), 「틴데일 신약성서 주석」(Tyndale New Testament Commentary) 등이 있다. 주석은 각 책별로 권위 있는 주석을 구해야 한다. 좀더 쉬운 적용을 목표로 한 「LAB 주석 시리즈」(Life Application Bible Commentary)도 추천할만 하다.

송병현 교수의 최근 저작 「엑스포지멘터리」(Expositmentary) 창세기, 여호수아, 사사기 주석도 적극 추천할만 하다.

한글과 헬라어, 한글과 히브리어가 나란히 나와 있는 대조 성경을 사용하면 적어도 주어, 동사, 목적어의 순서라도 충분히 이해할 수 있기 때문에 원어에 대한 지식이 없어도 많은 도움을 받을 수 있다. 이제는 책이 없어서 설교 준비에 곤란을 느낀다고 핑계할 수 있는 시대는 지나갔다. 한국도 책 번역의 속도가 빨라졌기 때문에 편리하게 사용할 수 있다.

셋째로, 바른 신학사전을 활용해야 한다. 모든 설교자들이 반드시 소유하고 있어야 할 신약 부분의 책은 사전으로는 「신약성서 신학사전」(Gerhard Kittel and Gerhard Friedrich, Theological Dictionary of the New Testament, 요단), 원어 연구의 주석으로는 「신약원어대해설」(A.T. Robertson, Word Pictures in the New Testament, 요단)이 있다. 이것들은 설교자의 서고에 반드시 있어야 할 책들이다.

넷째로, 설교를 준비할 때 여러 가지 성서 번역본들을 비교해서 읽는 습관을 가져야 한다. 한글 성경만 해도 여러 권이 번역되었다. 많은 경우에 주석을 읽지 않고 여러 번역을 비교해 보기만 해도 눈에 보이지 않던 새로운 사실들을 많이 찾아낼 수 있다. 그러므로 설교를 준비할 때, 꼭 여러 가지 번역본들을 참고해야 한다. 물론 일주일 동안에 많은 설교를 해야 하는 한국 교회 설교자들에게는 이것이 힘겨운 작업임을 필자는 이해한다. 그러나 주일날 아침의 설교만을 위해서라도 최선의 노력으로 이러한 작업을 거친다면 그만큼 설교자는 설교를 준비하는 기술이나 성경을 보는 안목이 훨씬 증진될 것이다.

설교 준비할 때 처음부터 주석에 매달리지 말아야 한다. 이 일은 독을 피하듯 피해야 한다. 처음에는 언제나 묵상으로부터 시작하는 것이 좋다. 필자는 설교의 대지가 설정되기 전까지는 결코 주석류를 대하지 않는다. 성경의 중요 사상과 흐름을 파악하고 어떻게 설교할 것인지의 전체적인 생각과 대지가 구성되기 전까지는 결코 주석을 대하지 않는다. 이것은 하나님께서 필자에게 주신 독창적인 통찰력을 접하기 위해서이다. 그런 다음에는 필자가 가지고 있는 모든 자료들을 참고한다. 그러나 이것은 설교의 방향이 결정된 다음에 하는 일이다.

03
조직신학과 설교

설교의 전제로서 조직신학을 생각해보기로 한다. 성경해석이나 설교에서 주관성을 완전히 배제하기는 어렵다. 비록 성서를 객관적으로 해석하여 성경 본래의 의미, 원저자가 의도한 본래의 의미를 객관적으로 밝히는 것이 성서해석자의 가장 중요한 책임임에도 불구하고, 성서해석을 하는 우리들 자식의 편견과 주관을 가진 인간이기 때문에 그 주관성에서 완전히 탈피할 수는 없다.

설교도 마찬가지이다. 따라서 설교자 자신이 어떤 전제를 가지고 있느냐, 교리에 대해서 어떤 선험적인 이해를 가지고 있느냐는 것이 그 설교 형성에 상당한 영향을 끼치게 된다. 그가 어떤 설교를 하느냐 하는 것은 그가 어떤 신학적 전제를 갖고 있느냐와 관련이 있다.

유명한 변증학자 코르넬리우스 밴틸(Cornelius Vantil)은 바로 신학적인 전제(theological presupposition)에 각별한 관심을 기울였다. 그는 그 사람이 어떤 전제를 가지고 있느냐를 검증함으로써 기독교의 역사적 신앙을 변호하려고 했다.

5, 60년 전에 프린스톤신학교를 중심으로 치열하게 일어났던 소위 성서무오성 논쟁이 남침례교단 안에서는 일어난바 있다. 침례교회가 가지고 있는 보수성 때문에 장로교회와 감리교회가 이미 겪었던 논쟁이 그만큼 늦게 오지 않았나 하는 생각이 든다. 이 논쟁에서 이 성서무소성의

문제가 중요하게 제기되었는데 이 경우에도 신학적 전제가 매우 중요하다. 물론 원본은 없다. 성서무오성(Biblical Inerrancy)에 대해 반박하는 사람들이 "원본도 없는데, 그 문제 논의하는 것이 타당한가?"라고 말한다.

그러나 밴틸 같은 사람의 의견을 통해서 우리가 다시 반문하자면 "원본이 없다는 것은 객관적으로 오류도, 무오류도 검증할 수 없다는 말이다. 그런데 오류도, 무오류도 검증할 수 없는 상황에서 왜 하필이면 오류를 주장하는가?"라는 전제에 대한 물음이다. 따라서 우리는 전제 그 자체가 세속적이고 불신앙 적임을 슬퍼하지 않을 수 없다.

1. 점진적 계시(Progressive reverlation)

조직신학에 대한 설교자의 견해가 설교에 큰 영향을 끼친다. 우리는 조직신학에서 특별히 다음과 같은 두 가지 전제를 가지고 있어야 한다. 조직신학이 신학 일반에 끼친 최대의 공로 가운데 하나는 성서를 '신뢰할 수 있는 출발점'으로 삼은 점진적 계시라는 중요한 이론을 성서 안에서 발견했다는 사실이다. 이 점진적 계시론이 신학 일반에 기여한 공로로서는 대체로 다음과 같은 세 가지가 지적된다.

(1) 이 점진적 계시론 때문에 성서의 많은 난해한 구절들에 대한 해결이 가능하게 되었다. 성서적 계시의 모든 중대한 사상이 역사와 과정 속에서 성장 및 확장의 변화를 거쳐 왔다는 것이다. 어떤 부분에서는 불명확 하지만 하나님께서는 성경을 통해서 더욱 밝은 계시를 인간 성숙의 단계에 따라서 점진적으로 계시하고, 마지막에 그리스도께서 오심으로

하나님의 계시는 최절정에 이르렀고 온전한 진리가 나타나 우리 신앙의 근거가 마련되었다는 것이다.

이 점진적 계시론 때문에 성경 전체의 빛 아래서 구절들을 비교하고 검증함으로써 성경의 많은 난해 구절들을 이해하는 데 도움이 되었다. 그렇다면 우리가 성경의 어떤 부분에 관해서 아직 확신이 잘 서지 않는다 하더라도 그 구절에 대한 결론을 너무 쉽게 내리지 말고 그 구절과 유사한 많은 구절들을 함께 비교하는(cross-reference) 습관이야말로 설교자의 설교 형성에 있어서 매우 중요한 작업이다.

(2) 점진적 계시론에 의해서 확인되는 또 한 가지 사실은, 기독교 교리의 기초를 세우기 위해서 구약보다는 신약에 근거해야 한다는 것이다. 특별히 침례교 신학에 있어서 우리가 신약신학이나 신약 교회를 주장하는 중요한 논거도 하나님께서 구약을 준비로서 주시고, 신약을 정경(canon)의 완성으로서 주셨다는 계시론에 입각한 것이다.

구약은 신약을 준비하는 과정으로서 중요하지만, 아직 준비 단계에 있는 구약에 근거해서 어떤 교리의 체계를 세우기는 위험하다. 결국 구약을 완성한 신약의 계시의 빛 아래서만 최종적인 교리가 가능하게 된다. 오늘날 대부분의 이단이나 사교를 보면 구약에서 자신들의 교리들을 많이 유추하는 것을 볼 수 있다. '여호와의 증인'은 교파의 명칭 자체에서부터 구약의 냄새가 난다.

그렇다고 해서 우리가 구약의 권위를 과소평가하는 것은 아니다. 구약은 완성된 신약의 빛 아래서 다시 검증되어야 한다. 적어도 교리를 세

우려면 그 모든 것을 마지막에 완성한 신약의 빛 아래서 세워야 한다. 이것이 바로 점진적 계시론이 신학 일반에 기여한 중요한 공로이다.

(3) 점진적 계시론을 통해서 성경의 통일성이 입증되었다. 만약 점진적 계시론이라는 조직신학의 한 중요한 발견과 기여가 없었더라면, 우리는 성경의 통일성을 주장하기 어려웠을 것이다. 점진적 계시론에 근거해 볼 때, 우리는 성경이 통일되고 분명한 교리를 갖고 있다는 사실을 신뢰할 수 있으며, 이 신뢰의 기초 위에서 성경이 가진 보편적인 중요한 교리들에 관한 우리의 확신이 가능하게 되었다.

물론 신학자들과 교단에 따라서, 성경의 가장 중요한 교리가 무엇이냐는 질문에는 이견이 많을 수 있다. 그럼에도 교회사나 혹은 교리사를 통해서 적어도 모든 그리스도인들이 공통으로 합의할 수 있는 기초적인 보편적 교리(major cardinal doctrine)는 성립이 불가능하다고 생각한다. 많은 사소한 이견에도 불구하고, 바로 이런 기본적 교리와 근원적인 어떤 고백에 있어서 우리는 동일한 자리에 설 수 있다.

이것은 성경의 통일성에 근거한 것이며, 여기에 중요한 교리적 공헌을 한 것이 점진적 계시론이다. 이 점진적 계시에 대한 이해야말로 신학과 설교에 대한 매우 중요한 이론적 기초이다.

2. 점진적 조명(Progressive illumination)

일반적으로는 계시라는 단어를 쓸 때는 성경 그 자체를 형성하는 문제와 관련시켜서 사용한다. 성경은 하나님이 자신을 열어 보여주심과 성령의 감동하심을 통해서 기록되었다. 그러나 성경의 기록보다도 성경 기록을 이해하는 독자의 세계 속에 간섭하는 성령의 사역을 말할 때 우리는 '조명'이란 단어를 사용한다.

그런데 여기서는 조금 다른 의미로 사용한다. 여기서 말하는 점진적 조명이란, 역사적으로 그리스도인들이 성경을 이해하는 데 점진적으로 조명해 주셨다는 것이다. 점진적 계시론의 한 중요한 전제가 있다. 성경을 기록할 때 주께서 친히 간섭하시고 성경을 형성하는 일에 역사하셨다는 것이다. 그래서 '성경의 주님'이라고 부른다. '성경의 주님' 이것이 점진적 계시의 전제라면, 점진적 조명의 전제는 '역사의 주님'이라는 것이다.

주님은 기독교 교회의 역사를 통해서 한 시대에 분명히 이해하지 못했던 성경의 교리를 나중 시대에는 더욱 잘 이해할 수 있도록 역사하신다. 주님이 오늘의 역사와 무관하지 않게 간섭하시면서 일하시는 분이라면, 이 역사를 통해서 주님은 밝게 진리를 이해하도록 조명을 해주시는 것이다.

정통신학(orthodox theology)은 가능한가? 필자는 가능하다고 생각한다. 가능하다고 고백하는 그 전제는 곧 우리가 주님을 역사의 주님으로 받아들임을 뜻한다. 그리고 성경을 형성하는 일에 주님이 역사하셨을 뿐만 아니라 성경의 이해 정도에 있어서도 성령을 통해 조명하여 주시고, 교회 역사 속에서도 하나님은 점진적으로 성도와 교회를 인도해 오셨다는 전제를 수용할 수 있다면, 우리는 소위 정통신학을 이야기할 수 있고 또 경건한 신학자들과 선배들이 말씀을 발견해 왔던 전통도 존중할 수 있다고 본다.

일반적으로 소위 전통적 교의학(traditional dogmatics)에 대해서 그리스도인들은 두 가지 태도를 취한다. 첫째, 보수 신학을 가진 사람일수록 전통적 교의학에 관해서 무조건 옳다는 태도를 취한다. 전통적 교의학과 조금만 다른 소리를 하면 그것을 이단으로 사정없이 정죄해온 것이 보수신학의 태도이다. 그러나 우리는 이것을 절대적으로 옳다고 말할 수는 없다. 왜냐하면 신학 그 자체도 상대적인 인간이 작업한 것이므로 틀릴 수 있기 때문이다. 그러나 그렇다고 해서 지금까지 우리의 선배들이 해왔던 모든 작업들을 거부할 수는 없다고 생각한다. 주님이 교회 역사를 통해 성도들을 인도하시고, 학자들을 인도하시고, 진리를 밝히시는 일을 해오셨다면, 지금까지 우리 선배들이 밝혀 놓았던 대부분의 보편적 교리를 수용해야 하지 않을까? 그러나 무조건 받아들이는 태도도 합당한 것이 아니라고 생각한다.

반면에 자유주의 신학의 영향을 받은 사람은 전통적 교의학에 관해서 무조건 반대하는 입장을 취한다. '전통적인 교의' 하면 그것을 무조건 냄새나는 것, 더이상 수용하기 어려운 것, 현대인들에게 호소력이 없는 것으로 여겨 모조리 버리는 경향이 있다. 새로운 학설을 주창하고, 신기한 해설을 가하는 사람을 자유주의 신학 안에서는 위대한 신학자로 평가했다. 여기에서 문제점을 역사를 통해서 지금까지 그리스도인들과 교회를 인도해 오신 주님의 역사적 섭리를 부인하게 된다는 것이다. 역사 속에서, 교회가 걸어오는 길에 있어서 주님은 과연 침묵하시고 방관하셨는가? 그러나 만일 역사의 주님이 역사 속에서 간섭하시고 일해 오셨다는 사실을 인정한다면 이런 자유주의 신학자들의 태도를 그대로 수용하기는 어려울 것이다.

우리는 흑백 논리를 지양해야 한다. 그러니까 정통주의 교의학이나 신학이 무조건 옳다고 말할 수도 없고, 또 무조건 틀리다고 말할 수도 없다. 우리 신앙의 선배들과 교회가 작업해 온 중요한 교리들에 대한 고백을 존중하고 수용할 필요가 있는 것이다. 만약 우리가 이것을 거부하고 저버린다면 설교는 휴머니즘으로 전락하고, 또 극단적 의미에서 사회 복음(social gospel)으로 전락할 가능성이 많다. 이런 것들은 설교자의 전제를 형성하는데 대단히 중요하다.

3. 설교자가 관심을 가져야 할 조직신학의 내용들

(1) 조직신학적 장르들. 조직신학에는 신론·기독론·성령론·인간론·구원론·교회론·종말론이 있다. 학자에 따라 더 세분해서 천사론, 귀신론 등도 전개하지만, 일반적으로 교회와 기독교 역사에서 이해하고 있는 보편적 교리의 범주 안에서 위의 문제들에 대한 분명하고 확실한 이해가 필요하다.

(2) 성경관. 설교자의 성경관이 중요하다. 성서의 영감에 대해 어느 정도 확신하고 있느냐는 뜻이다. 성경에 대해 완전한 영감을 확신하는 사람과 부분적으로만 영감 되었다고 믿는 사람 사이에는 성경의 접근 태도는 물론 설교의 유형도 서로 다르다. 성서에 절대적 확신을 가진 사람일수록 성서를 절대적인 텍스트로 삼고 성서에 근거해서 설교하려고 할

것이다.

그러나 성경은 참고할만한 전승의 집합체에 불과하다는 정도의 생각을 가지고 있는 사람들은 자연히 성경의 권위를 중요시하지 않을 것이다. 오히려 자신의 철학적인 사색이나 자신의 시사성 있는 생각에 더 많은 관심을 갖게 될 것이다. 제목설교를 하느냐, 강해설교를 하느냐 하는 설교의 유형을 결정하는 것도 성경관과 주요한 관련이 있다.

또 설교의 확신의 근거에서도 마찬가지이다. 어떤 사람은 자기의 탁월하고 논리적인 추리력이나 이성을 확신함으로써 자기 설교의 확신의 근거를 찾으려고 한다. 그러나 강해설교를 하는 사람은 "내가 하나님의 말씀을 전하고 있다"는 확신을 가지고 있다. 성경을 하나님의 말씀으로 묵상하며 성경의 본래 의미에 가깝도록 연구하며 또 성령의 인도하심을 기대한다. 비록 내가 강단에 서서, 이성과 인격을 가진 '나' 라는 존재를 통해서 주의 말씀을 선포하고 있지만 그 말씀이 하나님의 말씀임을 확신한다. 뿐만 아니라 설교의 연구 방향을 결정하는 일에 있어서도 성서의 영감에 대한 확신은 대단한 영향을 끼치게 된다. 성서의 영감에 대해서 확신을 가지고 있는 사람일수록 성서 그 자체에 열렬히 매달리려고 한다. 그러나 그렇지 않은 설교자의 경우에는 여러 가지 에세이들이나 철학서적 등을 통해서 설교를 준비하려고 할 것이다. 그러므로 성서의 영감에 대한 확신은 설교의 확신에 대단한 영향을 끼친다.

(3) 세계관. 필자는 앞에서 성서 이해나 설교를 하는 데 선험적 전제가 없을 수 없다고 했다. 우리는 이미 자기가 의식하든 못하든 나름대로

세계와 인생을 바라보는 관점을 가지고 있다. 그것이 세계관이다.

이 세계관은 우리가 설교하는 데 있어서 하나의 전제이다. 우리가 성서적인 설교를 한다는 것은 우리가 가지고 있는 세계관이 얼마나 성서적인가 하는 물음과 깊숙이 결부되어 있다고 볼 수 있다. 그로 인해 우리가 설교를 하는 데 있어서 얼마나 적극적인가 하는 태도를 결정할 수도 있다. 그러므로 설교자에게 있어서 세계관 정립은 매우 중요한 문제가 아닐 수 없다. 따라서 설교자의 세계관이 얼마나 성서적인가 하는 것은 그대로 설교에 영향을 주는 것이다. 최근에 이르러 한국 교회에서도 세계관에 관심을 갖고 많은 책들을 펴내고 있다. 주로 IVP같은 출판사를 통해 세계관에 대한 책들을 접할 수 있을 것이다. 책을 읽으면서 자신의 세계관이 얼마나 성경적인가를 점검하고, 자신의 세계관을 성경적으로 형성할 때 자연히 설교에 미치는 영향, 성경을 바라보는 안목이 그만큼 성경적으로 변화되는 과정을 겪게 될 것이다.

(4) 여기에 한 가지 부가한다면 설교에 대한 설교자 자신의 신학적 이해이다. 설교자 자신이 설교를 어떻게 정의하는가, 설교자 자신의 설교신학은 무엇인가 하는 것이다. 자세한 언급은 뒤에 강해설교를 다룰 때 하기로 하겠다.

결론적으로 설교자에게 제시된 과제를 해결하기 위한 몇 가지 제안을 하자면 다음과 같다. 첫째로, 좋은 조직신학 서적을 많이 읽는 것이다. 최근에 간행되는 복음주의적인 조직신학 서적들과 함께 고전적인 조직신학 책을 많이 읽도록 권유하고 싶다. 또한 소화할 수 있다면 자유주의 경향을 지닌 조직신학 책도 읽어볼 필요가 있다.

둘째로, 기독교 세계관에 관한 좋은 책을 많이 읽어야 한다는 것을 다시 한번 강조하고 싶다. 그리고 자신의 설교신학을 정립하기 위해서 설교학 서적들을 광범위하게 읽는 것은 꼭 필요한 일이다.

마지막으로 강조하고 싶은 것은 우리의 조직신학은 끊임없이 성서신학의 감독과 규제 아래 있어야 한다는 것이다. 조직신학과 성서신학 중 어느 것이 더 중요한가? 필자는 처음에 조직신학에 상당한 매력을 느꼈으나, 설교자로서 성경을 읽으면서 느끼는 것은 조직신학처럼 위험한 것은 없다는 사실이다. 조직신학 자체가 자기의 주관적인 전제에서부터 시작되는 것이다. 예를 들면, 조직신학의 접근 방식은 "하나님은 거룩하신 분이다"라는 명제를 제시하고 이를 근거지우기 위해서 성서의 여러 언급들을 찾아서 조직적으로 그 명제를 신학화하는 것이다. 단순화하는 위험이 있음에도 불구하고 우리가 여기서 지적하고자 하는 것은, 조직신학적인 접근 방법론에서는 신학자의 전제 그 자체가 그의 신학 내용에 많은 영향력을 행사한다는 것이다. 반면에 성서신학이라는 것은 성경 그 자체에서부터 시작하는 것이다. 그러므로 보다 더 중요한 것은 성서신학이다. 성서신학의 감독과 규제를 떠나면 조직신학은 갈팡질팡하게 된다.

물론 건강한 조직신학자일수록 성서신학의 작업 결과를 가지고 조직신학을 형성하려 할 것이다. 이 부분에서 지금까지 서술한 것을 종합적으로 그려보면 이렇게 된다.

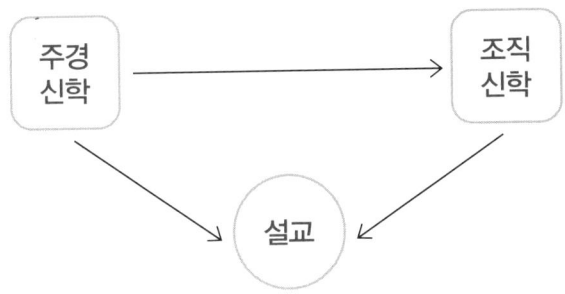

　필자는 처음에 주경신학에 대해 서술했다. 조직신학이라는 것은 주경신학을 통해서 형성되어야 한다. 그러나 우리의 설교라는 것은 주경신학의 영향뿐 아니라 설교자가 가진 조직신학적인 이해의 영향을 받아서 형성된다. 건전한 조직신학일수록 주경신학의 기초와 그 작업을 통해서 형성된다. 그러나 설교라는 것은 주경신학의 영향만 받는 것이 아니라 교리에 대한 설교자의 이해 정도와 그 여하에 따라 상당한 영향을 받는다. 때문에 조직신학과 주경신학에 대해 어떤 이해를 갖고 있느냐 하는 점에 따라서 설교는 엄청나게 달라질 수 있는 것이다. 따라서 바람직한 것은 이 양자의 조화 속에서 탄생하는 설교다. 그러므로 좋은 조직신학 서적을 통해 조직신학에 대한 이해의 안목을 날카롭게 다듬어야 함과 동시에 주경신학에 대한 기초를 더욱 견고히 해야 한다.

04
선교신학과 설교

설교와 선교신학(missiology, mission theology)이 무슨 관계에 있는가? 선교신학이라는 것은 20세기에 와서야 비로소 등장한 새로운 신학의 한 분야이다. 그전에도 선교에 대한 관심은 있었지만 선교가 학문으로 정착한 것은 최근의 일이다. 초기 선교신학이 가졌던 가장 중요한 관심이 있다면, 그것은 소위 토착화(indigenization)라고 말할 수 있다.

토착화에 대한 문제를 서로 논의할 때, 초기의 실제적인 지대한 관심은 토착적인 지도자(native leader)가 나와서 그 교회를 이끌어 나가야만 선교가 성공할 수 있다든지, 혹은 교회를 형성하는 과제에 있어서, 어떻게 토착문화에 접속될 수 있는 교회를 형성하느냐 하는 것 등이었다. 그러나 최근의 선교신학은 토착화라는 좁은 의미의 관심보다 더 커다란 관심을 갖기 시작했다.

이 관심을 대표하는 단어가 바로 '상황화'(contexualization)라는 말이다. 이것은 어떤 지도자가 나와서 - 외국 선교사가 아니라 토착적인 지도자가 - 교회를 이끌어나가야 한다든지, 혹은 교회의 문화에 맞도록 예배 형태가 갱신되어야 한다는 식의 관심이 아니라, 메시지 그 자체가 어떻게 그 상황 속에 합당하도록 전파될 수 있느냐 하는 것이다. 성경의 메시지 자체도 상황을 가지고 있으며, 그 당시 상황 속에서 기록되었던 메시지인 만큼 그것이 오늘의 상황 속에서, 오늘의 문화 속에서 어떻게 재해석되어 전파될 수 있느냐 하는 식으로 더욱 폭넓은 상황화에 대해서 선교신학이 관심을 갖기 시작했다.

사실 설교자들은 언제나 세 개의 문화를 갖고 씨름하게 된다.

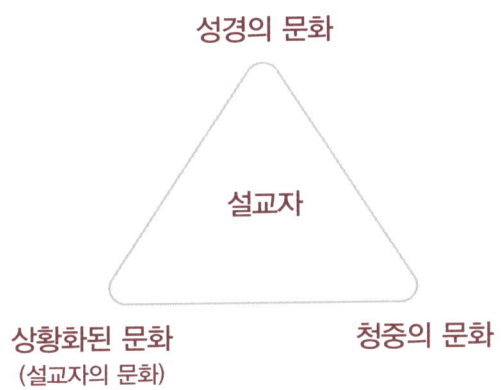

맨 처음에는 성경의 문화, 다시 말하면 성경이 기록될 당시의 문화가 어떤 것이었느냐 하는 것이고, 또 하나의 문화는 '나' 자신의 문화이며, 나머지 하나는 내가 전하는 말씀 앞에 응답하고 있는 청중들의 문화이다. 이 세 개의 문화 속에서 오늘 우리의 설교는 형성된다.

선교신학과 설교의 관계에 있어서 우리가 주로 관심을 갖는 것은 선교신학의 주요 관심인 '현장'이다. 말씀이 전해지고 있는 현장에 대한 관심이다. 그들이 어떤 문화를 가지고 있느냐 하는 관심은 외국 선교에만 적용되는 것은 아니다. 오늘 우리가 설교할 때도 관심 갖지 않으면 안 되는 것이다. 도시에 있는 아파트 교회에서 하는 설교와 농촌 교회에서 하는 설교가 똑같은 문화의 옷을 입고 전파될 수는 없다. 동일한 메시지이지만 그 메시지는 다른 옷을 입고 있다는 것이다. 만약 이 문화에 대한 상황 이해가 없다면 우리의 설교는 허공을 치는 것이 될 수 있다.

이 문화의 문제에 관해서 금세기에 가장 명료하고 확실하게 정리해 준 것은 유명한 니버(H. R. Niebuhr)의 「그리스도와 문화」(Christ and Culture)라는 책이다. 니버는 이 책에서 그리스도인의 문화 이해에 대한 다섯 가지 모델을 제시하고 있다.

첫 번째 모델은 '문화에 역행하는 그리스도'(Christ against Culture) 이다. 즉 세속적인 문화를 언제나 심판하고 역행하는 그리스도를 제시하고 있다. 이런 입장에 서게 되면 일반적으로 말하는 세속문화라는 것은 모두 배척되어야 할 것이다. 교부 터툴리안이나, 재침례교도의 입장이 일반적으로 이런 입장이었다.

두 번째 모델은 '문화의 그리스도'(Christ of Culture)이다. 다시 말하면, 기독교 문화와 세속문화의 질적 차이를 인정하지 않는다. 예수님도 문화의 한 부분으로 보는 것이다. 차이가 있다면 단순한 양적 차이이지 질적인 차이는 별로 없다고 보는 견해이다. 그렇기 때문에 일반계시와 특별계시의 차이를 인정하지 않고 기독교와 문화의 접목을 고려한 리출(A. Ritschl)과 같은 신학자에 의해 소위 자유주의 신학이 탄생하기 시작했다.

세 번째 모델은 '문화 위의 그리스도'(Christ above Culture)이다. 그리스도는 문화를 완성시키는 역할을 한다. 문화 그 자체는 문화를 완성시킬 능력이 없으나 그리스도는 문화를 완성시킨다. 따라서 문화와 그리스도가 연속성이 있으며 그리스도를 문화의 완성자로 보는 견해이다. 토마스 아퀴나스(Thomas Aquinas) 같은 가톨릭 신학자가 이런 입장을 취한다.

네 번째 모델은 '역설 속에 있는 그리스도와 문화'(Christ and Culture in Paradox)로서, 그리스도와 문화는 항상 역설적인 긴장관계 속에 있다고 보았다. 두 가지 권위는 서로 심판하기도 하고 타협하기도 하면서 항상 긴장 속에 있다. 마르틴 루터가 이러한 입장을 가지고 있다.

마지막으로 주목할 만한 모델이 있는데 '문화를 변혁하는 그리스도'(Christ, the Transformer Culture)이다. 그리스도는 문화를 쇄신시키고 변화시킨다. 치료되어야 할 문화, 마침내 갱신되어야 할 문화를 말한다. 어거스틴이나 개혁자 칼빈 같은 사람이 이러한 시각을 가지고 있다.

우리는 어떤 모델을 취할 것인가? 이것은 일률적으로나 단순하게 대답될 수 없다. 그때그때 우리가 처한 상황 속에서 문화를 바라보는 안목이 필요하다. 일반적으로 그리스도인들이 취하는 입장은 첫 번째와 다섯 번째 모델일 것이다. 그러나 네 번째 모델이 참고 될 필요가 있다.

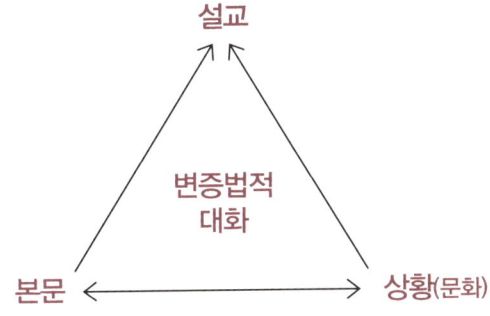

교회는 그것을 심판되어야 할 문화, 거절해야 할 문화, 죄 속에 있는 문화로 보고 예언자적인 목소리를 높일 때가 있는가 하면, 부분적으로 그 문화를 수용하기도 하고 그 문화를 치료하고 갱신시킬 필요에 접하기도 할 것이다.

우리는 문화를 어떻게 보고 있는가? 문화를 모두 부인하는가? 요즘 행하고 있는 극단적인 종말론을 필자는 우려하고 있다. 잘못하면 이것은 그리스도인들을 '패배주의'(self-defeatism) 종말론으로 몰아넣을 가능성이 많다. 이제 때가 다 되었으니까 전도하는 것 이외에는 아무 할 일이 없다고 보고, 역사나 문화에 대해 책임을 지지 않으려는 사상으로 몰고 간다. 종말에 대한 긴장과 재림에 대한 준비가 필요하지만, 그 준비에는 복음전도를 포함한 역사적이고 사회적이며 문화적인 책임도 포함된다는 사실을 알지 않으면 안 된다. 그렇지 않을 경우, 그리스도인들의 이미지는 매우 위축될 것이다. 이 부분을 정리하면서 몇 가지로 결론을 맺으려 한다.

첫째로, 우리의 문화에 대한 시각을 날카롭게 할 필요가 있다. 우리를 둘러싸고 있는 문화를 어떤 관점에서 보아야 할 것인가? 정상적인 문화로 보는가? 죄 속에 있는 문화로 보는가? 심판되어야 할 문화로 보는가? 갱신되어야 할 문화로 보는가? 끊임없이 해롭지 않는 범위 내에서 우리 주변의 문화를 바라보는 시각을 우리는 바로잡을 필요가 있다. 오늘날 많은 설교자들이 물질적인 문화 속에 쉽게 젖어 들어가는 것은 심각한 자기반성이 요구되는 일이다.

둘째로, 세계관을 정립하는 문제이다. 오늘의 세계를 알고 문화를 배우기 위해서 우리는 부지런히 신문을 읽고, 텔레비전도 보고, 또 이 시대를 대표하고 있는 베스트셀러를 보는 작업도 필요하다.

    필자는 25년 전부터 매달 베스트셀러가 되는 소설과 비소설의 서적을 한 권씩 구입해 읽는 일을 개인적인 습관으로 삼고 있다. 이것은 필자가 설교하고 있는 대상과 우리 시대의 문화를 이해하기 위해 매우 중요한 작업이라고 느껴지기 때문이다. 그러나 이런 일들을 위해서 시간을 따로 내지는 않는다. 화장실이나 침실 곁에 두고 머리가 아플 때, 피곤할 때, 쉬고 싶을 때, 잠시 머리의 리듬의 변화를 가지고 싶을 때 이런 책들을 읽는다. 그것은 그렇게 함으로 필자가 설교하고 있고 접촉하는 한국인의 문화, 한국인의 사고, 특히 필자가 관심 갖고 있는 젊은이들의 사고 방향을 이해할 수 있으리라는 생각에서 비롯되었다. 또 이것은 설교의 문화적 표현을 위해서도 매우 중요한 전제 작업이라고 생각한다.

    셋째로, 설교는 문화적 표현이라는 것을 염두에 두어야 한다. 성경을 번역하고 있는 사람들이 소위 '역동적 동등성'(dynamic equivalence)이라는 단어를 사용하는데, 그 당시 성경이 쓰였던 그 문화 속에 그 단어와 유사한 단어가 오늘날에는 어디 있는가 하는 물음에 답하기 위한 용어라 할 수 있다. 다시 말하면 성경이 쓰였던 그 당시 사실을 오늘 이 시대의 사실로 어떻게 가장 가깝게 바꾸어서 설교할 수 있을까 하는 것이다. 설교는 언어를 통해서 전달된다. 때문에 현대인의 언어를 이해하는 것은 대단히 중요하다. 오늘날 젊은이들은 어떤 언어를 사용하고 있는가? 특별히 젊은이들에게 설교하는 사람들은 언어에 대해 민감하지 않으면 안 된다. 언어는 문화의 한 표현이며 양식이기 때문이다.

이러한 모든 것들이 선교신학의 중요한 관심 중의 하나이다. 설교를 말하면서 선교신학을 말하는 이유가 여기에 있다. 그것은 현장에 대한 관심이고 또 내가 설교하는 대상자들을 이해하기 위한 설교자들의 가장 중요한 기초적인 작업이다.

설교 준비 실습문제 I

본문: 누가복음 22장 7절~30절

본문을 다음 세 가지 물음과 함께 묵상하도록 한다.

1. 본문은 주님에 대해서 무엇이라고 말하는가?

2. 본문은 인간에 대해서 무엇이라고 말하는가?

3. 본문은 나에 대해서 무엇이라고 말하는가?

여기서 우리는 이 본문을 신학적으로나 교리적으로 분석하려고 할 필요가 없다. 단지 우리는 이 본문 앞에서 교훈을 얻기 위하여 소박하게 느껴지는 데로 묵상을 하고 기록을 하도록 한다. 묵상할 때는 몇 명이 팀을 만들어 함께 한 이후에 그것을 각자가 발표할 수 있도록 하면 더욱 효과적이다.

3장 / 성서해석학의 과제

> "성서를 오늘날의 관심 속으로 이끌어내기 위해서는 설교자의 해석이 문제가 된다. 성서를 고대의 책으로 내버려두지 않고 현대의 삶 속에서 그 역동성을 드러내도록 하기 위해 오늘날 성서가 우리에게 무엇이라고 말씀하시는가에 물음을 던지는 것이다. 오늘 우리는 성서를 어떻게 이해할 것인가?"

01 성서해석학의 역사적 검토

성서해석학이라는 학문이 학문으로서 정립된 것은 비교적 최근의 일이지만, 성경해석이 초대교부 시대부터 존재해 왔다는 사실은 교회의 역사를 통해서 알 수 있다. 성서해석과 관련해서 구체적인 학파가 처음으로 생긴 때는 AD 180년대의 알렉산드리아 학파를 들 수 있을 것이다.

1. 초대교회와 교부시대

알렉산드리아 학파(Alexandrian School)

(1) 필로(Philo of Alexandria). 필로는 유태인으로서 일종의 신플라톤 주의자였다. 필로의 주장 가운데 하나는, 성서의 모든 문자의 배후에는 어떤 신비한 뜻이 들어있다는 것이다. '겉으로 드러난 현상의 배후에 있는 것이 실체'라고 하는 이원론적인 플라톤의 관념주의 적인 영향이다.

필로는 성서해석에 있어서도 이 같은 적용을 해서 겉으로 드러난 문자의 배후에는 신비한 어떤 뜻이 들어있다는 주장을 하게 되었다. 또 필로는 문자의 내용이 하나님의 영광을 안개처럼 가리우고 있다는 유명한 이야기를 했다. 성서해석자의 작업은 안개 같은 그것을 제거하는 것, 즉 문자적 의미를 제거함으로써 그 배후에 있는 실체의 뜻을 발견하는 것이라고 생각했다.

(2) 클레멘트(Clement of Alexandria;150? - ?220AD). 필로를 통해서 교부들이 많은 영향을 받게 되었는데, 같은 학파에 속하는 교부 클레멘트는 필로의 영향으로 우화주의적 해석의 교조가 되었다. 클레멘트 교부는 "성경의 모든 부분은 구원의 진리를 숨기고 있다."고 했다. 그래서 그는 모든 성경을 다섯 가지 측면에서 보았다. 첫째는 역사적 의미로, 둘째는 교회적 의미로, 셋째는 예언적 의미로, 넷째는 철학적 의미로, 다섯째는 신비적 의미로이다. 그리고 그는 성경의 모든 부분을 구원과 관련시켰다.

물론 성경의 중요한 핵심은 구속사이다. 그러나 성경의 모든 부분이 반드시 구원의 진리를 드러내고 있는 것이 아니다. 그럼에도 지나치게 구속사관을 강조함으로써 성경의 모든 면을 억지로 구원의 교리에 합치되도록 영해(靈解)하여 이해하려는 시도들을 우리는 지금도 상당히 많이 볼 수 있다.

최근에 필자는 우리 교인 중의 한 분이 가져다 준 「죄 사함의 비밀」이란 설교집을 본 적이 있다. 아마도 성경해석이 처음부터 끝까지 구원에 대한 영해로 일관된 대표적인 설교라고 할 수 있을 것이다. 하나님이 그런 해석을 통해서 어떤 영혼을 구원할 수 있다고 해도 성경의 잘못된 해석이 그 영혼의 구원으로 인해서 반드시 정당화될 수 있는 것은 아니다. 그것은 단지 하나님의 긍휼일 뿐이다.

(3) 오리겐(Origen, 185? - ?254 AD). 오리겐은 클레멘트의 제자로서 인간 구조의 삼분설인 영, 혼, 육을 근거로 성경의 모든 부분에서 세 가지 뜻, 영적인 뜻, 혼적인 뜻, 육적인 뜻이 있다고 했다. 그중에서도 가장 고상한 성경해석은 영적인 해석이라고 했다. 마치 희랍철학이 이원론에 근거해서 육체를 추하게 본 것처럼 오리겐 교부는 문자적 의미를 가장 열등하게 취급했다. 성경을 문자적으로만 보는 것은 가장 열등한 성경해석이며 잘못된 것이고, 깊은 곳에 있는 영적인 의미를 찾아내는 것이 중요하다고 보았다. 교회사에 있어서 우화적 성경해석에 큰 영향을 끼치게 된 사람이 바로 오리겐 교부였다. 같은 무렵에 알렉산드리아 학파와 대조를 이루는 또 하나의 학파가 생겨났다.

안디옥 학파(Antioch School)

(1) 제롬(Jerome). 안디옥 학파에 속한 유명한 교부로 제롬이 있다. 벌게이트(Vulgate) 라틴어 성경을 번역한 사람이며 알렉산드리아 학파와 달리 문자적 의미를 중시했다. 성경번역학자였기에 그럴 수밖에 없었을 것이다. 제롬의 유명한 말이 있다. "소위, 깊게 해석하는 것이 문자적인 평이한 해석을 배신할 수 있다." 이 말은 굉장히 중요한 발언이다.

한국 교회에 이따금씩 성경을 잘 '쪼개는' 사람들이 있다. 어떤 사람이 신기하게 성경을 해석하면 "그 사람 성경을 잘 쪼갠다."고 한다. 그런데 쪼개서는 안 될 부분까지고 쪼개놓는 것을 가끔씩 볼 수 있다.

(2) 크리소스톰(Chrysostom). 성경해석사에 있어서 크리소스톰은 중요한 위치를 차지하고 있다. 소위 역사적·문법적으로 성경에 접근하는 것이 성경해석의 원리(Grammatical-Historical Interpretation Principle)를 처음으로 제창했던 사람이다. 그는 성경이 기록된 당시의 역사적 정황을 잘 살펴 역사적·문법적으로 성경에 접근하는 것이 성경해석의 바른길이라고 처음으로 주장했다. 크리소스톰의 설교를 읽어보면 단순하게 설교했지만 심오한 설교를 했다.

2. 중세

(1) 대부분의 경향. 초대 교부 시대에는 알렉산드리아 학파와 안디옥 학파가 대결하면서 우화주의적 해석과 역사적·문법적 해석이 공존했다. 그런데 중세기에 들어서면서 성경해석의 경향은 대부분 우화주의적

해석으로 기울어지게 되었다. 그래서 성경을 신비하게 해석하는 경향이 증가하게 되었고, 따라서 성경은 성령의 특별한 감동을 받은 사람이나 사제(신부)들이나 해석할 수 있고, 평신도들은 그런 오묘하고 신비로운 뜻을 깨달아 알 수 없다는 태도가 사람들의 마음속에 생기게 된다. 그래서 성직자들은 이러한 경향과 함께 성경해석을 교권의 도구로 사용하기 시작했다. 평신도들은 성경을 마음대로 해석할 수 없고 사제들만이 해석할 수 있었다. 따라서 평신도들은 성경을 가까이 할 수 없게 되었고 성경에서 멀어지게 되었다. 이것이 중세기의 일반적인 경향이었다. 필자는 이것을 '평신도의 병신도화' 라고 부른다. 목사가 타락하면 '먹사' 가 되고 평신도가 타락하면 '병신도' 가 된다.

(2) 소수의 예외. 항상 소수의 예외는 있다. 중세기의 이런 분위기 속에서도 예외는 있었다. 예를 들면 파리의 빅토수도원 학파(School of the Abbey of st.Victor)의 앤드류(Andrew)라는 사람은 글자 그대로의 의미가 본래 무엇을 의도하고 있는가를 찾으려 했다. 이것을 중시하지 않으면 성경을 건전하게 해석할 수 없다. 따라서 중세기 성경해석의 암흑기에도 성경을 바르게 보려는 소수의 사람이 있었다고 할 수 있다.

중세기 초엽에 활동했던 유명한 토마스 아퀴나스(Thomas Aquinas)는 문자의 뜻을 중시해야 된다고 말했다. 그는 스콜라 철학의 영향을 받아서 성경에 상당히 철학적으로 접근하는 설교를 많이 했다. 그러나 그의 이론만은 문법적 · 역사적인 해석원리를 중시한 것으로 나타나 있다. 중세기의 대체적 경향은 우화주의적 성경해석이었다 해도 과언은 아니다.

3. 근세 이후

문예부흥과 종교개혁 시대를 맞이하게 된다. 문예부흥 시대에 중요한 것은 고전연구가 시작되었다는 것이다. 고전연구가 성서해석에 미친 영향은 성경을 하나의 책으로서 발견한 일이었다. 전에는 성경을 지나치게 우상화시키고 극도로 샤머니즘화한 나머지 '우리'는 감히 접근할 수 없는 책, 특별히 영감을 받은 사람과 특별한 지도자들이나 풀어 알 수 있는 책으로 생각했다.

그러나 문예부흥의 영향으로 고전연구가 활발해지면서 성경은 물론 하나님의 영감으로 기록되어 있지만, 동시에 하나님은 이것을 하나의 책으로 주신 것이라는 생각이 점차 퍼졌다. 따라서 성경을 읽는 사람은 다른 책을 연구하는 동일한 태도로 성경을 연구해야 하고, 어떤 책이든지 그 책에는 중요한 사상이 있고 명백한 흐름이 있으니 성경의 경우도 역시 명백한 흐름을 파악하는 것이 성경을 이해하는 중요한 관건이라는 견해가 점차 생겨나기 시작했던 것이다.

(1) 마르틴 루터(Martin Luther). 마르틴 루터가 종교개혁을 했다는 사실도 중요하지만, 그보다 더 중요한 것은 그가 독일어로 성경번역을 했다는 사실이다. 그는 정직한 마음, 열린 마음으로 주님을 의지하며 기도로 성경을 접근하기만 하면 누구든지 성경에서 교훈을 받을 수 있다는, 평범하지만 심오한 진리를 성서를 번역하면서 개인적으로 발견하게 되었다.

루터는 여러 가지 주장을 했지만 성경해석에 있어서 다섯 가지 중요한 원칙을 제창했다. 첫째는 문자적 해석, 둘째는 문맥의 중요성, 셋째는 역사적 상황, 넷째는 성경을 그리스도 중심으로 해석하는 기독론적 해석, 다섯째는 개인의 해석의 자유를 제창한 것이다.

(2) 존 칼빈(John Calvin). 그는 무엇보다 상식을 가장 중요시했다. 루터와 함께 위대한 종교개혁자였던 존 칼빈도 성서해석에 대한 많은 기록들을 남겼다. 칼빈의 제창 가운데 중요한 몇 가지를 뽑아보면 첫째로, 우화적 해석을 사탄적인 것, 마귀적인 것으로 취급했다. 왜냐하면 그는 중세기의 평신도들이 성경에서 멀어졌고 성직자들이 성경을 독점했던 이유가 바로 우화적 해석 때문이었다는 사실을 날카롭게 바라볼 수 있었기 때문이다. 그래서 그는 소위 우화적 해석을 마귀적이요, 사탄적으로 취급했다.

둘째로, 역사적 맥락을 중시했다. 루터와 함께 성경의 역사적 상황을 중시했다. 셋째로, 칼빈의 유명한 '성경을 성경으로' 이해하는 해석의 원리를 제창했다. 넷째로, 본문의 의도 즉 '원 저자의 의도'(author's intent)를 중시했다. 다섯째로, 명료성의 원리로서 "성경의 위대성은 본문해석의 무한성이 아니라 한 가지 뜻의 명료성에 있다."는 것이다. 성경 한 구절을 가지고 이렇게도 풀고, 저렇게도 풀고, 열 가지, 열두 가지, 심지어는 스무 가지 해석을 해놓고 "봐라, 성경이 얼마나 위대한 책인가! 이렇게 스무 가지 해석이 가능하니 …"하고 감탄하는 사람들이 있다. 그러나 성경의 위대성은 이런 데 있는 것이 아니다. 한 가지 명백하고 분명한 사상과 뜻을 제시함으로써 성경이 명백하게 강조하고 있는 그

분명한 사상이 성경을 위대하게 만드는 것이라고 보았다. 성경이 위대한 것은 성경을 이렇게 저렇게 수없이 풀 수 있다는 막연한 가능성 때문이 아니라, 성경의 본문이 가진 명백하고 분명한 사상 때문이다. 이것은 매우 중요한 주장이다.

성경해석사를 연구하면서 느끼는 것은, 성경해석사는 끊임없는 우화주의적 해석과 역사적·문법적 해석원리의 갈등의 역사라고 정리할 수 있다. 그리고 재미있는 것은 우화주의적 해석이 유행할수록 '평신도가 병신도'되었다는 사실이다. 즉 그들이 성서에서 멀어지게 되었다는 뜻이다. 반면 역사적·문법적 원리가 강조될수록 교회가 개혁되고, 새로워지고 평신도들이 깨어 일어나는 운동이 있었던 것을 볼 수 있다.

따라서 오늘날 한국교회가 정말 갱신되기 위해서는 우화주의적 해석을 지양하고 역사적·문법적 해석원리를 회복하는 것이 급선무이며 중요한 개혁의 근본이라는 것을 강조하지 않을 수 없다.

다음의 우화주의적인 해석은 고전적인 예로서 오리겐이 처음으로 시도했고, 나중에 어거스틴도 했고 그 후에도 수많은 설교자들이 계속해서 남용해온 해석이다. 어거스틴이라고 해서 실수가 없는 것이 아니다. 그도 실수할 수 있다. 어거스틴이 했기 때문에 반드시 그것이 옳은 것은 아니다. 어거스틴의 그 많은 공적에도 불구하고 잘못된 성경해석만은 지양되어야 하는 것이다.

| 우화주의적 해석의 실례 |

1. 선한 사마리아인의 비유. 우화주의적 해석의 대표적인 예는 잘 알려진 선한 사마리아인의 비유이다. 여리고 길에서 강도를 만나 쓰러진 사람은 죄인의 모형이고, 그 옆을 지나가는 레위인이나 제사장은 율법이나 어떤 종교의 행렬로 본다. 그것이 인간을 구원할 수 없다. 그러다가 선한 사마리아인이 지나간다. 선한 사마리아인이야말로 예수님의 상징이다. 포도주를 그 상처에 붓는다. 그것은 예수님의 보혈을 상징하고, 그다음에 주막으로 데려가는데 그것은 교회의 상징이며, 부비가 더 들면 '내'가 돌아올 때에 갚겠다는 것은 재림의 상징이다.

처음에 오리겐이 이 해석을 시작했다. "오리겐이 오리지널이다." 지금도 얼마나 많은 성도들이 이 설교 앞에 은혜를 받고 있는가? 얼마나 많은 설교자들이 이 설교를 계속하고 있는가? 이 설교를 통해서 구원받는 사람들도 있다. 필자가 이미 강조한 것처럼 그것은 우리의 실수를 통해서도 역사하시는 주님의 무한하신 자비와 긍휼 때문이지, 그렇다고 해서 우리의 잘못된 해석이 정당화될 수 있는 것은 결코 아니다.

본문을 주께서 처음에 말씀하신 이유가 어디에 있는가? 어떤 율법사가 나와서 예수님께 가장 커다란 계명에 관한 질문을 하였다. "네 마음을 다하고 네 목숨을 다하고 힘을 다하고 뜻을 다하여 주 너의 하나님을 사랑하고 네 이웃을 네 몸과 같이 사랑하라"고 예수님이 말씀하시니, 자기를 옳게 보이려고, "내 이웃이 누구이옵니까?"라고 다시 묻는다. 이것이 주님이 말씀하신 이 비유의 가장 중요한 배경이다.

"내 이웃이 누구입니까?" 이 물음에 대한 대답을 위해 예수께서 선한 사마리아인의 비유를 말씀하신 것이다. 우리의 이웃은 멀리 사는 이웃이 아니며, 멀고 가까움의 지리적, 공간적인 상황이 이웃을 만들고, 만들지 못하는 것이 아니다. 정말 내 도움을 필요로 하고 있는 사람, 내 주변에서 고난과 역경 가운데 나의 도움을 필요로 하고 있는 사람, 바로 그 사람이 우리의 이웃이다. 이 외에 절대로 다른 뜻은 없다. 이것이 본문의 명백하고 분명한 주님의 의도였으며 그 교훈을 위해 주께서 말씀하신 것이다.

2. 엘리야의 제단. 구원을 언급하자면, 성경에 구원을 강조하는 구절들이 얼마나 많은가? 성경의 중심이 구원사이지만 성경의 모든 구절을 마음대로 구원문제에 결부시킬 수 있는 자유가 우리에게는 없다. 언젠가 친구 목사님 한 분이 이런 이야기를 했다.

어느 날 성경 묵상을 하는데 놀라운 아이디어가 떠올라서 '엘리야의 제단'이라는 제목으로 설교를 했다. 엘리야 제단에 불이 임하고 하나님의 놀라운 능력이 임했던 비결이 무엇인가라는 물음에서 비롯된 설교였다. 가만히 그 본문을 묵상해보니까 바알의 제단과 엘리야의 제단에 차이가 있는데 엘리야의 제단에는 물이 있었고 바알의 제단에는 물이 없었다는 것이다.

엘리야가 제단에 물을 더 부었다. 물이 있었던 엘리야의 제단에는 불이 임하고, 물이 없었던 바알의 제단에는 불이 임하지 않았다. 물이 있는 곳에 반드시 불이 임한다. 물은 무엇을 상징하는가? 성경에서 물은 언제나 하나님의 말씀의 상징이고, 그렇기 때문에 하나님의 말씀이 있는 곳에 주의 성령이 임하더라. 이런 설교를 하니까 성도들이 매우 은혜를 받았다는 것이었다. 이것도 우화적인 해석의 또 다른 예이다.

왜 물을 부었는가? 자연적으로 불이 붙을 수 있는 모든 소지와 가능성이 없어졌음에도 불구하고, 주께서는 엘리야의 기도에 응답하시고 하나님의 능력이 엘리야의 제단에 임했다. 그것은 하나님의 초자연적인 능력에 대한 입증일 뿐이다. 물과 불을 마음대로 사용해서 해석할 수 있는 그런 자유가 우리에게는 없다.

3. 가나 혼인 잔치의 물 여섯 항아리. 대표적으로 많이 사용되고 있는 실례 중의 하나는 가나의 혼인잔치 석상에 있었던 항아리 여섯 개다. 어떤 분의 설교에서 필자가 직접 들었다. 첫째, 봉사의 항아리, 둘째, 자비의 항아리 하는 식으로 이해한다. 그 항아리에 봉사의 항아리, 자비의 항아리라는 글자가 써있었는지는 잘 모르지만, 항아리 여섯 개야 그 집 앞에 여섯 개 있을 수도 있고, 다섯 개 있을 수도 있는 것이다. 성경에 있는 숫자에 상징적인 의미가 있다고 해서 우리가 이런 식으로 풀 자유는 없다.

4. 물고기 153마리. 필자가 과거에 섬기던 교회에 어떤 교인이 와서 일주일이면 성경을 창세기에서 요한계시록까지 기가 막히게 통달할 수 있는 모임에 갔다 왔다고 했다. ○○○에서 아주 크게 목회를 하고 있다는 사람인데, 어떻게 그렇게 많은 사람이 은혜를 받는지 알다가도 모를 일이다. 거기에 갔다 온 그 교인이 "목사님은 예수님의 부활하신 후에 디베랴 바닷가에서 물고기 153마리를 잡은 이유를 아십니까?"라고 해서 "잘 모르겠다."고 했다. 그러자 거기에 가니까 풀어 주더란다. 그래서 "어떻게 풀어주었는가?"하고 물었더니, "마가의 다락방에서 몇 명이 기도했습니까? 120명이 기도했지요. 예수님이 몇 년 사셨습니까? 33년 사셨지요. 목사님, 더해 보세요. 그래서 그것은 예수님이 이 땅에서 역사 하시고 보혜사 성령을 통해서 지금도 계속해서 역사하고 있다는 상징적인 숫자입니다. 얼마나 놀랍습니까?"하는 것이다. 그런 거야 저 깊은 산에서 계시 받은 사람이 아니면 어떻게 깨달아 알 수 있는가? 그런 교회일수록 교권의 도구화가 심해지는 것이다. 그런 해석을 할수록 성직자는 제왕처럼 군림하게 된다. 그것은 좋은 것이 아니다. 교역자들이 교회 안에서 맘대로 할 수 있다는 사실이 좋은 것은 아니다. 오히려 이를 통해서 교회와 성직자들이 부패될 수 있는 가능성이 많아진다. 우리 교인들이 똑똑해질 수가 있다는 것, 그래서 목회자가 감시 받을 수 있다는 것은 어쩌면 목회자 자신의 삶을 지키는 가장 중요한 방어 역할이 될 수 있다.

02
성서해석의 원칙들

쉽게 말하면 성서해석학은 '성서를 바르게 해석하는 기술 혹은 과학'이라고 말할 수 있다. 성서가 쓰여진 시간과 성서를 읽는 독자의 시간의 간격이 커지면 커질수록 성서해석의 작업은 더욱 어려워지고, 그 해석이 곡해될 수 있는 가능성도 높아진다. 따라서 건전한 성서해석의 책임이야말로 모든 그리스도인에게 맡겨진 가장 중대한 청지기적 책임이라고 아니할 수 없다.

'쪼갠다'는 말은 디모데후서 2장 15절에서 나왔다. "네가 진리의 말씀을 옳게 분변하며", '분변하다'는 말을 영어 성경에 보면 'rightly dividing'으로 번역되어 있는데, '바르게 나눈다, 바르게 쪼갠다.'(cutting straight)는 뜻이다.

이 단어는 의사가 수술용 칼을 사용할 때 쓰는 말이었다. 이 수술용 칼은 사람을 살리기 위해서 있는 것인데, 그 칼을 잘못 휘두르게 되어 사람을 죽일 수도 있다는 것을 염두에 두지 않으면 안 된다. 이에서 우리가 알 수 있는 것은 우리 설교자들이 하나님의 말씀을 잘못 해석함으로 말미암아, 그 성서해석의 칼을 잘못 휘둘러서 교인들을 살리는 것이 아니라 죽일 수도 있다는 경각심과 조심스러운 마음을 가지고 하나님의 말씀을 말씀답게 묵상하고 해석해야 할 청지기적인 책임을 가지고 있다는 사실이다.

1. 성서해석의 전제들

이 전제들은 기본적으로 성서해석이 성립되기 위한 믿음을 말한다. 필자는 네 가지 믿음을 강조하고 싶다. 첫째는 성서영감에 대한 믿음, 둘째는 성경의 통일성에 대한 믿음, 셋째는 문자적 명백성에 대한 믿음, 넷째는 성령님의 조명의 약속에 대한 믿음이다.

(1) 성서영감에 대한 믿음. 성서영감에 대한 믿음이야말로 성서가 하나님의 말씀(특별계시)이라는 고백의 전제이며, 기독교 복음의 유일성 혹은 절대성의 가장 중요한 근거라고 생각한다(딤후 3:15-16). 이것이야말로 기독교 선교의 영적인 능력의 출처라고 믿는다. 만약 성경에 이런 하나님의 영감이란 가설이 사라진다면 성경은 다른 책과 다를 것이 없다. 성경은 물론 하나의 책이다. 그러나 영감으로 기록된 책이다.

다윈은 종교를 진화의 한 국면으로 보았고, 마르크스는 종교를 단순한 사회현상의 하나로 파악했으며, 프로이드는 종교를 단순한 정신적 노이로제로 파악했고, 실존주의 철학에서는 하나의 종교적 체험에 불과하다고 보았다. 이런 시대정신의 분위기를 통해서 소위 종교의 다원화주의가 촉진되고 있는 이 세대, 이 정황 속에서 오늘의 설교자들은 가장 큰 딜레마 중의 하나는 '설교의 확신을 잃어버리고 있다' 는 것이다.

왜 확신을 잃어버렸는가? 결국 이것은 하나님의 말씀으로서의 성서에 대한 신뢰의 결핍 때문이라고 말하지 않을 수 없다. 부분적으로 그 상당한 책임은 지나친 성서 고등비평의 영향도 있다. 성경을 책으로 접근하기 위한 어느 정도의 비평은 필요하다고 생각한다. 그러나 지나친 비평으로 말미암아 성서영감을 파괴하는 것은 설교자로 하여금 성서를 그들 설교의 근거로 인용하는 확신을 빼앗아 가는 중요한 원인이 된다.

성경에 접근하는 설교자들은 어느 정도 그런 위기를 겪게 된다. 정말 이것이 하나님의 말씀인가? 우리가 잘 아는 대로 빌리 그래함에게도 그런 위기가 있었다. 빌리 그래함의 전기를 읽어보면 그가 휘튼대학에서 공부하고 있을 때, 다소 비평적인 학자들의 영향을 통해서 그는 하나님의 말씀을 하나님의 말씀으로서 설교하는데 어려움을 느끼고 있었다.

"내가 이 설교를 계속해도 좋은가? 하나님의 말씀으로 당당하게 믿고 선포할 수 있는가?"

이런 갈등 속에서 지내던 어느 날 그는 휘튼대학의 캠퍼스 숲 속에 들어가서 엎드려 기도하기 시작했다. 기도 속에서 하나님은 빌리 그래함에게 그가 별 수 없는 하나의 인간이요, 유한한 인간임을 깨우쳐 주셨다. 유한한 인간의 머리 속에 이 성경을 잡아넣으려는 노력보다도 오히려 성경 앞에 자기 자신을 위탁해야 한다는 삶의 중요성을 깨달았다. 그날 밤 그는 교정의 기도 속에서 자기 자신을 하나님의 말씀 앞에 부탁하기로 결심했다. 그리고 자기는 말씀을 다루는 주인이 되기보다 말씀 앞에 사로잡히는 종이 되기로 결심했다.

"주여! 제가 이 말씀을 당신의 말씀으로 받으며 그리고 이 말씀을 관리하는 청지기로 살고 이 말씀을 선포하는 자가 되기를 결심합니다."

빌리 그래함 생애의 전기 기록자는, 그날 기도를 마치고 교정의 자리에서 일어날 때가 바로 빌리 그래함의 유명한 설교 스타일인 '성서는 말하기를'(The Bible says)이라는 어구가 탄생하는 순간이었다고 했다.

하나님의 말씀인 성서에 모든 신뢰의 근거를 두고 이 말씀을 선포하는 자가 되기로 결심했던 중요한 경험이었다.

(2) 성경의 통일성에 대한 신뢰. 통일성의 근거가 되는 것은 점진적 계시론과 그리스도적 원리이다. 성경은 목적을 두고 점진적으로 계시되어, 점점 완전하게 계시된다. 우리는 완성되기 이전의 어떤 계시를 보고 불완전하다거나 통일성이 없다고 말할 수 있지만, 계시가 점진적이며 발전적이라는 사실에 주의할 때 성경의 통일성을 신뢰할 수 있을 것이다.

'그리스도적 원리'(christological principle)는 영해를 하는 사람들이 모든 면에서 그리스도를 끌어내기 때문에 그리스도적이란 말이 아니다. 성경의 목적 지향적인 면에서 성경은 궁극적으로 그리스도를 계시하신다는 의미에서 그리스도적인 원리라는 것이다. 그리스도야말로 성경의 핵심이시다(요 5:39; 눅 24:27; 딤후 3:15). 그리스도로 말미암아 우리는 성경의 통일성을 신뢰할 수 있게 된 것이다.

이 전제들을 수용한다면 우리는 '성경의 유비성'(analogia scriptura)을 말할 수가 있다. 유비성이란 한 구절이 난해하다고 해도 다른 구절을 통해서 그 난해했던 부분이 명백하게 되어 성경과 성경을 비교하면서 성경에 대한 통일성과 명백성을 찾아낼 수 있다는 뜻이다.

칼빈의 '성경을 성경으로' 하는 원리의 기초도 여기에 있다. 그러나 지나치게 모형론(typology)에 빠지는 것도 주의해야 한다. 루터는 "누구든지 성경의 주되신 그리스도를 깨닫지 못한다면 성경의 어떤 낱말도 이해하지 못한 것이다."라고 말했다. 성경의 통일성을 신뢰할 수 있을 때에야 비로소 성경에 근거한 설교를 할 수 있다.

(3) 문자적 명백성에 대한 신뢰. 성경도 문자를 지닌 책이므로 문자적으로 자명한 흐름을 가지고 있다. 이것은 종교개혁 시대의 성서해석에 있어서 중요한 열쇠가 되었다. 개혁자들은 문자적 의미를 떠나버리면 성서는 의미가 없다고 했다. 문자적 해석을 떠나면 성서의 감각은 무의미하게 된다고 했다. 성경이 문자적으로 자명하다는 원리를 거절하게 되면 결국 두 가지 오류에 빠진다.

• 알렉산드리아 학파의 우화주의에 빠지게 된다. 나름대로 성경의 평범한 진리를 가지고는 납득시킬 수 없다고 믿었던 오리겐 같은 초기 교부 시대의 사람들이 그 시대 사람들에게 성경의 우월성을 증명하기 위해서 성경에 억지로 기묘한 뜻을 부여한 것이 우화주의적 해석의 시초이다.

• 불트만의 비신화화도 역시 우화주의적 해석의 현대적 용어라고 할 수 있다. 현대인들이 이해하기 어려운 신화나 기적은 다시 비신화화 되지 않으면 안 된다는 불트만의 해석은 근본적인 면에서 우화적인 해석과 동일하다.

그러나 이것은 성경의 역사적, 실제적 의미를 부인하는 것에 불과하다. 루터나 칼빈도 이러한 정신에 기초해서 성경에 '여러 의미설' (multiples intellegentia)을 부인했다. '여러 의미설'이란 성경에는 여러 의미가 있다는 것이다. 그러나 도덕적인 의미, 혼적인 의미, 영적인 의미, 과학적인 의미가 있는 것이 아니라 한 가지 분명한 뜻이 있다. 문자적으로 명백한 사상이나 전제가 있다. 이 사실을 분명히 할 때, 본문을 통해서 기자가 강조하려고 했던 핵심이 무엇인가를 파악할 수 있으며 본문에서 이탈하지 않게 된다.

하나의 본문이, 특히 비유의 내용에서는 단 한 가지 의미가 아니라 여러 가지 의미로 나타날 수 있지 않겠는가? 물론 한 본문 안에서 저자가 의도적으로 두 가지 중요한 진리를 전달하려고 하는 경우도 있을 것이다. 그러나 이것은 하나하나의 명백한 계시가 함께 계시되는 것이라 할 수 있다. 우리의 무지 때문에 그 본문을 이렇게 볼 수도 있고 저렇게 볼 수도 있다고 하는 것이지 본래 저자가 여러 가지 의도를 가지고 있는 것은 아니라고 생각한다. 그러나 우리가 그 말씀을 적용할 때에는 폭넓게 이해를 해서 구체적으로 적용할 수 있다. 그러나 이것이 저자의 본래의 의도가 여러 가지 많은 뜻을 가졌다고 할 수 있는 근거는 아니다.

(4) 성경의 조명에 대한 약속의 신뢰. 성서해석에 있어서 개신교에는 두 가지 중요한 원리가 있다.

- 외적 원리. 성경을 하나의 보편적, 역사적 계시로 보는 것이다. 성경은 역사적, 보편적으로 과거에 이미 계시가 된 것이다. 이것은 객관적으로 자명하다. 외적으로 분명한 문자를 통해서 역사적 사실에

근거하여 기록된 진리이므로 연구하면 알 수 있다.

• 내적 원리. 성경은 보편적인 진리를 갖고 있을 뿐만 아니라 개인적 진리를 담고 있다. 과거에 역사적으로 계시되었던 이 말씀이 오늘의 내게도 적용될 수 있는 개인적인 진리라면 그 적용과 깨달음을 위해서 필요한 것이 있는데, 그것은 성령의 조명이다.

바로 이 두 가지의 원리 때문에 성경은 연구와 함께 묵상이 필요하다. 우리는 묵상을 통해서 성령의 도우심과 하나님의 간섭을 받는다. 그래서 성경에 영감을 주셨던 성령님은 지금 이 말씀을 이해할 때에도 우리를 도우시는 것이다.

• R. A. 토레이(Torrey)는 "서재에 많은 책이 있지만 그 저자와 대화할 수 있는 책은 하나밖에 없다."고 했다. 이 책을 친히 기록한 저자와 내가 대화를 나눌 수 있으면서 그 책을 이해할 수 있다는 사실은 얼마나 놀라운 특권인가? 우리는 성경의 저자이신 성령과 더불어 친히 대화하면서 이 말씀에 대한 도움을 얻을 수가 있다. 이것이 내적 원리이다.

성서해석학의 중요한 원리를 제시한 버나드 램(Bernard Ramm)은 "성서가 없는 성령만의 강조는 반드시 신비주의에 떨어지고, 성령을 강조하지 않고 책으로서의 성서만 강조하게 되면 차디찬 이성주의에 떨어질 수밖에 없다."고 했다. 이 내적 원리와 외적 원리의 강조는 그래서 중요한 것이다. 성경은 이성만으로 다 이해할 수 있는 책이 아니라 여전히 하나님의 도우심이 필요하다는 사실을 겸손히 인정하고, 성경을 대할 때마다 "주님, 내 눈을 열어 주의 법의 기이함을 보게 하소서"(시 119:18)라고 기도하는 자세야말로 성서를 대하는 사람의 기본적인 태도이다. 하나님의 성령이 아니고는 하나님의 그 깊음을 통달할 수 없다(고전 2:14; 고후 3:14-18)는 것도 이 내적 원리의 강조일 것이다.

2. 성서해석의 일반원칙

성경해석 학자들은 성경해석에 접근할 때 일반원칙과 특별원칙으로 나누어서 설명한다. 일반원칙이라는 것은 성경해석에 있어서 우리가 주의해야 할 일반적인 원리들에 대한 것이고, 특별원칙은 성경을 하나의 문학적인 장르로 보고, 문학적 구성법들을 중심으로 한 특별한 해석원칙들에 대해 말하는 것을 가리킨다. 일반원칙에는 다음과 같은 원리가 있다.

(1) 문맥을 따라 이해하라. 성경해석의 생명은 문맥의 중요성이라는 것을 여러 번 강조했다. 몇 가지 예를 들면, 요한복음 9장의 날 때부터 맹인이 된 사람의 기사를 해석하고 설교를 위한 묵상을 할 경우, 9장 3절을 보면 "예수께서 대답하시되 이 사람이나 그 부모의 죄로 인한 것이 아니라 그에게서 하나님이 하시는 일을 나타내고자 하심이라"는 말씀이 있다. 이 말씀을 문맥이나 교리적인 선험적 전제가 없이 인용할 때, 인간의 죄성이나 원죄론까지도 부인하는 결론을 내릴 수도 있다. 그러나 우

리가 문맥을 살펴보면 질문 자체는, 예수께서 길을 가실 때 날 때부터 맹인이된 사람을 보신지라, 제자들이 물어 가로되 "랍비여 이 사람이 맹인으로 '태어난' 것이 누구의 죄 때문입니까?"라는 것이었다. 만약 제자들의 질문이 "이 사람이 죄인입니까, 아닙니까?"이었다면, 예수님은 틀림없이 죄인이라고 대답하셨을 것이다.

그러나 제자들의 질문은 '맹인으로 태어난' 이 특수한 상황이 꼭 '죄 때문입니까' 하는 것이었기 때문에, 그것은 이 경우에 있어서 죄 때문만은 아니며, 맹인으로 태어난 그 사건이 꼭 죄와 관련된 것은 아니라고 대답하신 것이다. 문맥을 고려하지 않았을 때 해석이 어느 정도로 달라질 수 있는가 하는 하나의 예가 된다.

고린도전서 10장 23절을 보면 바울이 그리스도인 자유의 원칙에 관해 말하면서 "모든 것이 가하나 모든 것이 유익한 것은 아니요 모든 것이 가하나 모든 것이 덕을 세우는 것은 아니니"라고 한다. 우상의 제물을 먹어야 하는가 등의 문제를 중심으로 해서 바울은 모든 것이 가하지만 반드시 모든 것이 유익한 것은 아니라고 말하고 있다.

여기서 '모든 것이 가하다' 라는 말씀을 만약 문맥 없이 인용할 경우에 소위 그리스도인들의 무율법주의적인 행동원리를 주장할 수도 있다. 여기서 '모든 것' 은 고린도전서 10장 전체의 문맥에서 보면 결코 우리가 행할 수 있는 '모든 것' 을 가리키는 것이 아님을 알게 된다. 예컨대 고린도전서 10장 6절에서 보면 "이러한 일은 우리의 본보기가 되어 우리로 하여금 그들이 악을 즐겨 한것 같이 즐겨 하는 자가 되지 않게 하려 함이니"라고 말씀하고 있다. 또 그다음 절에서 "그들 가운데 어떤 사람들과 같이 너희는 우상 숭배하는 자가 되지 말라"고 말해, 절대 피해야 할 죄들에 대해 언급하고 있다. 그러므로 여기서는 그러한 명백한 죄나 악의 경우를 제외한 모든 것을 가리키지, 무턱대고 모든 것을 가리키지 않는다.

이 문맥의 중요성을 말할 때 흔히 우리가 예로 드는 구절은 빌립보서 4장 13절이다. 오래전 필자가 이러한 사실을 강조하기 시작했을 때 사람들에게 굉장히 생소하게 받아들여졌을 것이다. 당시 '적극적 사고방식'이 강조되고 있는 상황에서 필자가 이 구절을 다른 측면에서 강조했기 때문에 오해도 받았다. 빌립보서 4장 13절을 필자는 한국 교회의 '순교 구절'이라고 불렀다. 왜냐하면 이 구절은 본래의 진정한 의미와는 상관없이 남용되는 경향이 있기 때문이었다. "내게 능력 주시는 자 안에서 내가 모든 것을 할 수 있느니라" 우리가 아무리 가난해도 이 말씀을 주장하고 약속의 말씀을 믿으면 부자가 될 수 있다거나 어떤 병 가운데서도, 모든 것을 할 수 있는 이분을 믿고 신뢰하면 병을 고칠 수 있다는 식의 메시지를 선포할 때 그것을 증명하기 위해서 흔히 이 구절을 많이 사용해 왔다.

그러나 빌립보서 4장 13절 전에는 항상 12절이 있다는 사실을 잊지 말아야 한다. 그리고 그전에는 11절이 있고 그전에는 10절이 있다. 이러한 당연한 사실을 강조하는 이유는 이 구절이 문맥을 가지고 있다는 사실을 환기시키기 위함이다. 바로 그전 구절들에서 바울은 자기가 인생을 살면서 배운 가장 중요한 교훈은 '자족의 교훈'이라고 말하고 있다. 그리고 12절에서 "내가 비천에 처할 줄도 알고, 풍부에 처할 줄도 알고, 내가 배부를 때도 있었고 배고플 때도 있었고 그러한 가운데서 나는 능력 주시는 자 안에서 내가 모든 것을 할 수 있다"고 언급한 것이다.

이것은 바울의 배고픔을 배부름으로 바뀌게 한다는 말이 아니다. 즉 그가 배부를 때에는 배부르다는 사실 때문에 방탕하거나 나태해지지 않고 여전히 주님과의 바른 관계 속에서 승리의 신앙생활을 할 수 있었으며, 배고플 때에는 또한 배고프다는 그 사실 때문에 비굴하거나 낙심하지 않고 여전히 주님을 신뢰하고 의지하며 승리할 수 있었다는 말이다. "그런즉 내게 능력주시는 자 안에서 내가 모든 것을 할 수가 있다"는 것이다. 이것은 자족의 교훈이다. 어떤 삶 속에서도 하나님과의 관계를 통해서 승리할 수 있다는 증언이지, 소위 불가능이 없다는 생각을 뒷받침해 주는 구절은 절대 아니다. 그만큼 우리가 문맥을 따라서 성경을 이해하게 될 때 성경의 원 저자의 의도를 접근하는데 도움을 얻을 수 있다.

문맥의 또 하나의 중요성은 우리가 문맥을 잘 살피면 어느 정도 성경의 많은 난해한 구절들에 관해서도 이해가 가능하다는 사실이다. 물론 성경의 어떤 난해한 구절들은 영원히 주님 오실 때까지 풀 수 없는 수수께끼 같은 것들일지도 모르지만, 우리는 그것을 억지로 풀기보다는 신비 그대로 주님 앞에 내어두는 믿음도 필요할 것이다. 그러나 사실, 문맥들을 잘 고려해보면 "어느 정도까지는" 원 의미에 더욱 근접할 수 있는 경우들이 많이 있다.

필자도 처음 설교를 시작하면서, 창세기 4장의 아벨의 제사에 대해 설교를 했을 때 우리의 선배들이 보통 했던 것처럼 주님께서 가인의 제사를 거절하시고 아벨의 제사를 받아주신 가장 큰 이유는 아벨의 제사는 피의 제사였기 때문이라고 설교했다.

그러나 어느 날 정말 이 해석이 타당한가라는 의심이 생겼다. 사실 창세기 4장과 3장의 주변을 보면 아직까지도 피의 제사가 공식적인 제사제도로 확립된 어떤 성서적인 근거가 없다. 적어도 창세기 3장에서도 명백하게 제시된 것이 없다. 그리고 하나님이 꼭 피의 제사만 받으신 것이 아니라 어떤 제사(소제)의 경우, 농산물이나 곡식의 제사도 기쁘게 받으셨음을 볼 수 있다. 그런데 피 흘림의 제사만을 하나님이 받아주신다는 자기 원칙과 전제를 가지고 있으면, 그 안경을 통해서 보기 때문에 우리가 그 부분을 강조하게 된다. 이러한 전제를 버리고 우리가 창세기 4장에 더욱 객관적으로 접근할 경우, 본문의 문맥 속에서 하나님께서 아벨의 제사를 받아주신 이유로서 암시되고 있는 것들은 무엇인가?

적어도 본문을 통해서만 성찰한다면 4절에서 "아벨은 자기도 양의 첫 새끼와 그 기름으로 드렸더니"라는 말이 나타난다. 가인의 제사와 대조될 수 있는 것으로 여기 '첫 번째 것'이 강조되었다는 사실이다. 일반적으로 그 당시 제사에 있어서 기름은 가장 좋은 것으로 이해되고 있었다. '첫 번째 것과 가장 좋은 것' – 본문의 상황 속에서는 이 정도밖에 나타나지 않는다.

또 성경의 난해한 구절이라고 일컬어지는 고린도전서 15장 29절의 소위 '죽은 자들을 위하여 침(세)례를 받는'은 어떤 침(세)례인가? 몰몬교의 관습처럼 죽은 사람을 대신해서 받는 침(세)례의 타당성을 증명하는 것인가? 신학자들은 이것을 두고 많은 논쟁을 해왔다.

가장 최근의 성서신학적인 발견이나 성서신학자들의 증언에 의하면, 그 당시 로마를 중심으로 한 문화권 안에 이방 종교를 믿던 사람들이 자기 친척이나 사랑하는 사람들이 먼저 죽었을 때에 그들을 대신해서 기독교인의 침례나 세례와 비슷한 의식을 습관적으로 행했다고 한다.

그런 역사적 정황을 참고하면서 문맥을 통해서 본문에 잘 접근해보면, "만일 죽은 자들이 도무지 다시 살아나지 못하면 죽은 자들을 위하여 침(세)례 받는 자들이 무엇을 하겠느냐 어찌하여 그들을 위하여 침(세)례를 받느냐", 그다음 30절을 계속 읽어보면, "또 어찌하여 우리가 언제나 위험을 무릅쓰리요. 형제들아 내가 그리스도 예수 우리 주 안에서 가진 바 너희에 대한 나의 자랑을 두고 단언하노니 나는 날마다 죽노라"라고 되어 있다. 29절과 30절에서 대명사의 전환이 있다. 29절에서는 '그들을' 위하여 받는 침(세)례라고 하였으나, 30절에서는 "어찌하여 '우리가' 언제나 위험을 무릅쓰리요"라고 한다. 죽은 자를 위해서 받는 침(세)례가 꼭 기독교의 침(세)례라고 말하고 있는 것은 아니다. 바울은 '그들을' 이라고 말한다. 이것은 이방인들의 관습에 대한 언급일 수 있다.

15장 전체가 부활에 관한 장인데, 바울은 이 이방 종교의 신도들이 죽은 사람들을 위해서 어떤 의식을 행하는 광경을 보고, 만약 죽음 이후에 대한 기대가 없다면 그들이 왜 그런 의식을 행하겠느냐고 묻고, 30절에서 어찌하여 우리는 때마다 많은 위험 속에서도 생명을 내걸고 이 신앙을 지키는가 – 그것은 죽더라도 죽은 다음에 부활의 소망이 있기 때문에 담대할 수 있는 것이 아니냐고 묻는 것이다.

이렇게 문맥을 통해서 접근하면 본문을 훨씬 쉽게 이해할 수 있을 것이다. 마치 우리 설교자들이 천국을 이야기하면서, 동양 사람들(한국인들)의 고대 죽음에 대한 표현을 들어, "아버지께서 돌아가셨습니다. 만약 돌아갈 곳이 없다면 왜 돌아가셨다고 이야기할까요?"라고 말하는 것과 같다. 이와 같이 죽은 사람을 위한 침례나 세례의식을 긍정한다는 차원에서가 아니라 그 당시의 이방 신도들이 이런 관습을 지키는 것을 보고 "만약 죽음 이후에 대한 기대가 없다면 왜 이것을 행하겠습니까?"라고 말한 것이다. 대명사에 대한 주의 깊은 관찰이나 이 구절에서 나타난 문맥의 흐름을 좀더 주의 깊게 파악해보면 이러한 사실에 어느 정도 확신을 가질 수 있다.

그만큼 문맥은 중요하다. 그러나 문맥을 강요하는 것이 위험한 경우도 있다. 성경의 어떤 부분들은 문맥과 상관없이 편집된 부분들이 있기 때문이다(잠언, 전도서, 산상수훈).

(2) 어휘를 이해하라. 성서해석의 일반적인 원칙 가운데 하나는 어휘를 잘 살피는 것이다. 어휘를 이해하는 원칙 몇 가지를 강조하고 싶다. 첫째, 다른 단어이지만 같은 의미를 가진 것은 없는가 살피라. 그리고 다른 단어로 썼지만 같은 의미를 가진 것은 없는가 살피라. 다른 단어로 썼지만 같은 의미를 다른 단어로 표시할 수 있다. 때때로 많은 부분, 즉 마태복음과 같은 곳에서는 '하나님의 나라'와 '영생'이 같은 의미로 사용되고 있다. '영생'과 '하나님의 나라'가 다른 단어이지만 같은 의미로도 사용된다.

둘째, 같은 단어이지만 다른 의미일 수도 있다. 구원에 대한 지나친 강조 의욕, 그리스도에 대한 지나친 강조 의욕 때문에 보혈에 대한(소위 구원파에 속한 사람들은 붉은색만 나오면 모두 주님의 보혈이라고 말한다.) 이해가 잘못될 수 있다. 성경의 많은 부분에서 보혈을 가르치고 있지만, 같은 붉은색이 이사야 1장 18절의 "오라 우리가 서로 변론하자 너희의 죄가 주홍 같을지라도"에서는 보혈이 아니라 죄를 상징하고 있다. 빨간색 노이로제에 걸려 빨간색만 나오면 모조리 그리스도의 보혈을 가리키는 것이라고 이해하는 것은 좋지 않다. 이와 같이 동일한 단어이지만 다른 의미로 사용되는 것들이 있으므로 주의해야 한다.

셋째, 저자에 따라서 같은 단어가 다른 내용이 될 수도 있다. 예를 들어 구원이라는 단어가 흔히 말하는 영적인 구원, 조직신학이나 교리에 있어서의 구원의 의미와 전혀 상관없이 어려운 상태에서 구출된다는 의미로 사용되는 경우도 대단히 많이 있다. 예를 들어 사도행전 27장 20절을 보면 "큰 풍랑이 그대로 있으매 구원의 여망마저 없어졌더라"고 했다. 여기의 '구원'은 단순한 구조를 의미하고 있다.

마지막으로 변질된 뜻도 있음을 유의하라. 오늘 우리가 이해하는 개념을 가지고 이해하려 하면 전혀 다르게 접근될 수도 있다. 에베소서 6장 9절에 "위협을 그치라"에서 위협은 아주 심각한 것이었다.

(3) 문법을 이해하라. 우리가 언어학자들이 아닌 이상 이러한 것들에 너무 깊이 매달리는 것은 시간낭비라고 생각한다. 필자도 설교 준비할 때 이것까지 다 원어사전에서 살피지는 않는다. 그리고 이것을 다해야 되는 것처럼 겁주는 사람도 별로 좋아하지 않는다. 앞으로 다룰 실제적인 부분으로 들어갈 때, 필자가 얼마나 설교에 쫓기면서 설교 준비를

하는지 솔직히 고백도 할 것이다. 그러나 여기서 말하는 것이 어느 정도까지인지가 중요하다. 필자가 감당할 수 있는 그 이상을 설교자들에게 강요할 수는 없는 것이다.

그러나 적어도 동사, 특별히 반복되는 동사는 잘 살펴야 한다. 성경에 나타난 본래의 상황을 다시 구성하는 일에 있어서 동사의 관찰에 매우 도움이 된다. 누가복음 5장 1절부터 보면 "무리가 몰려와서 하나님 말씀을 들을새 예수는 게네사렛 호숫가에 서서 호숫가에 배 두 척이 있는 것을 보시니 어부들은 배에서 나와서 그물을 씻는지라 예수께서 한 배에 오르시니 그 배는 시몬의 배라 육지에서 조금 떼기를 청하시고 앉으사 배에서 무리를 가르치시더니 …"라고 기록한다. 이 말씀은 우리가 자주 대하는 구절로서, 게네사렛 호숫가에서 예수께서 베드로로 하여금 그물이 찢어지도록 고기를 잡게 하기 전의 광경이다. 우리가 가장 잘 아는 구절이 가장 깊은 명상에 방해될 수 있다. 너무 잘 안다는 전제 때문에 깊이 살펴보지 않는다.

필자가 어느 날 이 구절을 준비하면서 동사만 모두 뽑아보았다. 무리가 … '들을새' 예수는 … '서서' '보시니' 어부들은 '나와서' '씻는지라' 예수께서 '오르시니' '청하시고' '앉으사', 예수님께서 움직이시는 모습들 – 서 계셨다가, 배에 오르시고, 그다음에 앉으사, 떼기를 청하시고 무리를 가르치심 – 여기까지만 생각해도 이 광경이 얼마나 생생하게 살아 움직이는가? 동작 하나하나가 눈에 보이는 것처럼 본문이 묵상된다.

다른 문법 부분은 지나치더라도 동사의 시제는 숙지할 필요가 있다.

요한일서 5장 18절의 "하나님께로부터 난 자는 다 범죄하지 아니하는 줄을 우리가 아노라"하는 부분이 있는데, 이 구절 때문에 어떤 교인들은 오랫동안 심각한 자기 고민과 연민 속에 빠지기도 한다. "나는 중생하고 나서 계속 죄를 범하는데, 과연 내가 중생했다고 말할 수 있겠는가"라는 고민 때문인 듯 하다. 그러나 그것은 간단한 헬라어 문법에 대한 무지에서 연유된다. 헬라어의 현재시제는 "계속해서 반복적으로 죄를 범하지 않는다"라는 뜻이다. 그래서 NIV는 그 부분을 "지속적으로 죄를 범하지 않는다"(does not continue to sin)라고 번역했다. 즉 하나님께로서 태어난 사람마다 습관적으로 계속해서 죄를 범하지 않는다는 뜻이다. 평소에 죄를 범할 수는 있지만 그 죄에 오랫동안 계속 묶여 있을 수는 없다. 내 안에 거하시는 성령님의 사역 때문에 결국은 죄를 버리고 돌아올 수밖에 없다는 것이다. 그런 부분에 도움을 얻기 위해서 NIV같은 성경을 읽으면 좋다. NIV는 현재시제 용법이나 부정과거형에 굉장히 관심을 많이 둔 번역이다.

필자 개인적으로는 번역의 아름다움에 있어서는 소위 NASB(New American Standard Bible)를 좋아한다. 그러나 문법적인 정확성에 관심을 많이 기울인 번역은 NIV이다. 영어를 읽을 수 있으면 이런 번역들을 비교하면 좋겠다. 한글로도 여러 성경번역본들이 나와 있기 때문에, 비교만 해도 이런 부분들에 대해서 도움을 받을 수 있다.

부정과거 용법 같은 것은 "단 한 번의 행동으로써 영원한 결과를 얻는다"는 의미로 사용된다. 물론 예외도 있을 수 있지만 대부분이 그렇게 쓰인다. 우리가 잘 인용하는 요한복음 1장 12절 "영접하는 자 곧 그 이름을 믿는 자들에게는 하나님의 자녀가 되는 권세를 주셨으니"의 '되는' 이란 단어는 한 번 됨으로써 영원히 된다는 의미를 가진다.

또한 적어도 주어와 목적어에는 관심을 가져야 한다. 주어가 누구인가, 누가 행동하고 있는가, 누가 주체인가, 또 누구에게 행동하고 있는가에 대한 관심을 가져야 한다. 그렇지 않으면 전혀 엉뚱하게 해석을 하게 된다.

접속사에 대한 관심도 필요하다. 접속사는 문장의 흐름을 이해하는 데 매우 중요하다. '그러므로', '그러나' 와 같은 이런 표현들에 주의해야 한다. 전치사 역시 행동의 동작을 이해하기 위해 매우 중요하다.

로이드 존스의 책을 읽어보면 그가 "헬라어 문법이 가진 …", "헬라어 문법에 의하면 …"이라는 표현을 별로 사용하지 않았음을 알 수 있다. 사실 이것은 별로 좋지 않은 것 같다. 제가 아는 목사님 가운데 헬라어 문법을 굉장히 잘하는 분이 계시는데, 어떤 교회에 부임 가능성을 가지고 선보이는 설교를 하러 가셨다. 설교 중에 헬라어 문법을 많이 사용한 모양이었다. 한마디로 교인들에게 거절당했다. 헬라어 문법 때문에 그 교회에서 목회자가 되지 못한 것이다.

우리가 개인적으로 헬라어 문법을 알아도 그것은 자기가 개인적으로 소화시키고 설교를 통해서 자연스럽게 노출되어야 한다. '헬라어에 의하면', '헬라어 문법에 의하면' 이라는 것은 헬라어 모르는 사람들을 기죽이는 일이다. 그 열등감 때문에 오히려 교인들은 그 설교자를 좋아하지 않는다. 그러므로 어떤 특별한 본문의 의미를 밝혀주기 위해서 꼭 필요한 경우를 제외하고는 사용하지 않는 것이 좋겠다.

그런 면에서 로이드 존스는 '헬라어에 의하면'이라는 말을 잘하지 않으면서도 문법의 논리적 구조, 단어의 배열 순서에 대해 아주 날카로운 관심을 가진다. 그의 에베소서 강해를 읽어보면 알 수 있다(엡 4:4 - 5). "몸이 하나요 성령도 한 분이시니 이와 같이 너희가 부르심의 한 소망 안에서 부르심을 받았느니라 주도 한 분이시요 믿음도 하나요 침(세)례도 하나요 하나님도 한 분이시니" 이 부분에서 중요하게 강조된 것으로, 4절의 성령, 5절의 주님, 6절의 하나님을 지적한다. 일반적인 성서의 기록은 아버지 하나님, 아들 하나님, 성령 하나님이라는 순서로 강조되고 있는데, 왜 여기서는 성령 하나님을 먼저 강조했고, 그다음에는 주님 예수 그리스도를, 마지막으로는 하나님이 강조되었을까?

지금 이 4장의 문맥은 교회에 대해 강조하고 있다. 우리는 교회의 한 몸이며 교회의 지체가 되었다는 사실을 지적하고 있다. 이 부분의 강해를 읽어보면 다음과 같이 설명되고 있다. 아버지 하나님은 성부와 성자, 성령으로 계시지만 그리스도인들이 삼위의 하나님을 경험하는 순서는 먼저 성령 하나님을 경험하고 이 성령 하나님을 통해서 예수 그리스도를 나의 주님으로 알게 되고 그리스도를 통해서 참으로 살아계신 하나님 앞에서 하나님을 향한 고백에 도달하게 된다. 삼위 하나님의 존재적 순서보다도 우리의 경험적 순서에 의해서 이렇게 배열된 것이 아니겠느냐는 설명이다. 심지어 그는 단어의 배열까지도 관심을 가지고 있다.

(4) 문자적 배경을 이해하라. 이스라엘의 습관을 다루고 있는 책들을 꼭 비치해놓고 읽도록 해야 한다. 사무엘상 12장 17절에 보면 "오늘

은 밀 베는 때가 아니냐 내가 여호와께 아뢰리니 여호와께서 우레와 비를 보내사 너희가 왕을 구한 일 곧 여호와의 목전에서 범한 죄악이 큼을 너희에게 밝히 알게 하시리라"는 말씀이 나온다. 그리고 사무엘이 기도하니 밀 베는 때에 그대로 비가 왔다고 기록되어 있다. 밀 베는 때에 비가 왔다는 것이 그리 대단한 일일까? 그러나 이스라엘의 밀 베는 때(4 - 5월 중순)는 비가 안 오는 시기(4 - 10월)이다. 그런데도 사무엘이 기도했더니 비가 왔다는 사실이다. 벌써 전능하신 하나님의 능력이 나타나고 있는 것이다. 그러나 이런 문화적 배경에 관심을 두지 않으면 그냥 지나쳐버리기 쉽다.

마가복음 11장 12~14절에서 예수님이 무화과나무를 저주하고 계신다. 처음 예수 믿고 나서 성서해석학 지식이 빈곤했을 때에는 무화과나무 때가 아닌데 예수님이 무화과나무를 저주했다는 것 때문에 상당히 당황했다. 개인적으로 말하자면 필자가 구원을 받는데 디한(M. R. Dehaan)이라는 사람이 쓴 소책자가 매우 중요한 역할을 한 적이 있었다. 이 소책자는 필자가 기독교 신앙을 이해하는 데 매우 유익한 도움을 주었다. 그러나 후에 발견하게 된 일이지만 이분의 성경해석에도 상당히 많은 영해가 있었다. 예를 들면 무화과나무가 나오면 이것을 이스라엘이라고 해석하는 경우가 많았다. 대다수의 사람들도 역시 무화과를 이스라엘이라고 해석하여, 이스라엘이 저주를 받았다고 이해하며 또한 무화과나무의 회복이 이스라엘의 회복이라고 해석을 하게 되는 것이다.

그러나 문맥을 통해 읽어보면 이 무화과나무는 이스라엘하고는 아무런 관련이 없다는 사실을 알 수 있다. 우리는 단지 하나님의 신성의 능력에 초점이 맞추어지고 있다는 것을 찾아볼 수 있을 뿐이다. 우리를 당황스럽게 하는 이유는 때가 아닌데 예수님께서 그 무화과나무에 열매를 요구하시고 그로 인해서 그 나무를 저주하셨다는 것이다. 그래서 심지어는 버트란트 러셀 같은 철학자도 그가 예수를 믿지 않는 이유 가운데 하나를 제시할 때에 이 구절을 그 예로 드는 것을 볼 수 있다. 그러나 이것은 간단하게도 이스라엘의 자연 조건에 대한 무지 때문이다. 이스라엘에서는 무화과나무 철이 아니라도 항상 약간의 열매는 있기 마련이다. 이 단순한 사실에 우리가 무지해서 그렇다. 그러므로 무화과 열매를 전혀 맺지 않는 나무는 이미 생명력을 상실한 것이다. 때가 아니라고 해도 다소의 무화과는 열려 있어야 한다. 이러한 자연적 배경의 무지 때문에 엉뚱한 성서해석이나 결론이 가능한 것이다.

로마서 12장 20절에 나오는 "네가 숯불을 그 머리에 쌓아 놓으리라"는 구절도 그와 같다. 필자가 문자적 해석을 많이 강조했는데 문자적 해석이라는 것이 문자를 그대로 알아들으라는 말은 아니다. 그 문학적 특성이 상징이면 상징으로 이해하는 것이 문자적 해석이다. 숯불을 머리에 쌓아 놓으라고 해서 정말 머리에 불을 피우라는 것은 아니다.

옛날 우리나라에서 겨울에 숯불이 귀했던 것 같이 이스라엘에는 아직도 숯불이 귀하다. 이것을 빌려주는 것은 매우 친절한 행동에 속한다. 화로 비슷한 것을 머리에 이고 다니는 습관이 있는데, 이스라엘도 똑같다. 그러므로 불을 빌려주는 것은 원수에게 베풀 수 있는 단순한 친절을 말하는 것이다. 이와 같이 문화적 배경의 이해가 성경에 대한 접근을 얼마나 다르게 하는가 알 수 있다.

(5) 관주(cross-reference)를 사용하라. 사실 우리가 가지고 있는 관주만 철저히 이용해도 많은 도움을 받을 수 있다. 그러나 요즘은 좋은 성구대사전이 많이 나와 있다. 특히 아가페 출판사에서 간행한 성구대사전은 스트롱이나 영의 성구사전을 능가하는 것이다. 그런데 상호 관련된 다른 구절들을 사용할 때 중요한 몇 가지 주의사항이 있다. 첫째, 같은 저자의 같은 책에서 그 구절과 비슷한 구절이 있는가를 먼저 보아야 한다. 예를 들면 빌립보서라고 하는 한 권의 책에서 다른 구절과 비슷한 구절이 없는가 먼저 살펴보아야 한다는 것이다. 다른 책에서 그와 비슷한 내용을 찾기에 앞서 같은 책에서 그와 비슷한 구절을 찾는 것이 더 중요하다. 둘째, 같은 저자가 쓴 다른 책에서 인용된 구절을 살펴보아야 한다. 셋째, 다른 저자가 쓴 같은 내용의 구절이 있는가를 찾아본다. 넷째, 신약을 보다가 구약을 보고, 구약을 보다가 신약을 번갈아 가면서 보아야 한다.

여기에서는 그 순서가 중요하다. 이 순서를 벗어나서 관주를 찾게 되면 전혀 다른 의미로 오독하게 된다. 동일한 저자를 벗어나게 되면 그 단어가 동일한 것이라 하더라도 전혀 다른 의미를 가지고 사용되는 경우를 우리는 많이 찾아볼 수 있다. 그것을 깊이 연구하지 않고 인용할 때는 상관없는 구절을 상관있는 구절처럼 인용하는 오류를 범하게 된다. 그래서 우리가 권위의 부여에 있어서 일단 같은 저자의 같은 책에서 먼저 인용하는 것이 좋다. 필자도 마찬가지로, 처음 설교를 할 당시에는 자신의 해박한 성경지식을 과시하기 위해서 되도록 거리가 먼 곳에서 성경구절들을 찾아서 인용을 하곤 했었다. 그러나 엄밀하게 보면 그런 인용들이 얼마나 잘못된 것인지를 알 수 있다.

(6) 저자의 원 의도를 파악하라. 이것도 여러 번 강조된 성경해석의 생명과도 같은 중요한 선언이다. 본래 저자가 처음에 무엇을 의도하고 이 말씀을 사용했을까 하는 것이다. 원래의 본문이 우리와 동일한 시대에서 기록된 것이 아니라는 이유로 인하여 때때로 그 본래의 저자의 의도를 우리가 잘못 이해하기 쉽다. 따라서 역사적인 맥락 연구에 의해서 그 본래의 뜻을 더욱 정확하게 파악할 수 있다. 본문을 읽을 때 우리는 항상 저자가 본래 뜻하던 바가 무엇일까 하는 물음을 가지고 접근해야 한다.

(7) 그리스도에 대해 어떤 증언을 하고 있는가를 파악하라. 여기에서도 주의를 두고 싶은 것은, 무리하게 그리스도와 연결시키지 말아야 한다는 것이다. 성경은 그리스도를 지향하고 있고, 그리스도가 핵심인 것은 사실이지만 무리하게 그리스도를 증언하려고 하지 말아야 한다. 매킨토시(C. H. Mackintosh)의 「창세기 강해」를 보면 예수님을 창세기 1장 2절부터 등장시킨다. 좀 무리라는 생각이 든다.

3. 성서해석의 특별원칙

(1) 은유와 직유. '은유'(metaphor)는 'A는 B이다' 라는 표현법인데, 시편 22장 6절의 "나는 벌레요", 시편 18편 2절의 "여호와는 나의 반석이시요"의 경우가 그것이다. 이것은 본질상 서로 다르지만 한 가지 공

통성 때문에 대비한 것이다. "나는 벌레다"라고 말한 이유는, 시편 기자 자신이 고난으로 꿈틀거리는 벌레처럼 느껴져서 그랬을 것이다. 하나님과 반석도 다르지만 사물을 받칠 정도로 견고하다는 의미에서 사용한 것이다. 은유는 한 가지 유사성을 가진 다른 것을 빌어 대비시키는 표현법이다.

'직유'(simile)는 'A는 B와 같다'는 표현법이다. 욥기 41장 24절의 "가슴은 돌처럼 튼튼하며"의 표현이나 하나님 나라의 비유들에서 "하나님 나라는 마치 무엇과 같으니"가 이에 해당된다.

그런데 우리가 은유나 직유에 접근할 때 중요한 것은 문맥이다. 예수님의 보혈에 대한 과도한 구원론적 해석 같은 것은 문맥을 무시한 것이다.

(2) 의인법(personification). 의인법은 비인격적 존재를 인격적 존재처럼 설명하는 것이다. 이것은 신인동형론(anthropomorphism)과도 관계가 있다. 몰몬교는 하나님을 마치 육체적 형상을 지닌 것처럼 상상한다. 이것은 성경이 어떤 문학적 장르라는 사실을 무시한 소치이다. 그래서 하나님에 대해 거대한 거인과 같은 이미지를 가지고 있다. "하나님께서 거니신다"는 표현이 나타난다고 해서 그가 육신을 가지고 있다고 해서는 안 된다. '여호와의 날개'라는 표현이 있다고 해서 문자 그대로 날개가 있다는 것이 아니라, 그 문맥에 의해서 '보호하심'과 같은 상징적인 뜻으로 읽어야 한다.

(3) 과장법(hyperbole). 과장법은 문학적으로 합당한 것이다. 그러나 이 과장법을 그대로 해석하게 되면 큰 문제가 생긴다. 어떤 한 가지 포인트를 분명하게 드러내기 위해서 채용하는 정당한 문학적 장르 가운데 하나가 과장법이다. 예를 들어 예수께서 사용하신 과장법 가운데 하나가 "네 발이 범죄하거든 그 발을 찍어버리라"인데 그것은 그 정도로 죄에 대해서 두려워하라는 것이지, 정말로 발을 찍어버리라는 말이 아니다. 이런 문학적인 과장법을 무시하고 문자적으로 받아들여 신체의 부분을 하나씩 없애기 시작하면 끝내는 아무것도 남아나지 않게 될 것이다.

(4) 비유(parable). 몇몇 학자들이 요즘 다른 제시를 하기도 하지만, 대부분의 비유 연구학자들이 강조하는 것은 비유에는 한 가지 뜻만 있다는 것이다. 선한 사마리아인의 비유는 "이웃이 누구인가?"라는 한 가지 의미를 밝히기 위한 것이다. 이 한 가지 뜻을 떠나서 여러 가지 의미가 있는 것처럼 강조하기 시작해서 주막은 무엇이며 포도주는 무엇인가 하는 식으로 되면, 그 비유에 대한 정확한 이해에 접근하지 못한다. 비유는 한 가지 의미를 지니고 있다고 생각하면서 접근하는 것이 좋다.

(5) 풍유(allegory) 또는 우화. 알레고리는 여러 가지의 뜻이 있다. 알레고리는 처음부터 한 가지 뜻 이상의 의미를 의도한 문학 형식이다. 알레고리 자체가 그런 여러 가지 의미를 나타내기 위해 사용되었다. 알레고리는 성경에 많이 있지 않다. 그러나 알레고리컬한 해석이 위험하다는 것을 강조했다고 해서 알레고리가 전혀 필요 없다는 것처럼 생각해서

는 안 된다. 성경에도 많은 알레고리가 나타나기도 한다. 바울의 알레고리 중 유명한 것이 갈라디아서 4장 21절 이하에 있다. 그런 경우에는 그것이 한 가지 이상의 의미가 있으므로 좀더 다각적 의미로 관찰할 필요가 있다.

(6) 모형(type) 또는 표상. 모형에 관해서 성서해석학자들이 일반적으로 주장하는 원칙은 "신약이 나간 데까지만 나가라."는 것이다. 신약은 유월절 어린양에 대해서 어느 선까지 해석하였는가? 신약성서는 "유월절 어린양은 그리스도이고 누룩은 죄의 상징이다."라고 한다. 그러나 "먹던 양의 뒷다리는 무슨 의미인가"라고 말하고 있지는 않다. 구리 뱀의 경우도, '인자'가 들리운 것 같이 놋뱀이 들렸고 그것을 바라보았을 때 산 것처럼 예수님도 십자가에 달리시므로 그를 바라보는 사람들에게 생명을 주셨다는 부분까지 신약은 언급한다. 그러나 "뱀의 꼬리는 무엇의 상징인가"라는 제시는 없다.

물론 다른 견해도 있을 수 있지만, 최근 구미의 성서신학자들이 아가서의 내용을 주님과 신부인 교회의 상징으로만 보는 것은 균형을 잃은 해석이라는 것이 오늘날의 복음주의적 성서해석학자들의 지배적인 견해이다. 필자도 아가서를 강해하고 싶은 생각이 있는데, 하나님에 대한 사랑을 남자와 여자 사이에 발생하는 순수한 인간적 사랑의 진정한 전형으로 보아야 한다고 생각을 하고 있다. 물론 모형을 제거하려는 것은 아니다. 히브리서에서, 장막 같은 것은 그것을 가지고 하나님의 지성소를 향해 나아가는 성도들의 발걸음으로 묘사되고 있다. 그러나 우리가 장막론에 있어서도 너무 자세하게 나아가서 시시콜콜하게 모두 다 어떤 깊은 영적인 의미가 있는 것처럼 생각하면 곤란하다.

(7) 예언. 예언에 관해서도 특별히 주의해야 할 점은 예수님의 초림과 재림 사이에는 상당한 시간적 간격이 있지만, 구약 시대 기자들은 그것을 한 눈으로 보고 있기 때문에 같은 관점 안에 있는 것처럼 느껴진다. 그러나 그것이 얼마나 많은 시간의 간격이 있는가를 생각하면서 문맥을 따라 조심스럽게 살피지 않으면 초림과 재림 사이의 혼동이 생길 수 있으며, 이것은 우리가 구약의 예언서를 해석할 때 가장 어려운 문제가 된다. 사실 필자의 경우도 예언서는 설교를 잘 하지 못하는데 좀더 연구를 해야 이해를 할 수 있는 것들이 많다고 생각하기 때문이다.

(8) 숫자. 상징적으로 숫자가 사용된 경우도 있다. 그러나 상징과 상관없이 우발적으로 사용된 경우가 있다. 필자가 문제를 삼고 싶은 것은 상징의 의미와 상관없이 우발적으로 사용된 숫자에 대해서 필요 없는 의미를 부여하지 말자는 것이다. 가나의 혼인잔치에서 항아리 6개, 예수님의 153마리의 물고기 등에 관해서 필요 없이 의미를 부여하지 말아야 한다는 것은 이미 지적한 바가 있다.

4. 기타 원칙들

(1) 민족적인 적용원리(ethnic division principle, 고전 10:32 참조). 성경의 어떤 사건이나 특정 사실이 독특하게 이스라엘 민족에게만 적용될

수 있는 내용이 아닌가, 또는 모든 사람들에게 적용될 수 있는 원리인가를 숙고해야 한다. 예를 들면, '할례' 같은 것을 들 수 있다. 레위기의 위생적인 측면들은 물론 우리의 단순한 유익을 위해서라면 상관없지만 극단적으로 갈 경우는 곤란하다. 안식교에서는 이것들을 거의 구원사적 측면에서까지 강조하는 것을 볼 수가 있다.

(2) 최초 언급 – 총체적 언급의 원리(first-full mention principle). 처음에 강조된 것이기에 나중에는 강조 없이 지나간 것들을 잘 파악해야 한다. 이 경우 언제나 처음에 온전하게 언급된 부분으로 돌아가 처음 의미에 근거하여 풀어야 한다.

(3) 시간 간격의 원리(gapprinciple). 초림과 재림의 구별 같은 것이다. 특히 구약의 예언서에서는 권위 있는 학자들의 도움을 얻어 그리스도의 초림과 재림 중 어떤 사건에 관한 예언인가를 구별해야 한다. 역사적 사건의 경우에도 유사성을 띄는 두 개 이상의 사건이 있을 때 정확성을 기하도록 유의할 필요가 있다.

(4) 구원과 교제의 원리(salvation-fellowship principle). 굉장히 중요한 문제인데 왜냐하면 어떤 한 본문이 구원에 관한 메시지인가 아니면 그리스도인의 삶에 대한 원리인가 하는 점을 구별하지 못할 때 성경해석상 커다란 혼란이 일어나는 경우들이 종종 있다.

요즘 많은 교단에서는 여성에 대한 목사 안수가 타당한가를 가지고 신랄하게 논쟁을 하고 있으며, 한국 침례교단 내에서도 최근에 신학적인 논쟁 가운데 하나가 여성의 목사 안수 문제로 등장하고 있다. 필자가 이 문제를 어떻게 생각하느냐와 상관없이 이 문제를 지지하는 대부분의 사람들이 잘 사용하는 성경구절은 갈라디아서 3장 28절이다. "너희는 유대인이나 헬라인이나 종이나 자유인이나 남자나 여자나 다 그리스도 예수 안에서 하나이니라" 이 말씀의 문맥을 잘 읽어보면 믿음으로 하나님 앞에 의롭다함을 얻는 구원에 관한 것이 본문의 문맥이라는 것을 알 수 있다. 구원에 관해서 남녀의 구별이 없다는 것이지, 목사 안수에 적용될 수 있다는 것은 아니다. 물론 여성목사를 지지하는 분들은 이 구절보다 다른 성경의 증언에서 지지를 받아야 한다고 생각한다.

요한복음 15장의 경우에도, 그것이 구원의 본문인가 아니면 그리스도인의 삶에 대한 본문인가를 결정하는 것이 이 말씀의 해석에 중요한 영향을 미친다. 대부분 알미니안적 신학 배경을 가진 사람일수록 이것을 종종 구원문제에 관련시키려 한다. "무릇 내게 붙어 있어 열매를 맺지 아니하는 가지는 아버지께서 그것을 제거해 버리시고"(요 15:2)라는 구절에 근거해서, 이것을 구원을 상실할 수 있다고까지 적용하는 사람을 볼 수 있다. 그러나 전체 문맥을 살펴보면 그것은 우리가 주님과의 교제 속에서 맺어야 할 열매에 대한 부분이지, 구원에 관한 것은 아니라는 결론을 내리게 된다.

같은 맥락에서 고린도전서 9장 27절도 난해 본문 중의 하나이다. "내가 내 몸을 쳐서 복종하게 함은 내가 남에게 전파한 후에 자신이 도리어 버림을 당할까 두려워함이로다" 이것이 구원에 관한 본문인가 아니면 삶에 대한 본문인가 조심스럽게 접근해보면, 그리스도인의 삶의 마지막 승리의 보상에 대한 말씀이지 구원 자체에 대한 것이 아니라는 결론을 내릴 수 있다. 여기서 말하는 '버림'은 주님 앞에서의 자격 상실이나 더이상 쓰임 받지 못하는 것으로 이해되는 것이 타당하지, 구원에 대한 상실로 이해되는 것은 타당하지 않다.

03
새로운 성서해석학의 등장

과거 신학계의 비상한 관심을 모은바 있는 해방신학이나 해방신학의 한국적인 적용이라 할 수 있는 민중신학 같은 경우에 성서학자들이 사용하고 있는 해석학의 원리가 '새로운 성서해석학'(new hermaneutics)이다. 우리가 일단은 관심을 가져야 할 중요한 해석학 원리 중의 한 측면이다. 이것을 가장 인기 있게 주장하고 보편화시킨 단초를 제공한 대표적인 신학자는 불트만일 것이다.

1. 불트만의 주장

그의 주장 가운데 하나는 성경의 세계관은 신화적 세계관이라는 것이다. 따라서 현대인들이 이해하기 어려운 혹은 동일화할 수 없는 낯선 습관과 언어와 문화와 수용할 수 없는 초자연적인 기적 등에 대한 성경의 케리그마(kerygma)를 현실화시키기 위한 동기에서부터 불트만의 성서해석 원리가 출발했다고 말할 수 있다.

그는 성서의 주석이 해석자의 신학적 전제에서 완전히 자유로울 수 없다고 믿었기 때문에 모든 주석, 모든 설교는 주석가나 혹은 설교자의 소위 전이해(pre-understanding)에서 출발한다고 말했다. 성서해석이란 본문과 본문을 이해하는 자의 전이해에 대한 본문의 자기 이해(self-understanding)의 과정이라는 것이다.

불트만에 의하면 성서해석의 궁극적 목표라는 것은 거의 과학 이전의 세계에 사용된 신화(pre-scientific mythology)를 비신화화(demythologization)시켜서 본문에 나타난 종교적 의도(religious intent)가 무엇인지를 발견하고, 그것을 현대인의 언어로 재해석하는 것이다. 이것은 다분히 동시대의 실존주의 철학자였던 하이데거의 영향을 받았다는 사실이 흔히 지적된다. 단어 속에 있는 진정한 단어를 발견하기 위한 실존적 묵상이라는 하이데거의 유명한 개념을 불트만이 신학적으로 채택한 것이라고 생각되고 있는 것이다.

결국 불트만에게 있어서 성서해석이란 신화에서부터 케리그마를 해방시키는 것이다. 상당히 어려운 단어들을 사용하고 있지만 쉽게 말하면 이런 뜻일 것이다. 성서의 메시지란 이솝 우화에서 진리를 발견하려는 노력과 본질적으로 다를 것이 없다는 것이다. 이솝 우화 같은 신화적인 이야기 속에서 우리가 발견해야 되는 진정한 진리를 발견하고 그 진리를 해방시키는 것으로 충분하다. 이것이 불트만의 성서해석의 요점이라 할 수 있다.

2. 무엇이 문제인가?

불트만에 의해 제기되어 지금까지 계속돼 나가는 새로운 성서해석학이 전통적인 성서해석학의 이론과는 다르게 신화적 세계관이라는 전제에서부터 케리그마를 해방시키려고 노력한 이유는 어디 있는가? 여기서 우리가 분명히 짚고 넘어갈 것은, 이런 새로운 성서해석학을 시도하는 학자들의 의도에 대해서 우리가 반대할 필요는 없다는 점이다. 그 의도는 바람직한 것이다. 현대인이 납득할 수 있는 언어로, 논리로 성서의 메시지를 재해석해야 한다는 의도에 대해 아무도 이의를 제기할 수 없다. 그것은 너무나도 타당하고 필요한 것이라고 말할 수 있는 것이다. 복음주의적 성서학자들이 이와 같은 새로운 성서해석학에 대해서는 제기하는 문제는 방법론에 관한 것이다.

클라크 피노크(Clark Pinnock)라는 유명한 침례교 신학자가 불트만의 해석이론을 세 가지로 비판했다. 첫째로, 자연주의적(deistic)이다. 자연신론은 궁극적으로 기적을 부인하는 데서부터 시작한다. 둘째로, 실존주의적(existential)이다. 이것은 진리의 극단적 개인화를 가져오는 것이다. 진리가 개인적으로 적용되는 것은 필요하다. 그러나 불트만의 방법은 진리를 극도로 개인화시켜서 누구나 보편적으로 경험하고 공유하는 경험보다도 개인의 독특한 체험을 더 강조한다는 뜻에서 실존주의적이다. 셋째로, 영지주의적(gnostic)이다. 심지어 불트만의 해석학 이론 자체를 영지주의적인 것이라고 비판했다. 상당히 현대적인 언어를 사용하고 있지만 결국 문자적인 의미 그 자체를 승인하지 않고, 배후에 숨어있는 다른 의미를 발견하려고 한다는 시도에 있어서 영지주의 이론과 본질적으로 다른 것이 없다.

한 걸음 더 나아가서 피노크는 새로운 성서해석학의 본질적 문제는 '복음의 곡해'를 가져온 것이라고 했다. 왜 그러했는가?

(1) 복음의 인간화. 하나님을 제거하고 하나님의 명제적 선언을 결과적으로 부인하기에 이르렀다. 복음 속에 나타나신 하나님의 신적인 모습

을 현대 언어로 바꾸려는 노력이 오히려 하나님의 진정한 신적인 측면들을 인간화해 버리고 말았다. 현대인들이 이 점을 잘 이해하게 되는 것이다. 단지 그 텍스트를 하이데거의 저서로 하지 않고 신약성서를 사용했을 뿐이다. 신약성서의 신적인 측면이 비신화화에 의해서 제거되어 버린다면 그것은 하나님이신 예수 그리스도의 모습이 현대인의 사고방식을 위해서 거부되고 마는 것이다. 인간이 복음에 의해서 변화되어야 함에도 불구하고, 인간의 현대적인 사고방식을 위한다는 미명하에 복음이 인간에 의해서 인간화 되어버리고 말았다.

(2) 복음의 철학화. 하이데거의 영향을 통해서 실존주의 철학의 옷을 입고 그러한 언어들을 사용하지만 그것은 사실상 복음의 철학화에 불과하다. 그래서 '부활의 새 몸'을 새로운 전제를 설명한다면, 이것은 주관적 명상이 객관적 사실을 대체해 버린 것이며, 결과적으로 부활의 사실 그 자체는 제거되고 부활의 의미만이 강조된다. 실존주의 철학의 영향을 받은 신학자나 설교가의 설교를 보면, 언제나 "그것이 우리에게 무엇을 의미하는가?"와 같은 식으로 의미만 강조할 뿐 그 역사적 사실에 대한 관심이 없는 것을 우리가 알 수 있다.

(3) 복음의 비역사화. 복음의 의미에 대한 지나친 강조는 한걸음 더 나아가서 복음의 역사까지도 추상화시켜 버리고 만다. 흔히 독일의 실존주의 철학의 영향으로 인해서 역사를 두 종류로 나누는데 '히스토리에'(Historie)라는 보편적인 역사와 '게쉬히테'(Geschichte)라는 경험적 역사

이다. 실존주의 신학이나 철학에 있어서 하나님은 보편적 역사속에서 행동하시는 하나님이 아니라, 개인의 경험의 역사(Geschichte)속에서 행동하시는 하나님이시다. 개인에게 있어서 새로운 생명을 체험하는 부활은 가능하지만, 그것은 개인의 역사 속에서 체험할 수 있는 사건이라고 보편적인 역사속의 사실은 부인하는 것이다.

이러한 새로운 성서해석학에 대해서 클라크 피노크는 이렇게 질문을 던지고 있다. "비행기가 없이 어떻게 우리가 시공을 날을 수 있는가?" 비행기라는 것은 우리를 저 시공 위로 날릴 수 있는 중요한 근거가 된다. 다시 말하면, 시공을 초월한 성경의 보편적 원리를 소화시키기 위해서는 비행기라고 하는 분명한 사실 증명이 필요하다는 것은 그는 역설하고 있다. 새로운 성서해석학이 현대인들에게 메시지를 전달하기 위해 좋은 의도를 가지고 출발했음에도 불구하고 그것이 설득력 없는 이유는, 메시지가 출발할 수 있는 근거로서의 사실을 제거해 버린 문제점이라고 그는 비판했다.

새로운 성서해석학의 등장과 그것이 미치는 영향을 생각하면서 앞으로 우리는 성서해석학의 방향을 어떻게 잡아나가야 할 것인가? 성경을 하나님의 무오한 말씀으로 믿고 있는 복음적 그리스도인의 성서해석관을 형성하기 위해서 복음주의적 성서해석학의 경향을 살펴보기로 한다.

04
복음주의적 성서해석학의 경향

1. 복음주의적 성서해석학의 접근방법의 변천

르네 파딜라(Rene Padilla)라는 사람이 소개한 이론이다. 성서해석학에 대한 복음주의자들의 관점은 어떻게 변화되어 왔는가? 세 가지 단계를 거쳐서 변화되어 왔다고 그는 판단했다.

(1) 직관적 접근 방법(Intuitire approach). 우리가 성경의 한 구절을 보고 직관적으로 느낀 통찰력을 그대로 적용하는 것이다. 일반적으로 우리가 아침에 말씀을 묵상하는 것도 이 방법에 속한다. 허드슨 테일러(Hudson Taylor)의 설교에 보면 요한복음 7장 37~38절의 "명절 끝날 곧 큰 날에 예수께서 서서 외쳐 이르시되 누구든지 목마르거든 내게로 와서 마시라 … 그 배에서 생수의 강이 흘러나오리라"는 말씀을 설명하면서, 주님 앞에 오는 사람마다 양자강처럼 깊고 넓게 흐르는 하나님의 은혜를 체험할 것이라고 했다. 이것은 그 구절을 보고 느낀 것을 곧바로 설교에 적용시키는 방법이다. 이것은 좋은 묵상적 적용이긴 하지만 직관적 접근 방법에 대한 약점이나 문제점은 본문에 대한 충분한 연구가 없다는 것이다.

다시 말하면 이 말씀은 예수께서 베푸셨던 초막절이라는 역사적 상황이 어떠했는가, 혹은 왜 주님께서 그 사람들에게 이런 말씀을 하셨는가 하는 역사적 상황이 전혀 고려되지 않은 채 직관적인 적용만이 강조되고 있다는 사실이 바로 직관적 접근방법, 즉 소박한 방법에서부터 성경해석학을 시도해왔다.

(2) 위의 방법보다 조금 더 발전된 것이 '과학적인 접근방법'(Scientific approach)이다. 성서해석사에 나타난 중요한 원리, 문법적·역사적 원리를 적용시킨 것이다. 여기서 조금 발전된 형태가 최근의 "문서비평"이라는 학문이라 말할 수 있다. 성서해석학 혹은 설교해석학적 관점에서 볼 때 과학적 접근방법이 문제는 이런 방법으로 성경의 본문을 다 분석할 수 있다 하더라도 그 해석에서, 즉 단순한 설명에서 끝나고 말 뿐 적용이 없다는 점이다. 설교를 염두에 둔 성서해석학은 반드시 적용까지 있어야 한다. 그래서 과학적인 접근방법에서 한걸음 더 나아가 오늘날의 복음주의 학자들은 다음의 세 번째 방법을 강조하기에 이르렀다.

(3) 상황적 접근방법(contexual approach). 이런 방법은 불트만 이론의 영향을 확실히 받은 것이다. 그러나 이 방법은 그의 신학적인 전제를 거부하면서 그의 좋은 의도를 수용한 것이라고 볼 수 있다. 이 방법을 가리켜서 상황적 접근방법이라고 한다. 이것은 본문에 대한 연구에다가 오늘의 상황연구를 합친 방법이다. 이것은 확실히 새로운 성서해석학과 같은 이론의 도전을 받아서 발전된 복음주의적 해석방법이라 할 수 있다.

2. 접근방법의 네 가지 모델

보수주의자들은 언제나 자유주의자들보다 늦다. 목회상담학의 경우에도 자유주의 신학교에서 훨씬 먼저 시작한 것을 30년 후에 복음주의자들이 따라가기 시작했다. 그런 의미에서 볼 때는 우리 복음주의자들은 자유주의 신학에 감사해야 한다. 그 도전을 받아서 성경이 하나님의 말씀이라는 고백과 전제를 포기하지 않으면서 그것을 어떻게 수용해야 할 것이냐 하는 형태로 복음주의 신학은 발전해왔기 때문이다. 세 가지 단계를 염두에 두면서 접근방법을 몇 가지 모델로 소개해보겠다.

직관적 접근방법

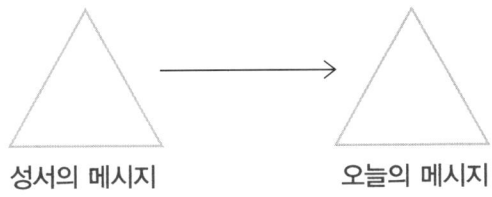

성서의 메시지 → 오늘의 메시지

과학적 접근방법

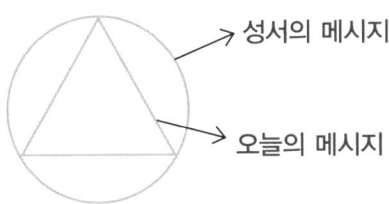

성서의 메시지
오늘의 메시지

실존적 상황 접근방법

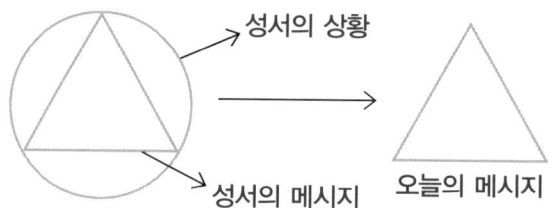

교의적 상황 접근방법

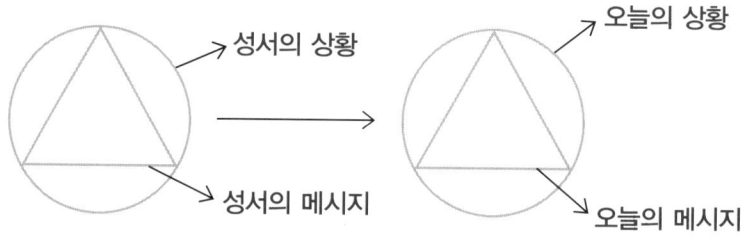

성서의 메시지를 오늘을 향한 메시지로 바꾸는 것인데 이것은 직관적 접근방법에 속한다. 요한복음 7장 37절에서 "누구든지 목마르거든 내게로 와서 마시라" 하셨는데 주님 앞에 오면 생에 대한 모든 목마름이 만족될 수 있다. 즉각적으로 바뀐다. 이것이 1, 2, 3 세 가지 방법 중에 직관적 접근방법에 속한다.

역사적 상황, 그 당시 상황 속에서 메시지가 주어진다. 문법적·역사적 비평을 통해서 성경의 메시지가 주어졌을 때, 어떤 역사적 상황 속에서 이루어졌는가를 충분히 연구하고 난 후에 본문을 해석한다. 이것은 두 번째, 과학적 접근방법에 속한다.

성경 본래의 메시지가 어떤 역사적 상황에서 이루어졌는가를 충분히 연구한 다음에 이것을 오늘의 메시지로 탈바꿈시켜서 전달한다.

오늘의 메시지를 받아야 할 상황이 왜 필요한가? 이것을 충분히 연구하기 위해서는 원인이 필요하다. 이것이 충분히 고려되지 않으면 메시지가 빈약해진다. 그러므로 우리가 성서해석이나 설교를 할 때에 두 개의 상황과 두 개의 메시지를 다루고 있다는 사실을 염두에 두지 않으면 안 된다.

3. 상황적 접근방법의 두 가지 유형

(1) 실존적 상황접근(existential contextualization). 이것은 전통적인 자유주의 신학이나 현대의 신정통주의에서 많이 사용하고 있는 방법이다. 이 방법의 대전제는 성경 그 자체도 문화적 상황의 산물이라는 사실이다. 그런데 문제는 규범적 신학의 틀(normative theological framework) 혹은 어느 시대이든 통할 수 있는 절대적·명제적 진리가 가능하다는 사실을 부인하는 것이다. 그것은 그때의 메시지일 뿐 오늘에는 통할 수 없다는 것이다. 실존적 상황접근은 그 당시 역사적 상황을 충분히 고려했다는 의미에서 바람직스럽다. 그러나 그 메시지가 오늘에는 통하지 않는다는 사실이 문제이다. 오늘에 적용시키기 위해서는 어떤 실존적인 도약이 필요하다는 것이다. 결국 이 입장을 지나치게 강조하다보면 혼합주의(syncretism)에 빠지게 된다. 이스라엘 백성들의 문화를 통한 하나님의 진리 제시가 가능하다면 인도 문화를 통해서는 왜 가능하지 않는가? 혹은 보편구원론(universalism)까지 갈 수가 있다. 에베소서에 나오는 "아내들이여 자기 남편에게 복종하"(엡 5:22)라는 말씀은 낡은 시대의 남

존여비 사상이 극도로 강조되던 그 당시의 문화적 산물에 근거한 메시지에 불과하지 우리에겐 더이상 적용될 수 없는 메시지라고 일축해버린다. 대부분의 여성 신학자들이 이런 성경본문을 다룰 때 그런 관점에서 접근해 나가는 것을 볼 수 있다. 그러나 자유주의나 신정통주의에서 제시하는 이러한 실존적 상황접근 해석방법을 극복하면서 복음주의적 상황화를 시도한 오늘날의 복음주의적 성서학자들의 방법이 두 번째이다.

(2) 교의적 상황접근(dogmatic contextualization). 실존적 상황접근을 극복하면서 복음주의적 상황화를 시도한 오늘의 복음주의적 성서학자들이 시도하는 방법이다. 문맥, 상황이 없는 본문은 있을 수 없지만 그럼에도 본문자체가 지닌 고유의 명제적 진리는 존재한다는 것이다. 다시 말하면, 문화 속에서 주어진 것이 사실이지만 문화를 뛰어넘는 초문화적 명제와 진리(super-cultural element)가 성경 안에 있다는 것이다. 예를 들면 에베소서 5장의 아내와 남편 관계가 문화적 메시지, 즉 그 당시의 문화에서만 가능할 수 있었던 메시지인가, 아니면 문화를 초월해서 어느 문화권, 어느 시대에나 적용될 수 있는 메시지인가? 생각에 따라 다를 수 있다. 그러나 왜 그렇게 생각하는지가 중요한 것이다. 남편에게 복종하라고 하면서 바울 사도는 "주께 하듯 하라"고 했다. 아내와 남편의 관계를 그리스도와 교회의 원리에 기초해서 가르치고 있다. 그리스도와 교회의 관계는 문화적인 것인가, 문화를 초월한 것인가? 이 원리는 문화를 초월한 것이라고 가르치고 있다. 이것이 어느 시대에나 적용될 수 있는, 문화를 뛰어넘어 모든 문화 속에 적용될 수 있는 진리라면, 남편과 아내의

관계도 단순한 문화적 메시지가 아니라 문화를 뛰어넘은 창조적 메시지의 원리이다. 이것이 복음주의적인 상황화를 주장하는 학자들의 해석원리이다. 구체적으로 교의적인 상황화라는 해석방법이 어떻게 가능한가.

구체적인 예를 들면 다음과 같다. 고린도전서 11장에 보면 "여성들은 머리에 수건을 쓰고 예배하라"는 말씀이 있다. 여기서 겉으로 드러나는 표면적인 명령은 무엇인가? 그것은 "수건을 쓰라"는 것이다. 이와 더불어 생각하지 않을 수 없는 것은 문화적 상황이다. 여성의 자유화가 전적으로 박탈되어 있던 그 시대 속에서 복음이 전해졌을 때 여성들이 그 자유화의 물결에 휩쓸린 나머지 하나님의 창조인 질서와 그 자체를 거부하기 시작했다는 문화적, 역사적 상황에 대한 통찰이 중요하다는 뜻이다. 이때 사도 바울은 경건한 여성들의 삶을 그런 문화적 상황 속에서 분리시켜 그들의 성결을 보존시켜야 할 필요를 느꼈을 것이다.

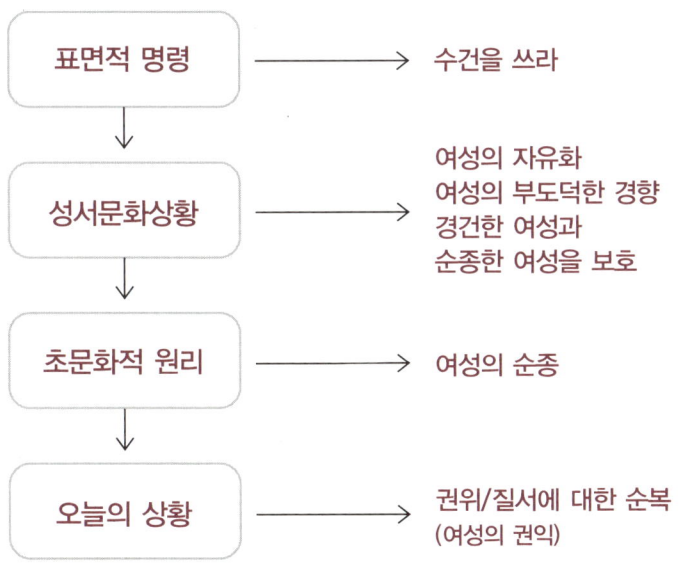

성서의 문화적 상황의 배후에는 초문화적인 원리가 있을 수 있다. 문화를 뛰어넘어 언제나 강조되어야 할 진리나 원리가 있다. 위의 예에서 보듯 여성의 중요한 역할 가운데 하나는 협동의 역할이고, 이것은 하나님이 지으신 창조적인 머리인 남편이 남편의 역할을 다할 수 있도록 아내가 순종해야 함을 뜻한다. 여성의 순종이라는 초문화적 원리 - 자유주의 신학자들의 경우에는 이것을 초문화적 원리로 수용하지 않을 것이다. 하나님이 처음에 그렇게 하셨으므로 여성이 남성보다 열등한 것이 아니라 여성이 서야할 자리이기 때문에 그것은 하나님이 요구하시는 순종이다. 이런 전제하에서는 초문화적 원리가 성립한다. 이 원리를 오늘의 상황 속에 어떻게 적용해야 하는 것인가? 지금도 수건을 쓰라고 할 필요는 없다. 그리고 수건을 쓴다고 해서 순종 잘하는 여인으로 봐주지도 않는다. 지금의 시대에서 여성의 구체적인 순종의 삶은 어떻게 가능한 것인가? 우리는 여성의 순종에 대한 구체적인 원리들을 우리의 상황에 맞게 설교에 적용할 수 있다. 이런 몇 가지의 단계를 통해서 우리는 바로 교의적 상황하의 해석을 시도해 볼 수 있다. 오늘날 복음주의적 성서해석학은 이와 같은 경향을 띠고 있다고 말할 수 있다.

4장 /
설교의 유형과 강해설교

"성서라고 하는 하나님 말씀을 현대인들에게 전해주기 위한 가장 적절한 설교 유형은 강해설교이다. 이 형태는 고전적이긴 하지만 요즈음에 더 두드러진 주목을 받고 있다. 강해설교를 하기 위한 설교자의 태도는 하나님의 말씀과 그의 청중을 동시에 포섭하는 것이다."

01
설교의 유형들

1. 설교형식(본문취급)에 따른 분류

(1) 제목설교. 설교 형식 자체가 연역적이다. 다루고자 하는 제목과 문제를 내걸고 그 문제에 대해서 성경이 말하는 것을 여기저기서 뽑아 그 제목을 증명·지원하고 그 제목에 대한 설교자 자신의 결론적 요점을 전개시켜 나가는 설교이다. 무조건 제목설교를 정죄하는 것은 합당치 않다고 생각한다. 필자도 강해설교를 선호하고 주장하지만, 목회자로서 목회하다 보면 불가피하게 제목설교가 필요한 상황이 있다는 사실을 인정

하지 않을 수 없고, 강해설교를 했다고 해서 하나님이 무조건 그 사람을 축복하시고, 제목설교를 했다고 해서 무조건 그 사람을 정죄하는 것은 아니라고 생각한다.

역사적으로 제목설교자 중에 널리 알려진 훌륭한 설교자가 많이 있다. 좀 자유주의적 색채가 있긴 하지만 에머슨 포스틱 같은 침례교 설교자가 이에 해당하고 빌리 그래함 목사도 역시 제목설교자이다. 그럼에도 불구하고 제목설교는 성경 그 자체의 말씀보다도 설교자가 말하고 싶어 하는 의도에서부터 설교가 출발할 수 있다는 위험성이 있다.

제목설교는 많은 사람들을 훌륭하게 인도하는 일에 사용될 수 있음에도 불구하고 이 설교의 전제 그 자체가 인간적일 수 있고, 위험하다는 것이 약점이다. 트리니티신학교의 월터 카이저(Walter Kaiser)교수는 유머이기는 하지만 심지어 "5년마다 한번씩 할 수 있다면 제목설교를 시도하십시오. 시도한 다음에 즉각적으로 회개하십시오."라는 말을 했다. 그것은 제목설교가 가진 위험성을 경계하기 위한 말이라고 할 수 있다.

(2) 본문설교. 본문설교자들은 대체로 본문을 짧게 정한다. 본문 설교의 천재라고 일컬어지는 유명한 사람이 찰스 스펄전(Charles Spurgeon)이다. 듣는 사람들 대부분 그의 설교가 길지 않은 것을 알게 된다. 본문설교는 성경의 한두 구절을 본문으로 정하는 설교이다. 주제와 대지가 본문에서 나오는 설교를 전통적으로, 역사적으로 본문설교라고 불러왔다. 본문설교의 위험성은 본문을 짧게 잡기 때문에 문맥을 무시하기 쉽다는 것이다. 본문 자체의 진정한 의미를 끌어내기(exposition)

보다는 의미를 강요할(imposition) 가능성에 빠질 수 있다. 결과적으로 스펄전의 유명한 설교에도 가끔 문맥을 무시한 채 지나치고 그릇된 적용들이 나타나는 것을 발견할 수 있다.

(3) 강해설교. 필자가 강해설교에 대해서 개인적으로 관심을 갖게 된 동기는 처음으로 미국 유학을 갔을 때 호킹(Hocking)이라는 설교학 담당교수가 설교를 한 편씩 써오라고 해서 써가지고 갔을 때였다. 사랑에 대한 설교였는데 "그리스도인의 사랑이란 어떤 것인가?"라는 제목에 이렇게 대지를 요약했다. 1. 희생적인 것, 2. 자기 결단적인 것, 3. 궁극적으로 하나님에게서 기원한 것. 그런데 교수가 채점하는데, B도 아니고 C도 아니고 아예 F점수를 주었다. 필자는 최선을 다했는데 왜 낙제를 주었는가 하는 생각으로 가서 따졌더니 교수는 "당신의 설교는 근본적으로 전제가 잘못되었다."는 것이었다. 그래서 "전제가 틀렸다고 하는 말이 무엇을 뜻하는 것입니까?"하고 물어보았더니 "당신이 제목을 정했을 때 당신에게는 이미 사랑이 무엇인가라는 선입견적인 사고가 있었다. 그것이 네 설교이지, 하나님으로부터 온 말씀은 아니지 않느냐."고 지적을 받았다. 그래서 "어떻게 하면 되겠는가?"라고 했더니 교수는 다시 쓸 것을 요구하면서 "본문을 선택하라. 본문을 들어보라. 본문을 분석하라. 그다음에 본문을 발전시켜라. 그리고 설교를 써보아라. 본문에 근거해서 본문이 무엇을 말하고 있는가? 본문을 통해서 하나님이 무엇을 말씀하시고자 하는가?"에 관심을 가지라고 충고했다.

그것은 필자로 하여금 강해설교라는 특수한 설교형태에 관해서 관심을 갖게 한 최초의 동기였다. 그분은 영국에서 오셨는데 로이드 존스 밑에서 설교 훈련을 받은 사람이었다. 필자는 그를 만남으로 로이드 존스(M. Lloyd Jones)라는 이름을 알게 되었고 강해설교에 대해서도 눈을 뜨게 되었다.

2. 설교의 내용에 따른 분류

(1) 인물설교. 인물설교도 강해설교식으로 할 수 있고 제목설교의 형태를 가지고 자세하게 강해적인 접근을 할 수 있다. 그러나 짧게 나타나는 인물이거나 한두 번 등장하고 마는 인물, 또는 여기저기에 그 인물에 대한 설명이 흩어져 있는 경우라면 제목설교적인 접근을 할 수 밖에 없을 것이다.

(2) 교리설교. 이것은 거의 제목설교의 형태와 유사하다 할 것이다. 교리 자체가 연역적인 것이고 그 교리를 변증하기 위해서 여러 구절들을 인용해야 하기 때문에 제목설교가 될 것이다.

(3) 윤리설교. 취급하는 방법에 따라 제목설교도 될 수 있고 강해식이 될 수도 있다. 그러나 대부분 윤리설교는 쟁점을 다루고 있으므로 제목설교적 형태가 주류를 이루고 있는 것을 볼 수 있다.

3. 실험설교(현대적인 설교유형들)

우리에게 아직 익숙하지 못하나 미국에서는 더러 행해지고 있다. 다음과 같은 실험설교의 형태는 설교가 그 능력을 발휘하지 못하자 새로운 모습의 설교형태를 찾아서 몸부림치는 설교자들의 노력이 만들어 낸 것이라 할 수 있다.

(1) 일인칭 설교. "나는 편지 배달부입니다. 그러나 나는 편지를 전하는 것을 달가워하지 못했습니다. '나에게는 왜 사도 바울처럼 설교할 수 있는 좋은 기회가 주어지지 않는 것일까?' 이렇게 나는 불평을 해대곤 했습니다. 이런 불평을 하면서 나는 사도 바울이 부탁한 편지 한 장을 가지고 에베소로 갔습니다. 그러나 내가 발견한 뜻밖의 사실은 그들이 이 편지를 읽고 삶이 변화되고 이 편지를 통해서 놀라운 격려를 받는 것을 보고, 내가 하는 편지 배달이 결코 의미 없는 것이 아니라는 사실을 알게 되었습니다. 내 이름은 두기고입니다."

이러한 유형 가운데 특이한 설교로 두 사람이 하는 듀엣설교를 들 수 있을 것이다. 실제로 목격한 설교인데 다음과 같이 진행을 한다. 한 설교자가 주기도문을 본문으로 해서 설교를 하는데, "하늘에 계신 우리 아버지"라고 하니까 옆에 있던 설교자가 "왜 불러"하고 대꾸한다. "아니, 내가 기도를 하려고 하는데 왜 기도를 중단시키는 거요?" "지금 네가 나를 부르지 않았느냐?" "아! 그렇지, 내가 부르기는 불렀지요. 하늘에 계신 아버지, 아버지의 이름을 거룩하게 하시며" "그래, 네가 그 이름을 거룩하게 하기는 했느냐?" 이런 식으로 옆에 있는 한 사람은 하나님 역할을 하면서 둘이서 설교를 이어나가가는 형태를 말한다.

(2) 대화식 설교와 단편설교. 설교를 하다가 중간에 그치고 문제를 제기하여 그 문제를 가지고 대화하는 형식의 설교이다. 처음부터 어떤 문제를 제기하고 대화식으로 설교를 전개하는 형식도 있다. 단편설교(5분설교)는 행사나 어떤 특이한 경우에 매우 짧게 설교를 하는 형식을 가리킨다.

(3) 드라마식 설교. 흔히 우리가 볼 수 있는 것이라 생각되는데 어떤 드라마를 통해서 성경의 내용이나 메시지를 제공하고 그 드라마를 근거로 해서 다시 메시지를 추가하거나 그 드라마를 메시지 자체로서 제시하는 것을 말한다.

(4) 스토리텔링 설교. 설교 본문 전체를 현대 즉 우리 시대의 현장감 있는 이야기로 바꾸어 이야기식으로 전개하거나, 과거의 상황에서 이야기를 전개하더라도 좀더 이해하기 쉬운 오늘의 언어를 가지고 풀어가는 식의 설교는 미래설교의 주류가 될 것이라는 주목을 받고 있다. 그러나 필자는 한국교회강단에서 이것이 곧바로 적용될 수 있는지는 의문이다. 그러나 'Talk Show' 같은 것이 주류문화로 등장하는 현실에서 이것은 주목해야 할 설교장르임에 틀림이 없다.

02
강해설교가 아닌 것

한때 강해설교라는 명칭이 흥미를 끌기 시작하자 앞을 다투어서 강해설교라는 이름의 책들이 출판되고 세미나도 많이 유행하는 것을 볼 수 있다. 그러나 그중의 어떤 설교는 강해설교자들이 말하는 강해설교라고 전혀 할 수 없는 성격의 설교들도 포함되어 있다. 예를 들어 보기로 한다.

1. 간단한 주석식 설교(Running Commentary Preaching)

한 구절 한 구절 본문의 구절들을 차례로 읽어가면서 주석하는 설교이다. 본격적인 구미 강해설교자들은 이것은 강해설교가 아니라고 말한다. 물론 이런 형식의 설교도 설교자의 능력에 따라 굉장히 감동적으로 할 수 있다. 지난 세기에 아이언사이드(H. A. Ironside)라는 설교자가 있었는데 그는 그런 형식에 속한다. 갈보리 채플의 척 스미스(Chuck Smith)나 그레이스 커뮤니티의 존 맥아더(John Macarthur)라는 사람도 이런 유형의 설교자에 속한다.

그러나 이것은 설교에 통일성이 없고 예술성이 없다. 1절, 2절 주석을 하다 보니까 전달하려는 중심적인 메시지가 무엇인지 알 수 없다. 강해설교도 하나의 설교인 이상 설교로서 흐름이 있어야 하고 절정이 있어야 한다. 그 설교의 분명한 목표가 있어야 하는데 이런 간단한 주석식 설교는 장황하게 늘어놓다 보면 핵심을 상실할 수 있는 가능성이 많다. 그래서 이 설교는 오늘날 구미에서 말하는 본격적인 강해설교의 장르에는 사실상 포함되지 못한다.

2. 특정 구절에 대한 설명식 설교(Bible Explaination preaching)

이것은 설명에 불과한 설교를 말한다. 간단한 주석식 설교와 다른 것은 본문구절을 차례로 한 구절씩 설명하기보다는 본문에서 어떤 한 구절만 선택해 가지고 그 구절을 간단히 설명하고 그것을 바로 적용에 옮기는 유형의 설교이다. 이것도 본문의 문화적 배경에 대한 고찰이 없어 주관적으로 잘못 적용될 가능성이 많다.

보통 교역자들이 심방 가서 이런 설교를 많이 하게 되고 특정한 경우에 자주 이런 유형의 설교를 시도하게 되는데 많은 유의가 필요하다. 그러나 이것은 본격적인 강해설교에 속하지 않는다.

3. 적용이 없는 성서 강해설교(Exegetical Preaching Without Application)

어떤 설명으로 끝나는 것이다. 이것은 일반적으로 학문적 관심이 깊은 설교자들이나 원어 전문가들에 의해 시도되는 설교이다. 대개 본문에 대한 시대적 배경이나 본문의 본래 의미들이 상당히 충실하게 설교되지만 본문이 오늘의 독자들에게 전달하는 적용의 메시지가 결핍된 설교이다. 이것은 모든 강해설교 주창자들이 생명처럼 여기는 강해설교의 혼(spirit)인 적용이 없다. 또 설교가 현실과의 대결 능력이 없기 때문에 이런 것은 본격적인 강해설교로 간주하지 않는다.

03
강해설교는 무엇인가?

1. 정의

다양한 정의들이 시도되어 왔다. 마이어(F. B. Meyer)는 "강해설교는 성경의 어떤 책, 어떤 부분들에 대하여 연속적으로 해설하는 설교"라고 했다. 도날드 그레이 반 하우스(Donald Grey Barnhouse)는 "하나님의 말씀의 본래의 의미를 밝혀 그 의미에 근거하여 오늘의 우리의 삶의 의미를 가르치는 설교"라고 했으며, 또 제리 바인스(Jerry Vines)는 "강해설교란 성경의 한 부분을 주해하고, 한 주제를 중심으로 조직하여 전개한 다음 청중의 상황 속에 적용시키는 설교"라고 했다.

사실은 설교의 유형에 따라 강해설교가 결정되는 것이 아니라 본문을 취급하는 태도에 따라 강해적이냐 아니냐가 결정된다. 어떤 의미에서는 제목설교도 충실하게 준비하면 강해설교가 될 수 있다.

존 스토트(John Stott)는 특별히 강해설교를 주창하지 않으면서도 사실상 모든 의미에서 설교는 강해설교이어야 한다고 주장한다. 라이펠트(Liefeld)는 강해설교의 본질을 다섯 가지로 말했다. 1. 성경의 본문이 있을 것, 2. 해석학적 성실성을 가질 것, 3. 결합력(cohesion)이 있을 것 - 즉 논리적 통일성을 의미한다. 4. 설교의 흐름과 방향을 가질 것, 5. 삶에 대한 실제적인 적용이 있을 것 등이다.

일반적으로 어떤 설교가 강해설교라는 판정을 받기 위해서는 다음과 같은 다섯 가지 요소가 있어야 한다고 필자는 나름대로 정의한다. 첫째로, 성경본문이 있어야 한다. 둘째로, 그 본문의 본래 의미가 설명되어야 한다. 셋째로, 본문에 나타난 보편적인 진리가 천명되어야 한다. 넷째로, 본문의 진리가 하나의 주제를 중심으로 조직되고 설명되어야 한다. 다섯째로, 설교의 주제가 성도들의 삶 속에 적용되도록 설명되어야 한다.

2. 강해설교의 장점

(1) 하나님의 말씀을 배우게 한다. 설교자가 강해설교를 하려고 하면 성경본문과 씨름을 하지 않을 수 없기 때문에 하나님의 말씀을 배우게 된다. 이것은 설교자 자신뿐만이 아니라 그 설교를 듣는 청중들에게도 해당되는 말이다. 강해설교를 통해서 청중들은 설교자의 철학이나 이론을 듣는 것이 아니라, 하나님 말씀을 배우게 된다. 성경본문이 설교의 중심을 이루기 때문에 설교자 자신과 청중들이 말씀에 더 자주 접할 기회를 지니게 된다. 따라서 이 강해설교를 통하여 설교자와 청중이 함께 성서적으로 성숙할 수 있다. 강해설교는 성경의 중심사상을 강조하게 되고 본문에 대한 관심을 촉구하게 됨으로써 성경에 청중들의 관심을 쏟도록 한다. 제목설교에 익숙한 교회에서 설교를 하게 되면, 그 청중들이 설교 시에 성경을 찾는 데 익숙지 않은 것을 알 수 있다.

(2) 설교자의 폭을 다양하게 한다. 특히 연속 강해설교를 하게 되면, 평상시에 설교를 하지 않았던 부분들도 설교를 해야 한다. 이 때문에 설교자는 평소에 생소하던 성경본문도 연구하지 않을 수 없고, 따라서 전

에 설교자가 강조하지 않았던 부분들까지도 설교를 해야 한다. 이러한 과정은 설교자로 하여금 설교의 폭을 다양하게 하고, 새롭게 연구한 성경본문으로 인하여 그는 관심의 폭이 다양해지는 것이다. 흔히 설교자들은 자신이 좋아하고 강조하는 주제를 대부분 가지고 있는데, 그 이유는 다른 내용들에 대해서 잘 알지 못하기 때문이라 할 수 있다. 우리는 잘 알기 때문에 관심을 가지고, 관심을 가지기 때문에 잘 알게 되는 것이다. 강해설교를 위해서 우리의 관심 영역 밖에 있는 것을 연구하고 씨름을 하다보면 그 새로운 주제에 대해서 관심을 가지게 되고 다양한 영역에 접하게 되는 것이다.

예를 들면, 설교자가 전도서를 강행하려고 하면 평소에 관심이 없던 내용들이 어차피 나오게 마련이다. 이로 인해서 설교자는 새로운 영역에 접하지 않을 수 없고 이것은 설교자의 관심의 폭을 다양하게 만드는 기회가 된다. 그러나 제목설교를 하게 되면 설교자는 항상 자기가 좋아하는 주제만을 강조하게 되고 그 방향으로만 설교를 하게 된다. 그래서 반복되는 그 주제에 청중들이 싫증을 느끼기도 한다. 설교자가 중요하다고 생각해서 반복하는 주제를 청중들이 항상 좋아하는 것은 아니기 때문이다.

(3) 설교자의 주관을 극복한다. 강해설교는 그 자체의 방법으로 인하여 설교자가 자기 주관에 빠지는 것을 예방해 준다. 우리의 설교가 전적으로 객관적이 되지는 못한다. 설교를 할 때 우리가 주관적인 요소에서 완전히 해방되기는 불가능하다. 그러나 설교자는 강해설교를 통해서 우리가 가지고 있는 주관성을 극소화시킬 수 있다. 강해설교라는 것은

그 방법 자체가 성경본문과 씨름을 해서 그 본문의 중심사상을 강조하게 마련이기 때문에 설교자의 주관이 최소화되는 것이다.

(4) 본문 선택의 어려움을 제거시켜 준다. 연속 강해설교를 할 때에는 다음에 설교에야 할 본문이 이미 그 순서에 의해서 나타나 있다. 다음 주일에 어떤 설교를 해야 하는 가에 대한 고민은 설교자들의 공통된 어려움인데, 이 고민하는 시간을 설교 준비에 쏟을 수 있다.

여기에서 개인적으로 언급하고 싶은 사항은 1장을 하고 2장을 한 후 반드시 3장을 하려고 하다가 오히려 설교의 졸작을 만들어 내는 수가 있다는 것이다. 그런 것은 반드시 그 장의 순서에 따라서 해야만 한다고 생각하기 때문에 그렇다. 그러한 순서를 따르는 것이 바람직하다고 하더라도 그 순서에 엄격하게 얽매일 필요는 없다고 본다. 주석학자가 주석을 하는 것도 아니므로 우리는 어느 정도 자유를 가지고 필요에 따라서 그 순서를 넘어가도 무방하리라 본다.

(5) 설교자로 하여금 확신을 가지도록 한다. 강해설교는 그 방법상 설교자의 이론이 개입되는 것을 꺼리고, 예방한다 할 수 있다. 그러므로 이 설교는 진정한 하나님의 케리그마가 되고, 설교자는 이것이 단순히 '나'의 메시지가 아니라 하나님의 메시지라는 확신을 가지게 된다. 이것은 설교자로 하여금 강단의 확신을 불러일으키고 주의 말씀을 전한다는 긍지를 가지게 하는 중요한 요소가 되게 한다. 강해설교를 통해서 설교자는 확신을 가지고 강단에 서게 된다.

3. 강해설교의 단점

그러나 우리는 강해설교가 가지고 있는 단점도 역시 살펴보아야 한다. 이것은 우리가 강해설교를 하는 데 있어서 피하지 않으면 안 될 요소이기도 하다.

(1) 강해설교는 메마르고 흥미가 결여될 수 있다. 제목설교는 자기가 좋아하는 제목을 선택해서 설교를 할 수 있는 장점이 있는 반면 강해설교는 흥미가 결여되는 수가 있다. 그러나 필자의 견해로는, 강해설교라는 형식이 건조하기 때문이 아니라고 설교자가 메마르기 때문이라고 생각한다. 설교자가 메마르면 그가 무슨 설교를 하든지 간에 그 설교는 메마를 수 밖에 없다. 설교자가 통찰력이 있는 사람이라면 어떤 설교를 하든지 그 설교에는 그의 삶에 대한 통찰력이 개입되어 있는 것이다.

(2) 성령의 역사를 제한하기 쉽다는 것이다. 요즘에는 주관적인 종교적 체험을 너무나 강조한 나머지 성령께서는 문자에 얽매이지 않으신다고 하는 생각이 많이 있다. 우리가 너무 본문에 얽매여 있으면 자유롭게 말씀하시고자 하시는 성령의 메시지를 제한하기 쉽다는 것이다. 그러나 필자는 이런 견해를 거부한다. 우리가 말씀을 중심으로 해서 설교를 하면 바로 그것이 성령께서 오히려 역사하시는 것이다. 그러나 우리는 이런 비판에 유의할 필요가 있다.

(3) 설교의 구조적인 통일성을 결여하기 쉽다. 이것은 강해설교를

비판하는 많은 사람들이 제기하는 것이다. 그러나 이러한 비판 제기는 본격적인 강해설교에는 해당되지 않는다. 이런 것은 전장에서 우리가 살펴본 바 있는 식의 설교를 가리켜서 제시하는 비판이라고 할 수 있다. 그러나 본격적인 강해설교에서는 매우 치밀한 구조적인 통일성을 찾아 볼 수 있다.

(4) 강해설교는 제목설교보다 시사성이나 현실성이 약화될 수 있다. 이것은 어느 정도 문제 제기가 되는 지적이라고 할 수 있다. 우리가 연속 강해설교를 할 때, 때때로 계절도 잊어버리고 오직 그 본문에만 매달리게 되는 경우도 찾아볼 수 있다. 그래서 필자는 연속 강해설교일 경우에는 계절과 계절 사이에 하도록 한다. 1월의 신년 설교가 끝이 나고 나면 3월이 되기까지는 특정한 사항을 가지고 있는 날이 별로 없고, 삼일절이 되어서야(이때는 무언가 한마디하고 지나가야 된다고 생각하는 분이 많으므로) 특정한 설교를 할 수 있을 것이다. 그래서 그 동안에는 어떤 연속 강해설교를 할 수 있다고 생각한다.

크리스웰 목사님 같은 분은 요한계시록만 가지고 5년에 걸쳐서 주일 아침마다 연속 강해설교를 하기도 했다. 이것은 그분만의 어떤 특수한 예외이지 우리가 따라갈 만한 것은 아니라고 생각한다. 우리의 설교 경험에 의하면, 사람들은 그렇게 인내심이 많지 않다는 것을 알게 된다. 연속 강해설교가 아주 오랜 시일동안 계속해서 이어지게 되면 교인들은 매우 지루하게 생각하는 것 같다. 그래서 필자의 경우는 연속 강해설교 시에는 길어야 세 달, 아니면 두 달 정도에서 대부분 끝이 나도록 한다.

6개월간 지속되는 강해설교는 두 차례 시도하기도 했다. 한 주제나 책별 설교가 마무리될 무렵에 가서 다음 설교에 대해서 미리 어느 정도 광고를 하면 청중들은 다음 설교에 대해서 기대감을 가지는 것을 볼 수 있다.

그러나 연속 강해설교의 경우는 시사성이 어느 정도 약화되는 것이 사실이다. 그러나 설교의 적용부분에서 이것을 구체적으로 다룰 수도 있을 것이며 바로 이 사실이 장점으로 연결될 수도 있다. 설교자가 어느 날 갑자기 헌금 선교를 하게 되면 교인들이 "아, 돈이 필요하구나, 돈이 …"라고 하지만, 고린도서를 순서에 따라서 강행하다가 자연히 헌금에 대한 본문이 나와서 그것을 강해하면 이러한 무리가 없이 자연스럽게 헌금에 대한 설교를 할 수 있다. 그렇게 되면 목사님의 설교가 의도적이 아니라 교육적이라는 생각을 하게 되고 그로 인하여 교인들은 더 열린 마음을 가지고 그 설교를 받아들일 수 있게 된다. 이것은 단점이 장점으로 바뀌는 것이다.

(5) 설교자를 게으르게 하기 쉽다. 본문이 있으니 그 본문을 해석하면서 설교를 대강 끝낼 수가 있다는 것이다. 그러나 본격적인 강해설교에서는 오히려 더 많은 준비를 하지 않으면 안 된다는 것을 지적하고 싶다. 강해설교가 아니라 주석식의 설교에서는 그러한 가능성이 어느 정도 있다고 할 수 있다. 주석식의 설교를 한 구절씩 설명을 하면서 지나가는 것으로 생각한다면 그렇다. 그러나 주석식의 설교라 하더라도 게으르게 준비를 해서는 무엇을 할 수 있겠는가?

04
강해설교의 역사와 과제

오늘 우리의 관심은 교리사나 설교사가 아니다. 다만 강해설교의 뿌리를 밝히고, 어떤 사람들에 의해서 주창되어 왔으며, 강해설교의 형태는 어디까지 와있고 강해설교가 가진 앞으로의 방향, 과제는 또 무엇인지를 간단히 언급하기로 한다.

1. 강해설교의 역사

처음부터 강해설교의 유형을 가지고 주창했던 사람들이 있었던 것은 아니다. 그러나 강해설교의 정신을 이미 성서 그 자체 안에서도 뿌리를 찾아볼 수 있다.

(1) 학자 에스라. 구약에서 강해설교적인 정신을 우리에게 전달해준 최초의 사람은 학자 에스라라고 필자는 생각한다. 느헤미야 8장 8절에 보면 에스라가 메시지를 선포하고 있는 모습이 묘사된다. "1. 하나님의 율법책을 낭독하고 2. 그 뜻을 해석하여 3. 백성으로 그 낭독하는 것을 다 깨닫게 하매 4. 백성이 율법의 말씀을 듣고 다 우는지라." 우리는 에스라가 메시지를 선포하고 있는 모습을 볼 수 있다.

여기서 에스라의 설교문 그 자체를 접할 수 없기 때문에 구체적으로 그가 무슨 설교를 했는지 알 수는 없지만 우선 그가 1. 본문을 선택했으며 그다음에 2. 본문을 해석했고, 그 단순한 해석에서 그친 것이 아니라 3. 아마도 백성들의 삶 속에 적용될 수 있도록 전달했기 때문에 4. 계속되는 말씀을 읽어보면 그 설교의 결과가 백성들로 하여금 깨달음과 눈물을 흘리며 삶의 변화를 가져오도록 결단하는 장면에 도달하는 것을 볼 수 있다.

다시 말해서, 선택된 구체적인 본문과 그 해석의 과정이 있었고 이것이 적용되었으며 전 인격적인 반응이 뒤따랐다는 것은 에스라가 강해설교의 아주 구체적인 정신을 간직한 설교자였다는 사실을 우리에게 보여주고 있는 구약성서적인 하나의 모범이 될 것이다.

(2) 예수님. 신약에 들어와서 예수님은 강해설교자였는가 하는 문제는 단정 짓기 어렵다. 우리가 주님의 설교를 단편적으로 접할 따름이고 그 설교를 전체적으로 전망할 수 있는 안목이 사실은 없기 때문에 예수님이 과연 강해설교자였는지 말하기 쉽지 않다. 그러나 우리가 성경 몇 군데, 특별히 누가복음을 보면 주님의 설교 형태에서도 강해설교적인 어떤 정신을 찾을 수 있다. 누가복음 4장에는 나사렛 회당에서의 예수님의 최초의 설교라고 일컬어지는 부분이 나타난다.

16절 이하를 살펴보자. "예수께서 그 자라나신 곳 나사렛에 이르사 안식일에 늘 하시던 대로 회당에 들어가사 성경을 읽으려고 서시매 선지자 이사야의 글을 드리거늘 책을 펴서 이렇게 기록된 데를 찾으시니 곧 주의 성령이 내게 임하셨으니 이는 가난한 자에게 복음을 전하게 하시려고 내게 기름을 부으시고 나를 보내사 포로 된 자에게 자유를, 눈 먼 자에게 다시 보게 함을 전파하며 눌린 자를 자유롭게 하고 주의 은혜의 해를 전파하게 하려 하심이라 하였더라 책을 덮어 그 맡은 자에게 주시고 앉으시니 회당에 있는 자들이 다 주목하여 보더라. 이에 예수께서 그들에게 말씀하시되 이 글이 오늘 너희 귀에 응하였느니라 하시니"(눅 4:16~21).

여기에서 자세한 흐름 자체를 전체적으로 볼 수는 없지만 주님은 성경을 낭독하셨고 이 말씀에 근거해서 말씀을 전하셨을 것이다. 그리고 주목할만한 것은 그 말씀의 성취가 자신을 통해서 이루어졌다는 사실이다. 마르틴 루터나 칼빈이 누누이 강조한 성경해석의 중요한 원리 가운데 하나인 그리스도적 원리, 즉 말씀의 핵심을 그리스도 자신에게 적용시켰다는 것이다. 이것은 강해설교의 중요한 원리로서 강해설교자들이 강조하고 있는 것이다. 누가 복음의 마지막 부분인 엠마오 길의 두 제자에게 말씀을 풀면서 강해하신 경우에서도 율법과 선지자의 모든 예언이 그리스도 자신에게서 성취된 것을 말씀하신 예를 볼 수 있다.

(3) 사도 바울. 사도 바울을 보면 우리는 구체적인 강해설교의 형태와 그 정신이 그의 설교 속에 나타나 있는 것을 볼 수 있다. 사도행전 17장 1~4절을 보자. "그들이 암비볼리와 아볼로니아로 다녀가 데살로니가에 이르니 거기 유대인의 회당이 있는지라 바울이 자기의 관례대로 그들에게로 들어가서 세 안식일에 성경을 가지고 강론하며 뜻을 풀어 그리스도가 해를 받고 죽은 자 가운데서 다시 살아야 할 것을 증언하고 이르되 내가 너희에게 전하는 이 예수가 곧 그리스도라 하니 그중에 어떤 사람

곧 경건한 헬라인의 큰 무리와 적지 않은 귀부인도 권함을 받고 바울과 실라를 따르나"

여기서 우리의 관심을 끄는 말씀은 '성경을 가지고 강론하며'이다. 성경을 읽은 다음에 자신의 철학이나 이론을 전개하는 것이 아니라 봉독한 성경을 '강론' 했다는 것이다. 바울이 구체적으로 본문을 선택해서 해석했고 그것을 그리스도에게 적용시켜 결론을 내렸으며 그다음에 믿음의 반응을 가져왔다. 이것은 강해설교자들이 강조하고 있는 강해설교의 구체적인 정신과 부합된다.

(4) 안디옥 학파. 우리는 성서해석사를 공부하면서, 알렉산드리아 학파와 안디옥 학파의 끊임없는 논쟁을 통해서 우화주의적 해석과 문법적·역사적 해석 원리 사이의 긴장이 생겨났으며, 이로 인해서 성서해석의 원리가 성숙해 왔다는 것을 알 수 있다. 본격적인 강해설교는 안디옥 학파를 통해서 역사 속에 전달되었다는 주장이 타당할 것이다. 초기 교부 중에서, 가장 근래의 강해설교가들이 주창하고 있는 강해설교의 형태와 근접한 구조를 가졌던 설교자 한 사람은 크리소스톰이다. 어거스틴의 설교는 상당수가 우화적이지만 그럼에도 불구하고 또한 그의 많은 설교들은 굉장히 좋은 양질의 강해설교 형태를 동시에 가지고 있다.

(5) 종교개혁자들. 본격적인 강해설교의 시대는 종교개혁자들과 함께 열리기 시작했다고 보는 것이 타당할 것이다. 루터나 칼빈의 경우가 그렇고, 이름 없이 사장되었지만 많은 재침례교도들의 설교들도 성경본

문에 충실한 해석이었던 것을 우리는 볼 수 있다.

(6) 개혁주의자들, 복음주의자들, 청교도들, 침례교 설교가들. 근대에 와서 이 강해설교를 주창한 서클들은 주로 이 개혁주의자 설교가들과 복음주의자들이다. 이들은 이러한 강해설교의 역사와 전통을 만들어 온 사람들이라고 할 수 있다. 알렉산더 매클라렌(Alexander Maclaren)같은 사람은 구체적으로 강해설교의 현대적 역사를 열었던 사람이라고 할 수 있다. 우리에게 널리 알려진 마이어(F. B. Meyer)나 캠벨 모간(Campbell Morgan) 같은 사람이 강해설교를 보편적으로 인기화시켰다.

그러나 강해설교의 정신과 구체적인 모본을 남겨준 사람은 스펄전과 마틴 로이드 존스라고 생각한다. 지난 세기 미국 대륙에서도 도날드 그레이 반 하우스라든지 아이언사이드 등 많은 학자들에 의해서 강해설교들이 시도되어 왔다. 최근에 현존하는 사람으로서 강해설교에 대한 많은 작품을 남기고 또 좋은 영향력을 남기고 있는 사람은 존 스토트이다. 미국인으로 동시대 사람으로 찰스 스윈돌(Charles Swindoll), 켄트 휴스(Kent Hughes), 워렌 위어스비(Warren Wiersbe) 등을 들 수 있다.

(7) 강해설교의 현재와 전망. 강해설교의 역사를 통해서 언제나 그 뿌리를 찾을 수가 있고 또 강해설교의 형태들이 전승되어온 것은 사실이지만, 강해설교가 하나의 흐름을 만들기 시작한 것은 지극히 최근의 일, 지나간 이삼십 년간의 역사라고 말할 수 있다. 그것은 소위 복음주의적 성서해석 학파가 형성되고 복음주의적 관점에서 체계화되기 시작한 것

이다. 그러면서 하나의 강해설교 학파가 최근 이삼십 년간에 걸쳐 형성되어 왔다.

강해설교적인 이론을 뒷받침한 학자들이 있었지만 강해설교를 구체적으로 현장에서 장려하고 대중적으로 보급시킨 사람은 아무래도 영국과 미국의 영향력 있는 교회 목회자들이요 설교자들이었다. 미국에서는 20여 년 전부터 성장하고 있는 교회들의 경우에는 대부분 강해설교자들이었고 그들이 그런 교회를 이끌어왔다는 통계가 나왔다. 그것은 그들의 강해설교가 성도들의 영적인 필요를 충족시키는데 있어서 가장 효과적인 역할을 했다는 하나의 증거일 것이다. 그런 식으로 영향력 있는 교회들이 강해설교를 할 수 있는 목회자들을 점점 더 찾게 되면서 강해설교는 구미대륙과 한국 교회에 영향을 끼치기 시작했고, 이때부터 사람들은 강해설교에 관심을 갖기 시작했다고 볼 수 있다.

강해설교의 이론이 체계화된 것은 지극히 최근의 일이기 때문에 진정한 의미에서 역사는 많은 강해설교자들을 이제부터 기다리고 있다고 말하는 것이 더욱 타당할 것이다.

5장 / 귀납법적 강해설교

"귀납법은 성서를 올바로 읽기 위한 우리의 정신적 태도를 가리킨다. 이것은 성서 자체가 우리에게 제시하는 방법이기도 하다. 설교자의 전제가 성서읽기에 최대한 배제되어서 성서가 설교자를 통해서 그대로 읽히어지도록 해야 한다. 설교자는 생생한 삶의 현장을 가지고 있는 현대인을 그 대상으로 가진다. 그들이 설교자의 설교에서 차지하고 있는 위상은 설교자에게 있어서 매우 중요한 관심이 되어야 한다. 강해설교의 성패여부는 여기에 달려있다."

01
귀납법적 성서연구

귀납법적인 성서연구는 강해설교의 한 기초가 된다. 평소에 귀납법적 성서연구에 숙달한 사람일수록 강해설교에 어려움을 느끼지 않을 것이다. 따라서 강해설교를 준비하는 하나의 방편으로서 귀납법적 성서연구는 대단히 중요하다.

귀납법이란 말은 자연히 연역법과 대조를 이룬다. 쉽게 말하면, 연역법이란 일반적인 원리를 먼저 설정해 놓고 이 원리를 뒷받침할 수 있는 특수한 상황 속에 적용시키는 것이다. 일반적 원리에서 특수한 상황을 찾아가는 것이 연역법이다.

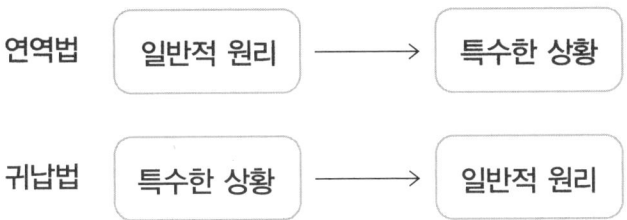

그 반면에 귀납법은 특수한 상황에서부터 일반적 원리를 유추해 내는 것이다. 우리가 성경본문의 어떤 부분을 선택해서 연구할 때 특수한 선언인 "하나님은 사랑이시다"는 메시지를 뽑아내는 것이 바로 귀납법이다.

그런데 왜 성경공부를 할 때 귀납법적 성서연구 방법이 많이 강조되고 있는가? 과거에 많이 사용하던 네비게이토 성경공부 교재의 경우 1권에서 5권까지만 해도 일종의 연역법에 근거를 두고 있다. 요한일서 4장에 의하면 "하나님은 어떤 분이라고 하였는가?"의 질문이 제시되고 있는데, 이것은 성경공부 교재를 만든 사람이 앞서 대답을 가지고 있고 그 대답을 찾아내도록 이 구절을 유도한 것이다. 다행히 그 성경을 편집한 사람들이 좋은 신학적인 배경과 건전한 교리적 배경을 가진 사람이기 때문에 우리를 푸른 초장으로 인도할 수 있기는 하다.

그러나 반대의 경우를 생각해 볼 수도 있다. 예를 들어, 어떤 사람이 야고보서 2장 마지막 절을 써놓고 그 구절에 의하면 "우리가 어떻게 해야 하나님 앞에 의롭다 함을 받는다고 하였는가?"라고 묻는다. 그 문맥에 대한 아무런 설명 없이 이러한 질문이 주어지면, 대답을 '행함으로'라고 써야 한다. 그렇게 되면 '믿음으로 구원을 받는다'는 종교개혁의 중요한 원리가 뒤집어질 수 있다. 얼마든지 잘못된 방향으로 끌고 갈 수 있다.

그러나 야고보서라는 책 전체에서 저자가 이 책을 기록할 때 무슨 의도로 기록했는가? 무엇을 가르치려고 했는가? 어떤 상황에서 베풀어졌는가? 이에 대한 대답을 찾아보아야 한다. 야고보서는 이미 구원받은 그리스도인들에게 신앙의 열매로서 행함을 강조하기 위한 것이다. 또한 야고보서는 믿음이 있다고 하면서 믿음에 따른 행위가 없는 사람들을 대상으로 쓰여진 것이므로, 행함으로 의롭다 하심을 받는다는 것이 강조되었다는 사실을 이해할 수 있다. 그러나 문맥에 대한 설명 없이 그 구절만 뽑아 놓고 말하게 되면 얼마든지 잘못된 방향으로 끌고 갈 수 있다. 그것이 바로 연역법의 위험성이다. 그래서 네비게이토 성경공부의 기안자들도 교재를 모두 다 연역법적으로 편집하고 있지는 않다. 6, 7권에 들어가면 책별 연구나 장별 연구를 통해서 다시 귀납법으로 인도한다. 불행한 사실은 거기까지 참고 갈 수 있는 인내력이 대부분의 성도들에게 거의 없다. 1권이 제일 많이 팔리는 것이 그 원인이다.

바람직한 성경공부를 위해서 연역법적 안내도 필요하지만 결국에 가서 귀납법적 성서연구를 하지 않으면 안 된다는 필요성이 강조되어져야 한다. 귀납법적인 성경의 안목을 가지고 공부하는 것이 중요하다.

1. 귀납법적 성서연구의 신학적 범주

신학적 범주를 나누면 성경 전체의 줄거리와 흐름을 보고 책별 공부, 문단연구, 배경연구로 나눌 수 있다. 우리가 성경 전체의 줄거리를 볼 때 한 책의 가치를 제대로 파악할 수 있고, 그 장을 통해서 볼 때 문단의 의미를 바르게 알 수 있으며, 문단 안에서 비로소 그 문장과 단어와 문법을 알 수 있다. 여기까지가 귀납법이고 바로 이 부분을 다루고 있는 것이 주경신학이다. 이것은 우리가 성경만 가지고 할 수 있는 것이다.

그러나 우리는 대부분 설교자로서, 성경해석자로서 시작할 때에 한 문장이나 단어나 문법에서부터 시작한다. 그것을 보다 잘 이해하기 위해서는 문단을 보게 되고, 문단을 보다 잘 이해하기 위해서 책을 공부하게 되며, 그 책을 같은 저자가 같은 저자가 쓴 다른 책과도 비교하고자 성서개요를 공부하게 되는 것이다. 이러한 것이 주경신학의 작업이다.

이것은 다른 학문의 도움을 빌리지 않고도 가능하다. 그러나 이러한 것들의 배경을 알기 위해서 연구를 하려면 성경의 바깥으로 가야 한다. 그 당시의 문화상과 고고학, 사회 등을 공부하기 위해서 배경연구로 나가면 연역법적이 된다.

한 설교를 형성하는 데 있어서 귀납법적 성서연구가 연역법을 결코 배제하는 것은 아니다. 출발이나 정신에 있어서 귀납법을 보다 많이 활용한다는 것이지 결코 연역법을 전적으로 배제할 수는 없다.

배경연구를 하는 데 있어서 어떤 자료와 재료를 사용하느냐에 따라 상당히 달라질 수 있다. 하나의 설교를 형성하고 그 메시지를 하나의 결론으로 끌고 가기 위해서는 그 사이사이에 그 사람 개인의 신학적인 입장이 아주 많이 작용하게 된다.

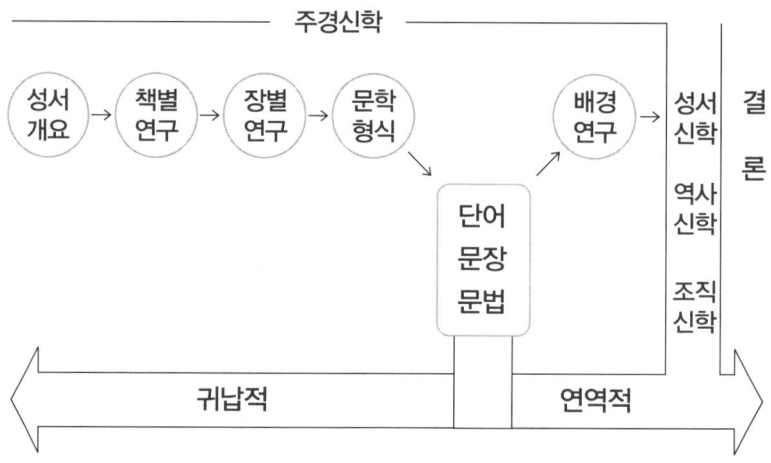

성서신학, 조직신학, 역사신학, 실천신학 등 여러 가지 분야에 대한 개인의 신학적인 확신이나 이상에 의해서 그것이 하나의 설교로 나오게 되는 것이다. 이 도표를 통해서 우리가 알 수 있는 것은 소위 귀납법이라는 방법이 다루고 있는 분야가 어디까지인가 하는 것이다. 그러므로 우리가 귀납법적인 연구에 충실하기 위해서는 성서연구, 책별 연구, 장별 연구 그리고 문학 형식 등에 시간을 많이 투자하지 않으면 안 된다는 사실을 지적할 수 있다. 그러나 우리가 흔히 연구하는 범위는 책별 연구 정도에서 그치고 마는데 장별 연구나 각 성경의 문학 형식에 대한 이해의 폭을 넓힘으로써 성서의 각 내용들에 대해서 날카로운 통찰력을 기를 수 있을 것이다.

2. 주경 신학적 규범

귀납법적 성경연구에는 주경 신학적 규범이 있다. 이것을 본문에 적용하지 않고는 귀납법적 성서연구가 거의 불가능하다고 말해도 과언이 아니다. 이 규범을 삼각형으로 그려볼 수 있다. 본문을 두고 우리는 다음과 같은 세 가지 질문을 해보아야 한다. 첫째, 누가 썼으며, 왜 썼는가? 이 질문은 기자의 개인적인 배경과 의도를 알고자 하는 것이다. 둘째, 언제, 어디서 썼는가? 이 질문에서는 그 당시의 역사, 사회, 문화적 상황을 이해하기 위함이다. 셋째, 어떻게, 무엇을 했는가? 이것은 본문 자체의 내용이며 메시지이다.

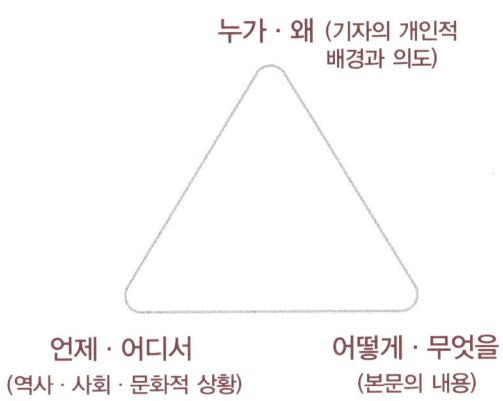

3. 기본적(구체적) 절차

관찰

(1) 구조적 관찰. 구조적으로 관찰하는 것은 처음에 본문에서부터 시

작해서 문단으로 가고, 문단에서 본 것을 가지고 다시 본문을 보고, 이것으로 부족할 경우 더 나아가 장으로 간다. 장에서 읽은 것을 가지고 다시 돌이켜서 문단으로 가고, 본문으로 간다. 이것으로도 부족하면 책 전체를 읽을 필요가 있다. 책 전체에서 얻은 결론을 가지고 장으로 가고, 문단으로 가고 다시 본문으로 간다.

때때로 요한복음을 보다 잘 이해하기 위해서는 요한일서로 갈 때가 있다. 또 요한일서를 보다 잘 이해하기 위해서 요한복음으로 갈 필요가 있다. 같은 저자가 쓴 다른 책이나 성경 전체를 읽어볼 필요가 있다. 그러면 여기서 얻은 결론을 가지고 다시 본문으로 나아가서 본문을 이해하는 것이다. 이 사이클을 보다 더 민감하게 이용할수록 우리는 보다 더 본문의 명확한 구조적 관찰이 가능하다.

만일 어떤 사람이 사도행전을 가지고 연속적인 강해설교를 하고자 한다면 설교자는 1장을 강해설교하기 전에 먼저 사도행전 전체를 공부해 놓고 있어야 한다. 만일 그렇지 않고 한 장 한 장 공부하면서 설교해 나가기 시작한다면 설교의 방향을 잃고 통일성이 없게 된다. 이렇게 설교를 하면서 준비를 계속하게 되면 나 자신이 어디로 가는지도 알지 못하면서 강해설교를 준비하는 것이 된다. 이렇게 되면 설교자 자신도 도중에 전에 한 설교를 뒤집고 싶은 생각이 일어날 수 있다. 따라서 강해설교자들의 지론은 설교자가 먼저 그 책 전체를 완전하게 공부해 놓기 전에는 설교를 시작하지 말라는 것이다.

만일 룻기로 강해설교를 한다면 룻기를 시작하기 3개월 전에 먼저 룻기에 대한 개인적인 연구를 끝내야 한다. 전체 방향을 알고 나서 그것을 설교화시키는 작업을 구체적으로 시작한다. 그렇지 않으면 설교 도중에 방향을 잃게 되고, 시행착오를 겪게 되며 장과 장이 연결되지 않고 통일성을 결여하게 된다. 우리가 한편의 연속 강해설교를 한다고 하더라도 그것은 전체적인 맥락과 나름대로 관계를 맺지 않으면 통일되지 않은 분리된 설교를 하게 되는 것이다.

(2) 사건기록(narrative)의 관찰과 주경신학적인 틀(육하원칙). 성경의 어떤 사건을 관찰하기 위해서는 누가, 언제, 어디서, 무엇을, 어떻게, 왜라는 질문을 종이에 적고 거기에 대한 답을 써본다. 이것은 평범한 작업 같지만 이 방법을 통해서 평소에 관찰되지 않았던 많은 것들을 알게 된다. 그래서 필자는 심지어 육하원칙을 인쇄한 용지를 많이 가지고 설교 준비를 할 때 습관적으로 기록을 한다. 사건에 대한 관찰은 이 방법을 통해서 많은 사실들이 우리 앞에 더욱더 명료하게 나타난다.

(3) 교훈(discourse)에 대한 관찰. 바울서신 같은 경우에는 별로 사건이 없고 계속적인 설교와 같은 교훈이다. 이러한 설교를 관찰하기 위해서는 교리신학적인 틀이 필요하다. 그것은 본문이 하나님에 대해서, 그리스도에 대해서 무엇을 가리키고 있는가, 성령에 대해서 인간에 대해서, 교회에 대해서, 구원에 대해서, 생활에 대해서, 삶에 대해서, 종말에 대해서 무엇을 가르치고 있는가 하는 교리적인 문제에 관해 다루는 것이다. 이것을 전부 검토하기가 어려우면, 하나님에 대해서, 인간에 대해서, 나 자신에 대해서 무엇이라고 말하는가, 적어도 이 세 가지만은 기본적

으로 살펴볼 필요가 있다.

이 두 가지 관찰 방법, 즉 육하원칙과 교리적인 틀을 미리 많이 인쇄해 두고 설교를 준비할 때 습관적으로 그 해답을 찾아보고 써보는 것이 좋다. 그러나 많은 경우 설교의 초기에는 관찰한 것과 얻어지는 것이 많기 때문에 많은 것을 주고 싶어서 설교가 길어질 수 있다. 관찰하고 연구한 자료가 아무리 많아도 좋은 설교자의 중요한 자질은 통일성과 논리성에 있어서 불필요한 것은 공부한 다음에 과감하게 다 버리고 가장 중요한 것만 설교로 옮겨야 하는 것이다. 그러나 관찰의 작업은 참으로 중요한 것이다.

해석

지금까지 말씀드린 해석학적 원칙들을 잘 적용해서 본문을 해석한다.

정리

무엇보다도 먼저 장부터 정리하는 것이 좋다. 1. 장 제목을 정한다. 2. 문단을 나눈다. 3. 문단의 제목을 정한다. 4. 현대어로 풀어 쓴다. 5. 본문 전체를 논리적으로 나 자신의 말로 정리해본다. 6. 여기서 설교적인 논리로 정리한다.

적용

우리가 이러한 작업을 하는 것이 힘이 든다고 해도 이렇게 해야만 우리의 머릿속에 설교를 하고자 하는 본문이 거의 다 명확하게 들어 있게 된다. 이제야 비로소 우리는 적용의 문제를 다루게 되는 것이다.

4. 실례(강해설교의 시작골격)

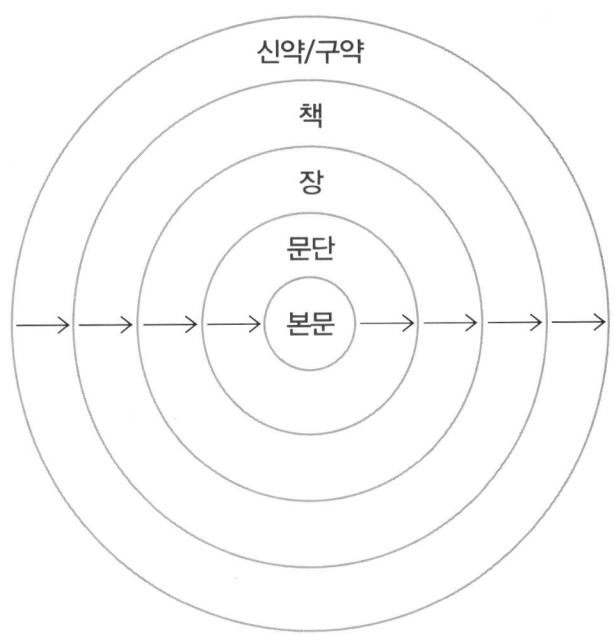

지금까지 필자는 개인적으로 이러한 작업을 20여 권의 성경에 걸쳐서 해보았다. 필자는 이렇게 연구해서 준비한 내용은 설교시에 전기가 설교원고를 보지 못한다 해도, 예를 들어 그것이 빌립보서 한권이라고 해도, 거의 다 기억을 하고 있기 때문에 설교가 막히지 않으리라고 생각한다. 지금 우리가 해야 하는 이 연구를 철저히 한다면 그만큼 우리의 기억에 남는 것이 많게 될 것이다.

빌립보서

책의 주제 : 나의 기쁨이 되시는 그리스도

| 1장 |

- **장 제 목:** 나의 생명이 되시는 그리스도
- **중심구절:** 20절, " … 온전히 담대하여 살든지 죽든지 내 몸에서 그리스도가 존귀하게 되게 …"
- **내용설명:** 바울은 감옥에 갇혀있을 때나, 과거의 동역자로부터 배신을 당했을 때나, 죽음이 언제 올지 모르는 여러 가지 고난 속에서도 주님이 생명이셨기 때문에 어떤 고난이라 하더라도 극복할 수 있었다.

| 2장 |

- **장 제 목:** 나의 모본이 되시는 그리스도
- **중심구절:** 5절, "… 이 마음을 품으라 곧 그리스도 예수의 마음이니"
- **내용설명:** 바울은 그리스도를 닮으려고 했던 여러 가지 모본을 제시했다. 디모데와 에바브로디도가 어떻게 그리스도를 닮으려고 했는가를 보여준다. 그 모본의 핵심은 결국 그리스도이시다.

| 3장 |

- **장 제 목:** 나의 목표가 되시는 그리스도
- **중심구절:** 14절, "푯대를 향하여 … 부름의 상을 위하여 달려가노라"

- **내용설명:** 바울은 자신의 과거와 현재, 미래에 대해 말하고 있다. 이제는 주님을 더욱 알고 그리스도의 죽음의 고난을 본받으며 그리스도의 부활의 능력을 아는 것이 바울의 삶의 소원이다. 그리고 그는 이제 주님이 다시 오시는 날에 자기의 몸이 영광스럽게 될 소망을 기대하고 있다. 이것이 바울의 목표인 것이다.

| 4장 |

- **장 제 목:** 나의 만족이시며 풍성함이 되시는 그리스도
- **중심구절:** 19절, "나의 하나님이 … 그 풍성한대로 너희 모든 쓸 것을 채우시리라"
- **내용설명:** 바울이 빌립보서 전체를 통해 감옥에 있으면서도 기뻐하며 감옥 밖에 있는 성도들에게 오히려 기쁨을 보냈던 이유는 그리스도가 자신의 생명이자 모본이요 목표이며 만족이었기 때문이다.

따라서 빌립보서 전체 제목을 '나의 기쁨 되신 그리스도'라고 정한 것이다. 이런 광경을 통해 빌립보서의 전체 구도가 머릿속에 들어오게 된다. 설교의 방향을 어디로 정할 것인지 알게 된다. 그리고 1장부터 문단을 나누고 강해에 들어가기 시작한다. 그래야 통일성 있는 설교를 만들 수 있다. 우리가 길을 잃지 않기 위해서 우리는 미리 앞서서 전체 구도를 잡아 놓는다.

골로새서

책의 주제: 나의 주가 되신 그리스도

| 1장 |

- **장 제 목:** 만물의 주가 되신 그리스도
- **중심구절:** 18절, "그는 몸인 교회의 머리시라 … 이는 친히 만물의 으뜸이 되려 하심이요"
- **내용설명:** 그리스도는 창조자이시고, 구속자이시고, 승리하신 분이시며 교회의 으뜸이시다.

| 2장 |

- **장 제 목:** 믿음의 주가 되신 그리스도
- **중심구절:** 6절, "너희가 그리스도 예수를 주로 받았으니 …"
- **내용설명:** 영지주의, 율법주의, 금욕주의 등 여러 가지 사상에 도전하고 있다. 그러면서 신앙의 진정한 대상은 그리스도밖에 없음을 강조하고 있다.

| 3장 |

- **장 제 목:** 모든 생활의 주가 되신 그리스도
- **중심구절:** 17절, "무엇을 하든지 말에나 일이나 다 주 예수의 이름으로 하고 …"
- **내용설명:** 전반부에서는 옛 생활이 나오고 후반부에서는 새로운

생활이 나온다. 그리고 그 전환을 말하고 있다. 그래서 이제는 말을 하든 일을 하든 무엇을 하든 다 주 예수의 이름으로 하라고 말하며 새 생활을 제시하고 있다.

| 4장 |
- **장 제 목:** 선교의 주가 되신 그리스도
- **중심구절:** 3절, "또한 우리를 위하여 기도하되 하나님이 전도할 문을 우리에게 열어 주사 그리스도의 비밀을 말하게 하시기를 구하라 내가 이 일 때문에 매임을 당하였노라"
- **내용설명:** 바울은 감옥에 있으면서 감옥이 자신을 제한하는 상황으로 이해하지 않았다. 그는 감옥에서 나가게 해달라고 기도하지 않고 오히려 전도의 문을 열어주사 그리스도의 비밀을 전하게 해달라고 기도했다.

이렇게 해서 골로새서 전체의 구조가 정해진다. 1장 만물의 주가 되신 그리스도, 2장 믿음의 주가 되신 그리스도, 3장 생활의 주가 되신 그리스도, 4장 선교의 주가 되신 그리스도. 이 골로새서 전체는 매우 논리적이다. 1장에서 그리스도는 만유를 창조하시고 구속하신 분임을 말한다. 2장에서는 그러기에 그분만이 우리의 신뢰의 대상이다. 3장에서 그분만을 참으로 신뢰하고 살아간다면, 이제 우리의 모든 삶의 영역에서 그분의 주권을 인정하게 된다. 4장에서 그리스도가 나의 주가 되셨다면 그 놀라운 사실을 선포하지 않을 수 없는 것이다. 따라서 골로새서 전체의 주제는 '그리스도의 주님 되심'이다. 이렇게 골로새서 전체의 구조를 알고 나서 다시 1장부터 문단을 나누면서 강해를 시작하여, 설교로 만드는 것이 중요하다. 그럴 때만이 설교의 방향을 잃어버리지 않는다.

과거 이민목회를 하던 시절 워싱턴에서 교인들의 집을 심방할 때 웬만큼만 알아도 집을 찾을 수 있을 것이라고 생각했다. 그러나 심방을 할 때마다 길을 잃어버리기 일쑤였다. 그래서 교인들이 필자를 가리켜 '방황의 은사'를 받았다고 한다. 이렇게 일주일동안 방황하고 돌아다니다가 '나의 직관과 통찰력을 의지하는 것이 얼마나 자주 틀리는가' 하면서 워싱턴 전체를 보여주는 지도를 하나 구입해서 하루 종일 땀을 흘려가며 열심히 공부했다. 그런 후에는 길을 잃어버려도 내가 서있는 위치를 알기 때문에 걱정이 없게 되었다.

"내가 어디로 가야 하는지 알고 있기 때문에."

이것이야 말로 강해설교에 있어서 가장 중요한 것이라고 생각한다. 전체적인 연구를 통해서 방향감각을 가지고 있다는 것은 매우 중요한 것이다. 이것이 없이는 길을 잃어버리고 만다. 다음 주 설교를 위해서 준비가 없이 본문에 뛰어들게 되면 내가 가야할 목표와 방향을 잃어버리게 된다. 그러므로 미리미리 설교를 준비하는 것이 필요하다. 어떤 부분을 강해하려면 적어도 5개월 전에 공부를 시작하라. 공부를 끝내고 나서 부분 부분 공부하고 설교를 시작해야 한다. 그래야 방향 있고 명확한 강해설교를 할 수 있다.

설교 준비 실습문제 II

본문: 출애굽기 31장 1절~4절

누가, 언제, 어디서, 무엇을, 어떻게, 왜 라는 물음을 가지고 본문에 나타나는 인물들이 어떤 모습을 가지는가에 대하여 묵상해 보도록 한다. 어떻게 해서 그 사람이 그러한 행동을 하게 되었는가 등의 물음을 가지고 본문에 나타나는 여러 인물들의 정체를 구체적으로 드러나도록 해본다. 이것은 성경을 묵상하는 데 있어서 매우 주요한 틀이다. 이 틀을 사용하면 우리가 틀을 가지지 않고 읽을 때에는 전혀 나타나지 않던 인물들의 특성이 매우 분명하며 드러나게 된다.

1. 누가

2. 언제

3. 어디서

4. 무엇을

5. 어떻게

6. 왜

02
귀납법적 강해설교

　귀납법적 강해설교는 귀납법적 성서연구의 결과를 활용하는 설교이지만 또 하나 강조하고 싶은 것은 설교방법론에 있어서 귀납적 접근 방법을 사용한다는 것이다. 귀납적인 설교를 하나의 설교장르로 제창하고 주장하는 사람은 애스버리신학교에서 강의하던 랠프 루이스(Ralph L. Lewis) 교수이다. 필자는 귀납법적 강해설교는 물론 귀납법적 성서연구의 결과를 활용한다는 의미도 있지만, 설교를 전개하는 과정에 있어서 특별히 설교의 서론 부분을 구성할 때 귀납법적 접근 방법이 효과적이라는 측면에서 귀납법적 강해설교 모델을 소개하기로 한다.
　랠프 루이스의 설명에 의하면 설교자의 설교는 공감의 자리에서부터 시작한다는 것이다. 그의 도표를 살펴보면 가운데 본문이 있고 맨 마지막에 결론이 있다. 공감의 자리부터 시작하여 본문의 자리로 나아가는 것을 귀납법적인 접근이라고 할 수 있을 것이다. 우리가 귀납법적인 방법을 성경연구나 설교에서 사용한다는 것은 연역적인 방법을 배제하는 것이 아니다. 단지 귀납법적인 접근방법에 더 많은 유익이 있다고 생각되기에 이것을 활용하고자 하는 것이다. 설교의 시작은 귀납법적인 접근을 하게 되지만 결론은 연역법적인 접근을 취하지 않을 수 없을 것이다.

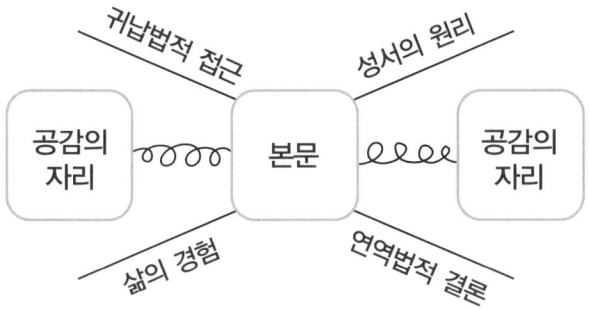

다시 말하면 귀납법적인 설교라고 하는 것은 삶의 정황에서부터 시작하여 성서의 원리로 나아간다는 것이다. 우리가 설교를 시작할 때 '구약의 여호수아 1장 8절'의 본문에서 시작하면, 청중 공감대 형성에 문제가 발생한다. 즉 청중들의 삶의 정황은 여호수아가 아니라 그들의 생생한 삶의 여러 가지 상황들인 것이다. 그래서 처음부터 그 설교에 귀를 기울일 생각을 하지 않게 된다. 그러나 삶의 정황에서부터 시작할 때 청중들이 공감을 얻을 수 있을 것이다. 이러한 공감의 자리가 확보되어진 이후에 자연스럽게 본문의 자리로 나아가서 그들의 본문의 상황으로 이끌어들일 수 있는 것이다.

여기에서 그들에게 본문의 원리를 소개하고 연역법적인 결론으로 유도하는 것이다. 공감의 자리에서 시작하여 본문의 자리로 들어가는 것, 그 후에 본문을 설명하고 이 본문을 통해서 삶 속에 적용하도록 결론을 맺는 것이다.

귀납법적인 설교의 특징 가운데 하나는 그 서론이 다른 장르의 설교보다 길다는 것이다. 귀납법적인 접근을 하기 때문에 공감의 자리 확보를 위하여 서론을 길게 해서 청중과의 교감의 자리를 마련하기 위함이다. 일반적으로 다른 설교학 이론에서는 서론을 짧게 하라고 하지만, 이 점에서 귀납법적인 강해설교의 차이점이 나타나는 것이다. 그래서 그 서론의 길이를 10퍼센트 또는 20~30퍼센트까지도 차지할 수 있다고 말한다. 서론이 길어지는 이유는 아무리 좋은 소리를 해도 처음부터 청중이 귀를 막아버리면 소용이 없다는 데 그 이유가 있다. 공감의 자리를 마련하여 마음을 열고, 문제의식을 갖게 하고, 말씀에 대해서 준비를 갖게 한 이후에 가서 본문을 대하도록 하는 것이다.

이러한 준비를 거친 후에 가서야 하나님의 말씀을 진지하게 경청할 수 있다. 특수한 상황에서부터 시작하는 귀납법적인 접근을 할 때, 그 특수한 상황에 처해 있는 청중의 공감을 얻게 되고 그때서야 청중이 자기들과 관련이 있는 설교라고 생각을 하게 되는 것이다.

"인간은 마땅히 하나님을 사랑해야 합니다."라고 시작하는 것은 연역법적인 접근이다. "12월 21일 267명의 승객이 타고 있는 비행기가 영국의 런던 공항을 떠나서 뉴욕을 향해 가다가 상공에서 기체는 한순간에 공중분해 되고 말았습니다." 이러한 상황은 구체적인 것이기 때문에 귀납법적인 접근이라고 할 수 있다. 사람들이 관심을 가지게 되는 것은 이러한 삶의 구체적인 상황에서 출발할 때이다. 이러한 구체적인 상황에 대해 이야기하면서 야고보서의 "너희의 생명이 무엇이냐, 잠깐 보이다가 없어지는 안개니라"는 본문으로 나아가면 귀납법적인 접근이다.

귀납법적인 성서연구라는 용어는 한국 교회에 많이 소개가 되었지만, '귀납법적인 강해설교'라고 하는 용어는 아주 최근에 극히 일부의 학자들 사이에서 논의되어진 방법이다. 이러한 내용은 비록 새로운 것이 아니라고 해도 이것이 하나의 학설로서 제시되어지고 연구되어진 것은 극히 최근의 일이다. 우리가 강해설교를 강조하고 많이 사용을 하고 있지만, 그 내용이 많은 청중의 공감을 얻지 못하고 있는 이유는 그 강해설교가 너무나 연역법에 근거하고 있고 청중을 향한 귀납법적인 접근을 무시하고 있기 때문이다. 이것은 강해설교에 대한 새로운 비판이라고 할 수 있다. 그래서 필자는 강해설교를 시행하되, 귀납법적인 강해설교를 강조하는 것이다.

1. 설교의 귀납법적 접근과 연역법적 접근의 비교

귀납법적인 접근은 일반적인 원리에서부터 시작하는 것이 아니라, 특수한 상황에서 시작하는 것을 말한다. 그 접근의 유형들로는 이야기, 질문, 자신의 개인적인 체험, 대화, 상상력의 결과, 뉴스 등에서부터 시작하는 것이다. 우리가 어떤 진술이나 명제를 그 출발로 삼으면 그것은 연역법적인 접근이 되는 것이다.

	연역법적	귀납법적
1.	대답	질문
2.	설명	탐구
3.	폐쇄적	개방적
4.	예언적	제사적
5.	지적	창조적
6.	변호	참여
7.	논리적	모험적
8.	서술적	대화적

대답을 먼저 말하면 연역법적 방법이 되고, 질문을 먼저 해서 대답을 이끌어 내면 귀납법적인 접근이 된다. 설교가 연역법적인 접근을 전혀 배제하는 것이 아니라고 필자가 계속 강조를 하고 있는데, 그 이유는 대답도 필요하기 때문이다. 단지, 대답을 제시하지만 그 대답을 어떤 문제로부터 시작해서 대답을 이끌어내라는 것이다. "이것이 참으로 인생이라고 말할 수 있겠습니까?"라는 질문에서 시작하는 것과 "인생은 참으로 허무한 것입니다"라는 진술에서 시작하는 것은 다르다.

귀납법적인 접근은 "과연 그것이 참으로 그러한가?"라는 탐구의식을 갖고 시작하는 것이다. 그러나 연역법은 언제나 폐쇄적이다. 목사님에게 어떤 교인이 심방을 와서 "제가 이번에 이렇게 커다란 교통사고를 당했어요."라고 말하는데, 목사님이 "인생이란 그런 거예요."라고 하면 연역법적인 접근을 한 것이다. 이렇게 되면 그 상담을 더이상 진전시키지 못하게 폐쇄해버리고 마는 것이다. 여기에서 개방적인 귀납법적 접근은 "그래서 어떻게 되었나요?"라고 탐구의식을 갖는 것이다.

"하나님의 정의를 하수같이 흘려야 한다."고 말하는 것은 예언이고 연역법적이다. 그러나 제사장적인 접근은 귀납법적인 접근과 비슷하다. 백성들의 고통과 문제와 아픔을 제사장이 짊어지고 그들과 같이 아파하며, 그들과 같이 고민하고, 그들과 같이 공감하며 메시지를 전달하는 것은 제사장적인 접근이며, 이것은 귀납법적인 접근과 같다. 여기에서 예언적이라고 하는 것은 백성들의 아픔과는 관계없이 어떤 메시지를 백성들에게 던지고 정죄하고 방향을 정하는 것을 말한다.

어떤 지적인 정보를 제시할 때 그것은 연역법적이다. 그러나 우리의 상상력을 발휘하여 창조적인 어떤 내용을 탐구하는 것은 귀납법적이다. 신앙을 변호하는 것은 연역법적이다. "그리스도는 죽음에서 부활하셨습니다."라고 하면 그것은 연역이지만, 그러나 "당신이 예수의 부활을 믿지 못하는 이유가 무엇입니까?"하면서 그의 상황에 참여하는 것은 귀납법적이다.

하나의 진술을 통해서 또 다른 진술을 만들어내고 하나씩 단계를 밟아가면서 논리를 사용하는 것은 연역법적이다. 따라서 이러한 연역법적인 논리적 구조는 폐쇄적일 수밖에 없고 그 논리의 영역을 벗어나기가 힘이 든다. 그러나 귀납법적인 접근은 모험적이다. 어떤 일정한 영역에서부터 모험을 가지고 벗어나려고 하는 접근이 바로 귀납법적이다. 연역적인 사고방식은 예외적인 상황을 좀처럼 인정하지 않으려 하는데, 귀납적인 사고는 어떤 구체적인 정황을 근거로 하기 때문에 그 구체적인 정황을 근거로 해서 모험적으로 예외를 인정하려 한다. 우리가 어떤 논리를 전개한다고 하지만 항상 그 논리에 사실들이 맞아 가는 것이 아니라는 것을 자주 찾아 볼 수 있다. 논리들 사이를 비집고 들어오는 구체적인 상황을 우리가 포용하기 위해서는 모험적인 사고를 시도해야 한다. 우리가 이때까지 항상 그렇게 생각을 해온 것이라 하더라도 어떤 실제적인 상황이나 분명한 증거를 맞이하게 되면, 논리를 버리고 모험적으로 그 실제의 구체적인 상황을 받아들일 수 있어야 한다. 이것이 바로 귀납법적인 사고라고 할 수 있다.

또한 연역법적인 사고방식은 항상 진술과 설명을 하려고 한다. 그러나 귀납법적인 사유는 대화를 통해서 해답을 찾아보려고 한다. 연역법적인 사유는 이미 자신이 해답을 가지고 있는 것처럼 진술을 하려고 한다. 따라서 연역법적인 사고는 대화를 거부하는 편이고 자신의 설명이나 진술로서 종결을 지으려고 한다. 이러한 것을 자꾸 강조하는 이유는 우리의 설교가 너무나 연역법적인데 빠져 있었기 때문이다.

2. 귀납법적인 접근의 중요성

(1) 성서적(히브리적)이기 때문에 중요하다. 성서의 진술방법이 연역적이지 않고 귀납법적이다. 다시 말하면, 성서가 조직신학적으로 기술되지 않았다는 것이다. 하나님은 어떤 분이신가 하면서 "첫째로 전능하시다, 둘째로 전지 하시다"라는 식의 전개방법을 성서가 취하지 않는다는 것이다. 성서는 어떤 구체적인 상황에서 하나님이 어떻게 행동을 하시는가를 보여주신다. 이것은 귀납법적이다.

"아담아, 네가 어디 있느냐?" 이러한 질문도 귀납법적이다. 창조의 기사, 타락의 기사, 노아의 기사, 바벨탑의 기사 등은 어떤 구체적인 정황을 계속해서 우리에게 보여준다. 이러한 구체적인 상황을 우리에게 보여주면서 우리가 그 구체적인 상황에서 교훈을 추론해낼 수 있도록 하는 것이다. 그러므로 그 구체적인 상황은 어떤 교훈을 제시하는데 있어서 폐쇄적이 아니라 개방적으로 작용하고 있다. 만약 "하나님은 타락한 인간을 구원하려 한다."고 성경이 연역법적으로 조직신학적인 진술을 통해서 말씀을 했다면, 인간이 처해있는 구체적인 상황이 박탈당하고 만다. 그러한 내용은 폐쇄적이고 더이상의 논의의 여지가 약해지고 만다.

전도서의 구조를 살펴보기로 하자. "인생이란 얼마나 헛된 것인가?"

라는 질문에서 시작하여, "인생은 헛되고 헛되고 헛된 것"이라고 말씀을 한다. 인생은 이렇게 허무한 것이지만, 우리는 모두다 하나님을 믿어야 한다고 한다면 전도서는 1장에서 끝이 나버리고 더이상의 내용이 불필요할 것이다. 그러나 전도서는 그 대답을 12장까지 끌고 가서 "그러므로 이 모든 것의 결국을 들었으니 여호와를 경외하라"는 결론을 내린다. 이 마지막 결론의 위해서 같이 고민하고, 같이 울고, 같이 웃으면서 생의 길을 걸어가는 것이다. 전도서를 강해하면서 필자는 "전도서를 중간에 읽다가 말면 자살할 가능성이 굉장히 많다."고 말한 적이 있다. 중간만 읽게 되면 삶은 허무주의와 쾌락주의에 빠져버리고 만다. 그러나 고민스러운 그 상황을 계속해서 마지막까지 이끌고 가는 것이다. 이것은 바로 귀납법적인 구조로 이루어졌다고 할 수 있다.

우리는 이러한 귀납법적인 접근을 예수님의 설교에서도 찾아볼 수 있다. 예수님께서 "그리스도인들은 의식주 문제를 가지고 걱정을 해서는 안 된다."고 먼저 결론을 들어 말씀하시지 않으셨다. 오히려 "공중에 나는 새를 보라 들에 피어 있는 백합화를 보라"고 말씀하시면서 구체적인 상황에서부터 시작을 하셨다. 여기에서 우리는 구체적인 상황에서부터 시작하는 편이 훨씬 설득력의 구조를 가지고 있다는 것을 알 수 있다. 우리의 이웃이 누구인가를 설명할 때에 이웃의 정의는 "첫째로, … 둘째로, …"라고 하면서 접근을 하지 않으셨다. "어느 날 강도를 만나 쓰러진 한 사람이 여리고에 있었는데"라고 하면서 구체적인 상황에서 시작하여 말씀을 전개하신다.

본래 '이것이 바로 진리이다' 라고 전제를 내리고 그것을 입증하기 위해서 논리를 전개하면서 첫째, 둘째, 셋째 … 하는 전개방식은 희랍적인 사고방식이다. 이것은 아리스토텔레스의 논리학에서부터 그 연원을 가지고 있으며, 수사법과 웅변술에서 발전되어진 것이다. 이러한 방법은 히브리적인 전통에서는 매우 생소한 것이다. 히브리적인 사고는 상당히 귀납법적이다. 우리는 그러한 희랍적인 전통에 이끌려 왔기 때문에 그러한 사고의 영향하에 놓여 있다고 할 수 있다. 그래서 우리들의 설교가 감격과 흥분과 자유로운 상상력의 날개를 상실해 버리고 말았다. 우리의 설교가 딱딱한 논리의 문제가 되고 마는 경우가 이에 해당하는 것이다. 귀납법적인 접근은 그것이 성서적이고 히브리적이기 때문에 우리가 중요시해야 하는 것이다.

(2) 귀납적인 방법은 시대적인 요청에 부응하는 것이다. 이 강의에서 채택한 서론의 방법도 역시 귀납법적이라고 할 수 있다. "현대는 설교의 위기를 경험하고 있다."면서 시작을 했다면 이것은 연역법적이라 할 수 있다. 그러나 필자는 구체적인 사례를 들어서 오늘날의 설교가 그 위기를 맞고 있다는 것을 우리의 설교 상태에서부터 제시하였다. 구체적인 상황이 귀납법적인 사고에서 중요한 영역을 차지한다.

우리가 살고 있는 이 시대는 시각적인 시대라고 할 수 있다. 우리는 텔레비전이 놀라운 위력을 지닌 전자매체의 시대에 살고 있다. 교회에 열심히 나오는 사람의 경우라 하더라도 잘해야 1년에 약 200시간을 강단에서 보낼 수 있다. 그러나 사람들은 1년에 약 2,000시간 정도를 텔레비전 앞에서 보내고 있다. 텔레비전 앞에서 이렇게 시간을 보내고 있는 현대인들은 그 브라운관의 칼라, 다양함 그리고 그 빠른 극적인 전개에 물들어 있다. 이러한 현대인들에게 수평적인 논리를 가지고 전개시켜 나가는 설교가 어떻게 매력을 끌 수 있겠는가라는 질문을 하지 않을 수 없다. 이것이 바로 현대인을 향한 설교의 위기인 것이다.

인간의 학습에 대한 연구를 한 학자가 다음과 같은 사실을 제시한 적이 있다. 사람은 듣는 것에 의해서 10퍼센트정도, 보는 것으로 30퍼센트, 시범에 의해서 60퍼센트를 배운다고 한다. 그러나 우리의 설교는 대부분 사람들에게 들려주는 이 10퍼센트를 가지고 하는 것이다.

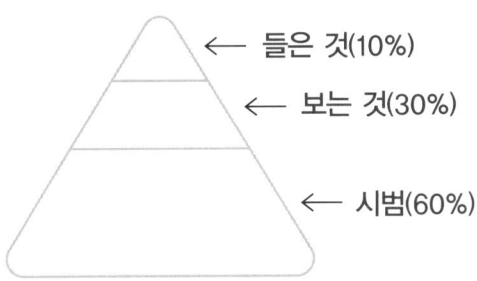

물론 설교를 하면 들을 수밖에 없을 것이다. 그러나 우리의 설교가 그 설교 안에 많은 그림을 포함하고 있다면 좀더 다르게 들려질 것이다. 탁월한 설교가들의 설교를 보면, 그 설교 안에 그림 같은 요소들이 많이 있다는 것을 발견할 수 있다. 생생한 움직임과 생동감이 있는 빠른 전개의 설교를 한다. 그러므로 귀납법적인 구체적인 생생한 현장에서부터 우리의 설교를 이끌어낸다면 우리는 이 시대적인 흐름에 좀더 민감하게 반응을 할 수 있을 것이다.

(3) 심리학적(생리학적)인 요청이다. 사람들이 두뇌의 기능에 대해서 새로운 학설이 제시되고 있는데, 그에 의하면 사람은 오른쪽 두뇌와 왼쪽 두뇌를 가지고 있는데 대부분 우리는 왼쪽 두뇌에 의거해서 삶을 살아간다는 것이다. 왼쪽 두뇌의 기능은 바로 비판적인 사고, 수평적 논리, 분석적인 사고 등이다. 우리는 또한 대부분 이러한 것들만을 중요시 여겨왔다는 것이다. 그러므로 왼쪽 두뇌는 연역법적인 내용을 담당하고 있다는 것을 알 수 있다.

반면에 우리의 오른쪽 두뇌는 환상, 상상력, 창조력, 감성적인 것, 느끼는 것 등의 기능을 담당하고 이러한 내용들은 귀납법적인 성격을 지니고 있다.

심리학자들은 이러한 왼쪽 두뇌의 활동을 가리켜서 소위 L모드라고 하며, 오른쪽 두뇌의 활동을 가리켜서 R모드라고 한다. 여기서 지적을 하고 싶은 것은 지금까지의 우리의 설교가 대부분 L모드 중심적이라는 사실이다. 우리는 이 사실을 다음과 같은 예를 들어서 설명할 수 있다.

눈 속에 나타났다고 하는 예수님의 사진을 본 적이 있을 것이다. 그런데 대부분의 사람들은 그 그림을 처음 보고서 그것이 무엇인지 알지 못한다. 시간을 두고 관찰하고서도 간신히 아는 사람이 있는가 하면 어떤 사람은 즉각적으로 그 사진이 예수님의 얼굴이라는 것을 알기도 한다. 심지어 어떤 사람은 이 부분은 코이며, 이 곳은 입이고, 여기는 눈이라고 가리켜주어도 끝내 그 사진이 예수님의 얼굴이라는 것을 알지 못하는 경우도 있다. 이 사진을 한순간에 즉각 알아볼 수 있는 사람은 오른쪽 두뇌가 발달되었다고 말할 수 있을 것이다. 이 사진을 그렇게 즉각 알아볼 수 있는 이유는 단순하게 그것을 바라보는 것이 아니라, 그러한 대상을 창조적으로 재구성하여 바라보기 때문에 그렇다. 필자도 하루 종일 그것을 쳐다보았는데 잘 알 수 없었다. 그러나 아내는 한순간에 그것을 알아보는 것을 보았다.

오른쪽 두뇌를 좀더 사용할 수 있게 되면 고정관념을 깨뜨리고 다르게 창조적으로 보는 시야를 가질 수 있게 된다. 사물을 다르게 관찰할 수 있는 능력이 오른쪽 두뇌의 역할이다. 동일한 본문이 주어졌는데도 항상 다르게 그것을 관찰하는 사람이 있다. 이러한 것을 우리는 통찰력이라고 하며 오른쪽 두뇌가 이를 담당한다.

우리는 이런 심리학적이고 생리학적인 이유에서라도 오른쪽 두뇌를 사용하는 귀납법적인 사고를 계발시켜야 한다.

3. 귀납법적인 접근 방법의 절차

(1) 현재의 상황에서 시작하라. 현재의 상황에서부터 시작하여 영원한 보편적인 진리로 나아가야 된다. 현재의 상황에 설교자가 관심을 갖는다는 것은 사람들의 필요에 민감하다는 것을 말한다. 우리가 사람들의 현재 상황에 대해서 관심을 갖지 않는다면 우리는 그들이 삶 속에서 목말라하고 갈구하는 것을 알 수 없고 접촉도 할 수 없다. 이러한 필요에서부터 교리로 나아가는 것이다. 우리가 교리를 먼저 꺼내면 권총을 꺼내는 것과 같다. 그러므로 귀납적인 접근은 삶 그 자체에서부터 시작하여 원리로 나아가는 것이며, 사람들 간의 관계에서부터 시작하여 이상으로 나아가는 것이기도 하다. 사람들 사이에서 발생하는 고민이나 갈등에

서부터 시작하는 것이다. 또 상식적인 이야기에서 시작하여 논리적인 부분으로 나아가는 것이다. 또 상식적인 이야기에서 시작하여 해답으로 가는 것이다.

필자의 과거 설교들 가운데서 한동안 사람들의 관심을 가장 모았던 내용이 있었는데 그것은 "당신은 안녕하십니까"라는 설교였다. "당신은 원망하십니까, 당신은 질투하십니까, 당신은 미워하십니까, 당신은 분노하십니까"라는 제목들이었다.

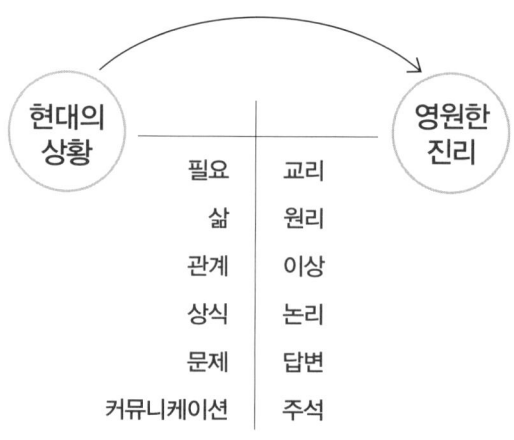

이러한 것들은 사람들이 일상적으로 가지고 있는 문제들이기 때문에 청중들이 그만큼 관심을 가지고 잘 듣는다. "당신은 최근에 누구를 미워한 적이 없었습니까?"라고 하는 질문이 가지고 있는 상황은 많은 사람들의 상황이다. 바로 이러한 현재의 상황에서 시작하는 것이 귀납법적인 접근의 시초이다.

(2) 컨텍스트(context)와 텍스트(text)의 대화를 시도해라. 사람들이 살고 있는 삶의 상황과 성서가 제시하고 있는 본문의 대화를 말하는 것이다. "다윗이 물맷돌을 가지고 골리앗을 쓰러뜨렸습니다." 이렇게 출발을 하면 청중들의 반응은 "다 알아, 다 안다니까. 주일학교 때부터 지금까지 들어온 이야기야." 하면서 귀를 막아버리고 만다. 그러나 그들이 자신들의 삶 속에서 어쩔 줄 몰라 하는 상황을 제시한다면, 그들은 어쩔 수 없이 관심을 가지고 그 설교를 듣게 될 것이다. 그리고 그와 같은 위기를 직면했던 2,500여 년 전의 다윗의 상황과 비교해서 그 당시 다윗이 그 위기를 어떻게 극복했는가를 보여주면서 우리의 문제 해결을 시도한다면 청중들의 삶이라고 하는 컨텍스트(상황)와 성서라고 하는 텍스트(본문)의 대화가 이루어지는 것이다. 다윗과 골리앗의 본문을 읽으면서 우리는 그와 유사한 우리의 상황을 읽어내야 한다. 본문의 상황이 우리 주변에서 발생하는 가장 유사한 상황으로 바꾸어 놓았을 때 본문과 우리의 상황 간에 대화가 발생하게 된다.

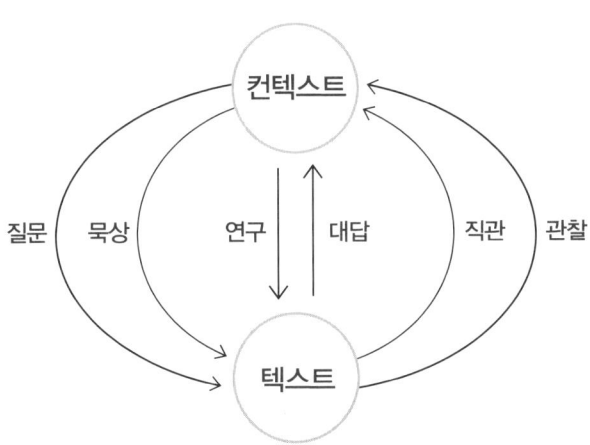

필자가 '안녕하십니까' 라는 설교를 했을 때 상당히 많은 편지를 받아보았다. 그리고는 그 편지 가운데 "다음 주일에는 질투하십니까"를 설교해달라는 내용이 있기도 했다. 필자는 설교 초기에 강해설교를 하면서 강조하는 것은 사람들의 필요를 따라가지 말고 하나님의 원리를 제시하라는 것이었다. 그러나 지금은 필자의 생각이 바뀌었다. 설교시에 하나님의 궁극적인 원리를 제시해야 한다는 생각에는 변함이 없지만, 그 원리를 가르치고 거기에 도달하기 위해서는 먼저 사람들의 필요에 민감하여 그들과 고민을 함께 나누고, 같이 동참하면서 설교를 시작해야 한다는 것이다. 청중들이 삶의 현장에서 먼저 시작하는 것이 훨씬 더 효율적이라는 사실을 필자의 목회 현장에서 거듭 발견하여 왔다. 따라서 이러한 목회 현장에서 귀납법적인 설교가 청중들의 필요를 더 채워주고 그 효과에서도 청중들의 민감한 반응을 유도해낼 수 있다고 생각하게 되었다.

컨텍스트와 텍스트의 대화를 도표로 그리면 다음(p.163)과 같다. 우리의 상황을 통해서 상황을 통해서 성경의 본문에 우리의 질문을 던진다. 이러한 상황에 비추어 볼 때 우리의 본문이 의미하는 바가 무엇일까? 그리고 텍스트가 제시하고 있는 상황과 사건을 가지고 오늘 우리의 상황을 다시 관찰한다. 그리고 우리의 상황에 비추어 본문을 묵상한다. 본문을 향한 우리의 묵상을 가지고 오늘 우리가 처한 상황을 바라볼 때 우리는 본문에서 얻은 직관을 가지고 그 상황을 바라볼 수 있다. 그 후에 가서 "아! 우리가 이렇게 하면 이 상황을 극복해낼 수 있구나." 하는 통찰력이 생긴다. 그래서 우리가 처한 상황을 염두에 두면서 본문을 연구할 수 있다.

때론 신학교 교수님들의 설교가 학문적이긴 하지만 소통에 실패하는 이유가 바로 여기에 있다고 본다. 그들은 삶의 상황을 많이 가지고 있지 못하기 때문이다. 삶의 상황이 없이 스스로 혼자 아는 이야기를 해보았자 아무런 의미를 지니지 못한다. 설교라고 하는 것은 근본적으로 고민하는 사람들에 대한 응답이어야 한다. 그다음에 텍스트에 의해서 우리의 컨텍스트에 대한 대답을 지니게 된다. 이것이 바로 텍스트와 컨텍스트 사이에서 벌어지고 있는 대화의 도식이라고 할 수 있다. 상황과 본문을 서로 대화시켜야 한다. 이러한 대화가 없이는 청중들과의 단절이 나타난다.

(3) 컨텍스트와 텍스트의 연결방법을 결정해야 한다. 어떻게 컨텍스트와 텍스트를 연결시킬 것인가 하는 문제이다. 여기에서 우리는 다시 랠프 루이스 교수의 도식을 사용해서 이를 설명할 수 있을 것이다. 설교자는 청중이 고민하고 있는 삶의 현장에서 서로 공감의 자리를 마련하고 바로 그곳에서부터 출발해야 한다. 공감의 자리에서 서론을 마련하고 결론에 이르러서는 성서라고 하는 처방을 가지고 도달해야 한다. 결론에 이르기 전에 성서가 반드시 있어야 한다.

그러나 우리가 성서의 자리에 들어가기 전에 무엇을 가지고 성서를 근거로 하는 결론에 이를 것인가? 여기에는 여러 가지 방법을 찾아볼 수 있다. 공감할 수 있는 어떤 이야기, 최근에 당신은 인생을 원망하면서 살고 있지 않으십니까? 등의 질문, 어떤 구체적인 체험, 대화적인 접근, 뉴스의 인용(칼 바르트는 설교자는 한 손에 성경을, 한 손에 신문을 가지고 있어야 한다고 말한 적이 있다. 이 말이 성경과 신문의 권위를 동등하게 놓는 것이라면 이런 입장을 거부한다. 하지만 신문에 나타난 현장의 삶이 성서를 통해서 그리고 성서에서 해답을 얻기 위한 이유라면 우리는 이 말을 받아들일 수 있다), 상상력의 전개 등이 있다.

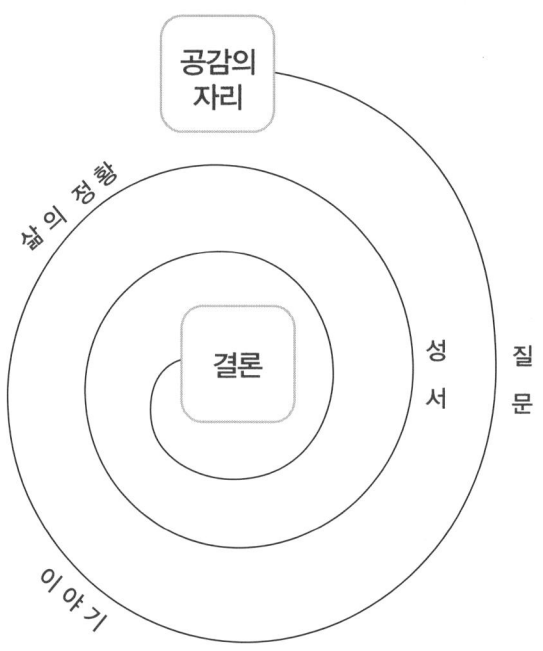

그러나 이 모든 것을 동시에 사용하라는 것이 아니라 하나나 둘 정도를 사용해서 일단 청중과의 접촉점을 확보해야 한다는 것이다. 이러한 공감대 형성이 되어진 이후에 성서의 본문으로 들어가는 것이다. 따라서 서론이 자연히 길어지는 경우가 많이 있기도 하다. 그러나 더 중요한 것은 이렇게 해서라도 청중이 설교를 들을 수 있도록 하는 공감대를 형성해야 하는 것이다. 그렇지 않다면 설교를 아무리 해도 소용이 없을 것이다. 공감대 형성을 위해 서론이 길어져야 한다면 그것은 나름대로의 이유가 타당하다고 말할 수 있다. 듣지 않는 설교를 아무리 한다 해도, 비록 그것이 성경강해라고 해도 별로 의미를 지니지 못한다. 청중들이 깨어난 후에 설교를 해야 한다는 것이다.

6장 / 설교자의 전제와 준비

> "설교자는 일종의 나룻배이다. 그는 하나님으로부터 메시지를 받아서 청중에게 전해준다. 이 상황은 설교자의 정체를 규정해준다. 하나님과 청중 사이에서 그는 과연 누구일까? 그리고 그가 그토록 전하고 싶어하는 메시지는 무엇이며, 그의 대상인 청중들의 정체는 무엇인가?"

01
설교자

1. 설교자의 역할

설교자는 누구이며 무엇을 하는 사람인가? 일반적으로 설교자는 '그리스도의 사신으로 그리스도의 말씀을 선포하는 자'라고 정의할 수 있다. 구체적으로 어떤 말씀을 선포해서 무슨 목표를 달성하기 원하는 사람인지, 그 기능은 무엇인지 알아보고자 한다.

종교개혁자 존 칼빈은 목사 또는 설교자의 사역을 세 가지 측면에서 설명했다. 그 세 가지 측면은 제사장 · 선지자 · 왕으로서의 사역을 말한다. 왕이라는 이 단어는 민주화되어가는 오늘의 시대에서 거부반응을 일으키는 단어 중의 하나인데, 가장 현대적인 개념에 있어서 왕을 어떤 신학자는 '매니저' 혹은 '리더'라고 했다.

(1) 제사장·선지자·왕. 구약성경을 보면 세 역할의 관계가 항상 양호했던 것만은 아니다. 제사장과 선지자의 관계에 있어서도 일종의 '역동적인 긴장'(dynamic tension)이 있었던 것을 볼 수 있다. 대표적인 예로 엘리 제사장과 사무엘의 관계를 들 수 있다. 선지자와 왕의 관계에 있어서도 갈등이 많았는데 사무엘 선지자와 사울 왕이 대표적인 예에 속한다.

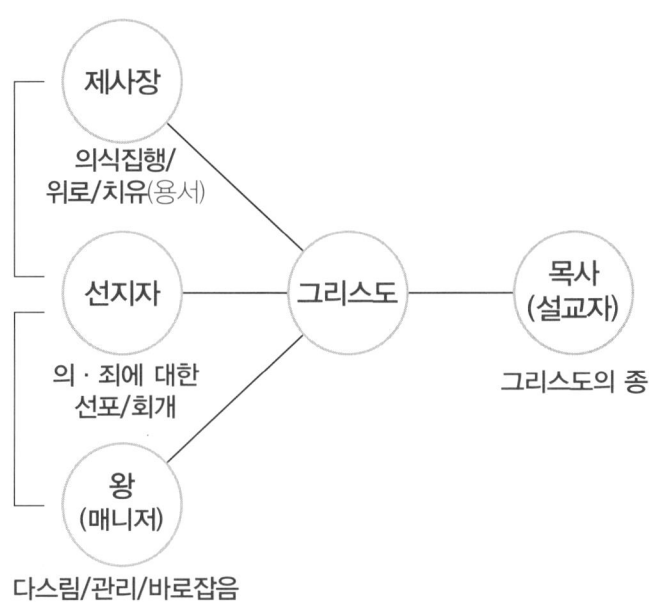

제사장의 역할로는 중보자적인 것과 의식을 집행하는 것이 있는데,

이는 현대적인 개념으로서 치유와 용서의 사역이라고 설명될 수 있다. 구약성경에서 제사장은 병든 자나, 고뇌하는 사람이나, 고난당하고 있는 사람들의 문제를 가지고 자신이 직접 하나님 앞으로 나아가서 그들의 죄를 중보한다. 또한 그들에 대한 치유의 선포가 제사장을 통해서 이루어지는 것이다. 이러한 사역을 현대의 언어로 바꾸어서 말한다면, 치유와 용서의 사역이라고 말할 수 있을 것이다.

선지자는 미래적인 예언보다 현재의 사회적 상황에 대한 진단을 내리고 평화, 의, 죄에 대하여 선포하는데 이것은 현재의 상황에 관심을 가짐으로써 가능하다. 가장 근대적 개념인 매니저로서의 왕의 역할을 다스리고 관리하는 것이다. 선지자들의 예언은 미래적인 것만이 아니라 당시의 사회에 관심을 가지고 "너희들이 … 하지 않으면 … 안 된다"고 하는 형식의 메시지였다고 보아야 한다. 그래서 어떤 학자는 그 선지자들이 미래에 다가올 예고보다는 현재의 상황에 대한 진단을 더 많이 하고 있다고 말한다.

오늘날 목사가 가지고 있는 구약성경의 왕으로서의 사역은 현대적인 개념으로 바꾸어서 말하자면, 이미 언급한대로, '매니저'라고 할 수 있을 것이다. 여기에서는 '다스림', 즉 관리하는 사역을 접근해 볼 수 있다.

(2) 설교자와 제사장·선지자·왕의 사역. 이 세 가지 역할은 '기름 부음을 받은 자'라는 그리스도, 한 개념 아래서 통일된 것을 알 수 있다. 예수님 자신이 그리스도로 오셔서 위의 세 가지 - 제사장·선지자·왕으로서의 사역을 완성하셨다. 칼빈은 오늘날의 설교자 또는 목사의 개념

을, 그리스도의 사신으로서, 증인으로서 이와 같은 제사장 · 선지자 · 왕의 사역을 함께 통일하는 사역자이어야 한다고 정의했다. 만약 우리들의 사역에 있어서 이 가운데 한 방면이 소홀해지면, 자연히 우리 사역의 균형을 잃어버릴 수밖에 없을 것이며 또 메시지 자체도 균형을 상실할 수밖에 없다. 우리의 메시지에는 제사장적인 위로와 용서의 메시지가 포함되어 있지만, 만약 선지자적인 메시지로서의 회개, 의, 평화에 대한 메시지를 상실하는 경우도 있다. 오늘날의 설교자들이 너무 청중들과 야합하다 보면 선지자적 메시지의 기능을 상실하게 된다. 반면에 우리가 늘 선지자적 메시지에 치우쳐 의를 선포하고 죄를 책망하고 회개를 선포하는 말씀에만 너무 집중하다보면, 백성들의 아픔을 공감하며 보호하고 치료하는 사역들이 전혀 등한시 될 수 있다. 이때 청중들의 반응이나 의식구조의 형성이 어떻게 될 것인가를 상상해보기 바란다.

우리가 목회자로서 교회를 이끌다 보면 자연히 교회의 경영(management)과 관련된 설교도 불가피하게 요청된다. 교회의 방향을 설정하고 교회의 미래를 설계하면서 교인들은 인도해 나가기 위한, 어떤 목표설정을 위한 관리(management)와 관련된 설교가 목회현장에서 요청될 수밖에 없다. 이런 메시지가 전혀 상실되었을 때에 교회의 모습을 상상해보기 바란다. 설교자로서 제사장적인 사역과 선지자적인 사역과 왕적인 사역을 함께 통일하는 메시지를 구성한다는 것은 상당히 중요한 작업에 속할 것이다. 설교자는 항상 '나'는 누구이며, '내'가 하는 역할은 무엇인가 생각하면서 이 세 가지 측면에서 자신의 역할을 끊임없이 진단해 보는 성찰의 자세를 가져야 할 것이다.

2. 설교자로서의 성장문제

설교자로서의 성장을 말할 때 첫째는 관계적 차원에서 말하고, 두 번째로는 영적 성숙의 차원에서 생각해 볼 수 있다. 심리학자들은 우리가 관계를 가져야 할 차원에 있어서 자기 성장을 위해 다음과 같은 세 가지 측면이 반드시 요청된다고 말한다.

(1) 내재적 차원(intra-personal dimension). 이것은 자기 자신과 관계하는 차원을 의미한다. 일종에 개인의식의 차원이라고도 말할 수 있다. 우리는 홀로 태어나고 홀로 죽어야 한다. 철저하게 자기 실존적인 개인의 차원, 즉 자기 자신과 대면하는 차원, 스스로 직면하는 차원으로서 고독의 요청이 있다. 침묵이 필요하다. "나는 나 자신을 성장시키고 발전시키기 위해서 나 자신과 얼마나 치열하게 직면하고 있는가? 나 자신을 바라보는 그 성찰의 시간이 얼마나 주어져있는가?" 내재적인 차원에서 성숙하지 못하는 사람은 결국 다른 차원의 성장도 불가능하다.

(2) 상호관계적 차원(inter-personal dimension). 두 번째 자기 발전을 위해서 우리가 꼭 염두에 두어야 할 또 하나의 관계의 차원은 상호관계적 차원이다. 내재적 차원에서 우리 자신을 언급할 때 우리는 모두가 홀로이다. 그러나 상호관계의 차원에서 우리는 절대로 홀로일 수 없다. '함께 살아가고 있다.' 시인 존 던은 이것을 이렇게 표현한다. 'No man is an island.' (아무도 따로 떨어진 섬일 수 없다. 섬은 대륙의 한 부분이다.) 함께 살고 있는 상호관계적 차원에서 우리가 얼마나 다른 사람들과 잘 관

계하며 살아가고 있는가? 이것은 설교자로서 관심을 가져야 하는 중요한 영역중의 하나이다. 결국 청중의 필요에 대해 내가 민감할 수 있다는 것은 상호관계의 차원에서 얼마나 통찰력을 가지고 사람들과 관계하고 있는가 하는 것이다.

대부분의 설교자들이 설교 준비를 하면서 고민하고, 불평하는 일 중의 하나는 심방을 너무 많이 하다 보면 설교 준비 시간을 많이 빼앗긴다는 것이다. 존 맥아더는 설교 준비를 위해서 일주일에 40시간을 보낸다고 한다. 그 얘기를 듣고 나면 자기 연민과 고민 속에 빠져버린다. 어떻게 내가 40시간을 준비할 수 있단 말인가? 필자는 처음에 존 맥아더의 얘기를 듣고 상당히 많은 고민을 했다. 그러나 그 고민을 극복하기로 결심했다.

"심방하는 시간을 꼭 설교 준비에서 빼앗기는 시간이라고 할 수 있겠는가? 결국 우리의 설교가 사람들의 고민이나 고통과 무관할 수 없는 또 그들의 문제에 대한 응답으로서의 메시지가 요청되는 것이라면, 그들의 고민이나 고통을 알기 위해서 그들과 함께 하는 이 시간 자체가 적극적으로 설교 준비에 필요한 한 시간이라고 생각할 수 없겠는가?"

그러면 그러한 시간들은 설교 준비를 위해서 낭비하는 시간이 아니다. 내가 그들과 대화하며 그들과 함께 교제하며, 그들의 아픔의 소리에 귀를 기울이는 이런 시간들이 사실은 적극적으로 설교를 준비하는 한 시간의 과정이라고 볼 때, 우리는 그 시간을 오히려 능동적으로, 적극적으로 설교를 위해 유익한 시간으로 이용할 수 있을 것이라고 생각한다. 우리는 이러한 측면에서 상호관계적인 차원을 우리의 삶에서 중요시해야 할 것이다.

(3) 초인격적 차원(super-personal dimension). 세 번째 관계의 차원으로서 이 영역은 초인격적 차원과의 관계이다. 우리는 인격들하고만 관계하고 상대하는 것이 아니라, 초인격적인, 인격을 초월한 어떤 것들과도 상대하며 살고 있다. 예를 들어 교회라는 조직은 교회에 속한 교인이라는 개인뿐만 아니라 하나의 조직체로서의 교회, 조직과 체계, 물격(物格)들로서 목회자 앞에 있는 것이다. 즉 이런 조직은 얼굴을 갖지 않은 것들이다. 목회자들은 교인이라고 하는 구체적인 인격뿐만이 아니라, 교인을 구성원으로 하는 보이지 않는 추상적인 조직을 대상으로 해서 목회를 하기도 한다. 그래서 우리는 표면에 잘 드러나지 않는 이 조직을 관리하기 위해서 메시지도 전해야 하며, 이와 같은 초인격적인 차원을 향해서 목회도 해야 한다.

필자는 목회자로서 어떤 치명적인 아킬레스건이나 하나 있다고 생각해 왔는데, 그것은 교회의 행정에 대한 것이다. 그래서 필자는 항상 행정으로부터 도피하고 싶었고, 말씀 준비와 가르치는 일에만 전념하려 했다. 그러나 목회의 시간과 연륜이 더해지면서 절실하게 느껴지는 것은 나 자신이 목회자이고 한 교회를 이끌어가는 지도자라면, 이 매니지먼트에도 결국 도피할 수 없지 않느냐는 생각이었다. "내가 목회자라고 한다면 교회가 나에게 제시하는 이 행정이라는 현실을 어떻게 피해 나가서 책임을 모면할 수 있을 것인가?" 사실 필자 역시 이 영역은 지나간 몇 년 동안 거의 다루지 않으려 했던 것이다. 그러나 최근에 교회 행정 세미나에 참석해서 강의를 듣기도 하고, 교회 내에서 발생하는 문제들을 행정적인 차원에서 어떻게 처리를 할 것인가 하는 문제에 관심을 두기 시작하자 시야가 어느 정도 넓어지기 시작했다. 그래서 과거 목회시에 구멍 뚫린 부분이 어디에 있었던가를 반성해보기도 했다. 이 차원을 목회자가 성장하기 위해서 반드시 거치지 않으면 안 되는 매우 중요한 분야 가운데 하나라고 생각한다.

3. 설교자의 영적 성장 차원

이제 우리는 동시에 신앙적인 차원에서도 영적 성숙을 요구한다. 놀만 셔쳐크(Norman Shawchuck)라는 크리스찬 매니지먼트를 전문으로 하고 있는 학자는 한 설교자 혹은 목회자가 자신의 영적 성장을 기대하기 위해서는 동시에 요청되는 세 가지 차원을 제시한다.

(1) 신비적 차원. 우리의 삶 속에는 우리의 논리나 이성으로 설명되지 않는 신비한 영역이 반드시 있다. 하나님과 나 사이에 긴밀하게 존재하는 내면적인 만남의 차원, 아무에게도 공개할 수 없는 설교자 사생활의 깊이 등이 그것이다. 내가 절대자 앞에 홀로 서는 시간을 이 신비적인 차원에 속한다. 나는 이 신비적 차원에 있어서 얼마나 성숙하고 있는가, 얼마나 자라나고 있는가?

(2) 공동체적 차원. 영적 성숙이란 자기 자신만을 키우고 성숙일 뿐만 아니라, 진정한 의미에서 공동체 속에서 다른 이들과 어떻게 관계를

갖느냐 하는 공동생활의 체험이다. 요즘 많은 선교훈련에 있어서는, 단순히 선교사 훈련의 일정한 교과목을 가르치는 일뿐 아니라, 선교사를 선교사답게 기르기 위해서는 공동생활의 체험이 반드시 있어야 한다는 이론이 강하게 일어나고 있다. 선교사들이 선교현장에서 당하는 가장 어려운 문제는 선교사들 상호간의 인간관계이다. 이것은 아주 심각하다. 한국 선교사도 예외가 아니다.

그 선교사들이 현지에서 겪은 가장 심각한 문제는 원주민들과의 관계에서 생기는 것이 아니라, 그 선교지에 같이 나와 있는 선교사들끼리의 문제이다. 공동생활의 경험이 없기 때문이다. 이런 측면에서 볼 때 YWAM이나 네비게이토 같은 선교 단체에서 홈 트레이닝과 같은 공동생활을 시키는 것은 매우 지혜로운, 우리가 나름대로 배워야 할 부분이라고 생각한다. 함께 집에서 살아본다는 것은 매우 중요한 체험을 우리에게 제공하는 좋은 기회가 된다. 우리가 함께 살아보는 체험을 할 때에 서로에게 숨겨져 있던 것이 드러나게 된다. 이러한 우리들의 약점이 드러나는 적나라한 관계 속에서 우리들의 지저분한 것들이 깎이고 다듬어지게 되는 것이다. 우리가 함께 살아가면서 사역을 할 수 있는가 하는 문제에 부딪혀 볼 필요가 있다. 우리가 팀으로 함께 하는 이 영역에서 성장하지 못한다면 우리는 영적 성장을 보장받지 못한다. 그래서 본 회퍼도 이렇게 말한다. "인간의 영성이 가장 적나라하게 드러나는 순간은 공동생활을 통해서이다."

한 사람의 진정한 성숙은 공동생활을 해보면 알 수 있다. 영적 성숙이라는 것은 개인적인 차원만이 아니라 공동체의 자원까지 포함하고 있다. 겟세마네 동산에서 홀로 살아계신 하나님을 대면하면서 기도하시던 그 예수님, 무리를 피하여 종종 한적한 곳에 가셔서 아버지 하나님과 홀로 대화하시며 시간을 보내신 그 예수님은 아버지 하나님과 홀로 대화하시며 시간을 보내신 그 예수님은 동시에 우리에게 기도를 가르치실 때 두 세 사람이 함께 모여 기도할 것을 가르치지 않았는가? 이것은 분명히 그 성장의 차원에 있어서 우리에게 공동체적 관계가 요구된다는 사실을 보여주는 하나의 웅변적 증언일 것이다.

(3) 활동적 차원. 놀만 셔쳐크는 세 번째 영적 성숙의 차원으로서 활동적 차원이 있다고 말한다. 이 활동적 차원은 우리가 구체적으로 활동하는 것을 말한다. 겉으로 드러나는 구체적인 활동은 우리 영성의 어떤 면을 나타내고 있는가? 모세가 홀로 있었던 40년간의 미디안 광야생활은 그의 신비적 차원이나 혹은 약간의 공동체적 차원의 삶이 드러나는 기간이었다.

반면에 출애굽한 후 백성을 인도하고 지도한 40년간의 공동생활을 통해서 그는 구체적인 공동체 생활이 무엇인지를 경험했고, 그 활동을 통해서 자신의 영성을 증명하는 중요한 현장에 서 있었다. 관계적 차원에서의 자기 발전을 위해서는 신비적·공동체적·활동적 차원이 있었다고 했다. 이 두 가지 견해는 동일한 것이다. 내재적 차원은 결국 신비적 차원이고, 상호 관계적 차원은 결국 공동체적 차원과 관련이 있으며, 초인격적 차원은 결국 우리의 활동에 대한 것이다. 그것은 조직 속에서의 활동과 사회 속에서의 구체적인 활동을 의미한다. 그러나 우리는 이 순서에 유의할 필요가 있다. 필자는 이 순서가 굉장히 중요하다고 생각한다.

다시 말하면 내재적 성숙, 자기 개인과의 대면 혹은 자기 안의 삶에서와 같이, 타인들은 도무지 들여다 볼 수 없는 가장 깊은 의미의 '나 자신'의 내적 승리가 없는 사람들이 어떻게 두 번째 차원-공동체적 차원, 다른 인간과 관계하는 삶-에서 승리할 수 있겠는가 하는 것이다.

이 세 가지 분야에서 여러분은 어떤 부분이 가장 치명적으로 약하다고 생각하는가? 이 내재적인 삶에 구멍이 뚫려있는 사람들, 경건의 시간을 가지지 못하는 사역자들, 하나님과의 내면적인 삶에 있어서 자기 성장을 위한, 자기 발전을 위한 시간을 전혀 갖기 못하는 사람들, 침묵을 견디지 못하는 사람들이 있다. 고독을 견디지 못하는 사람들이 있다. 혼자 있는 시간은 어쩔 줄 모른다. 그 혼자 있는 시간에 왜 기도하지 못하는가? 고독을 견디지 못하니까 다른 무엇으로 대치해야 한다. 그러니까 집에 들어가자마자 텔레비전을 켜놓고 그 앞에 주저앉아 버린다. 자기를 견디지 못한다. 고독을 인내하지 못한다.

우리가 처음에 설교자의 중요한 세 가지 역할을 이야기할 때, 제사장·선지자·왕으로서 언급했는데, 이 세 가지 역할들은 지금까지 언급하는 세 가지 차원들과 또한 밀접한 관계를 가지고 있다.

제사장의 사역은 하나님과 교통하는 사역인바, 개인적으로 절대자 앞에 홀로 서는 차원이며 이것이 바로 내재적인 차원이요 신비적인 차원이다. 선지자이기 전에, 왕으로서 군림하기 전에 우리는 먼저 참으로 제사장이어야 한다. 우리 한 사람 한 사람이 살아계신 하나님 앞에 홀로 서서 우리의 대제사장이신 그 주님으로 말미암아 하나님과 교통하며 또 하나님으로부터 은혜와 능력을 부여받고 공급받는 시간이 우리에게 참으로 있는가? 제사장, 그리고 백성들의 문제, 백성들의 고통, 백성들의 갈등, 성도들의 고난과 눈물과 고통과 아픔을 가지고 주님 앞에 나아가서 그것을 아뢰이는 일이 바로 제사장의 사역이다.

그리고 두 번째 차원, 상호관계 혹은 공동체의 삶 – 이는 선지자의 삶과 관계있는 차원이다. 선지자로서 그 백성들에게 바른 길을 가도록 제시하고, 그릇된 길을 책망하며 충고하고, 그래서 한 공동체 속에 주님의 의와 샬롬, 평화가 이루어지도록 하는 사역, 이것이 선지자의 일이다.

다음으로 하나의 조직체를 관리하는 차원, 그리고 우리의 활동은 어떤 활동인가, 무엇과 관련이 있는가 – 이것은 왕의 사역인바 매니저의 사역과 관련이 있다. 그러므로 우리는 이러한 세 가지 차원들을 다음과 같이 표현할 수 있다.

1. 제사장 → 내재적 차원 ⇨ 신비적
2. 선지자 → 상호관계적 차원 ⇨ 공동체적
3. 관리자(왕) → 초인격적 차원 ⇨ 활동적

우리는 설교자로서 이 세 가지 분야 가운데 어떤 부분이 자신의 아킬레스건인가, 가장 연약한 부분인가를 생각해 보아야 한다.

4. 설교자의 이미지

설교자는 어떤 모습(이미지)을 가져야 하는가? 이 방면에 관해 존 스토트는 「설교자 상」(The Preacher's Portrait)이라는 고전적인 책을 썼다. 이 책에서 그는 설교자의 이미지를 다섯 가지로 말했다. 그것은 청지기, 선포자, 증인, 아버지, 종이었다.

(1) 청지기적인 이미지. 이것은 두 가지로 말할 수 있다. 하나는 메시지를 관리한다는 측면에서, 즉 하나님이 우리에게 의탁하신 복음의 메시지를 관리한다는 측면에서 나는 얼마나 복음에 대한, 하나님 말씀에 대한, 신실한 청지기인가 하는 점이다. 이 말씀을 말씀답게 하나님이 의도하신 그대로 수용하고 오늘의 세계 속에 다시 재해석하여 신실하게 전달할 수 있는가? 이것이 바로 말씀과 메시지에 대한 청지기적인 모습이다.

동시에 우리는 사람들에 대한 청지기이다. 이 말씀을 받아야 할 사람들을 위한 청지기이다. 필요에 목말라 하고 있는 사람들에게 복음과 말씀을 통해 그들의 필요를 충족시켜 주어야 할 청지기라는 사실이다. 설교자로서의 나의 이미지를 생각하면서 나는 어떤 유형의 청지기인가, 얼마나 성실한 청지기였는가 하는 질문을 우리 자신에게 던져야 할 필요가 있을 것이다.

(2) 선포자로서의 이미지. 이것은 두 가지 측면에서 생각할 수 있다. 첫째는, 말씀을 설교자가 어떻게 전달할 것인가 하는 것이다. 이것은 말씀 그 자체에 관한 것으로, 선포자의 말씀 전달 방법에 관련된 사항이다.

둘째는, 말씀의 선포자로서 말씀을 받는 청중들의 수용태세를 정확하게 파악하는 그들이 내 설교를 듣고 있는지, 내 설교가 그들에게 들리고 있는지, 아무리 위대한 내용을 갖고 있어도 들리지 않고 커뮤니케이션에서 실패한다면 그 메시지는 능력을 상실할 수밖에 없다.

(3) 증인의 이미지. 증인은 구체적인 사건이나 현장에 대한 목격자를 의미한다. 다시 말하면 체험을 가리킨다. 증인에게 요구되는 것은 체험이다. 내가 그리스도의 평안과 기쁨을 체험한 사람인가? 아니면 우리는 어떻게 그리스도의 평안과 기쁨을 말할 수 있겠는가? 내 체험의 영역은 얼마나 깊은가? 또는 얼마나 넓은가? 거기에 따라 우리는 그만큼 밖에 성도들의 수준을 인도하지 못할 것이다.

증인에게 있어서 또 이 체험 의외에 증인에게 또 하나 요구되는 것은 삶과 인격이다. 우리 자신이 문제이다. '나'라고 하는 증인을 통해서일 말씀이 전파되고 있기 때문에 사람들은 '나'라는 인간 이미지에 대해서 무관할 수가 없다. 나는 어떤 채널인가? 내 삶과 인격이 투명하게 그리스도를 반영하고 있는가?

(4) 아버지로의 이미지. 여기서도 스토트는 두 가지로 말하고 있다. 사랑스런 아버지와 엄격하신 아버지가 그것이다. 설교자가 사랑하는 성도들을 애정으로 달래야 할 순간들이 있을 것이다. 그런가하면 엄격함으로 그들의 잘못을 충고하고 교정하는 메시지를 동시에 던져야 할 책임을 갖고 있다. 나는 얼마나 아버지다운 설교자로서의 이미지를 갖고 있는가?

(5) 종의 이미지. 나는 이 일을 감당할만한 능력이 있는가? 자기 관리의 문제이며 사역을 추진할 수 있는 능력이 문제이다. 또 하나는 동기의 문제이다. 내가 무엇 때문에 종노릇하고 있는가? 자기 과시가 나의 동기인가? 아니면 하나님의 심부름꾼으로, 또한 성도들을 섬기기 위한 동기에서 정말 말씀의 사역자답게 준비하고 선포하고 있는가? 이런 사실을 느끼고 실천하는 것이 바로 종의 이미지이다.

이상과 같은 다섯 가지의 이미지를 자기 자신의 모습과 부합시켜 자기 성찰의 시간을 가져야 할 필요가 있을 것이다.

5. 설교자의 준비

(1) 말씀에 대한 확신과 무장의 준비. 가정주부가 바늘에 익숙한 것처럼 나는 정말 성경에 익숙한 설교자인가? 상인이 자기 상품에 대해서 가지고 있는 확신만큼이나 설교에 대한 확신을 갖고 있는가? 설교 전달자로서의 능력에 대한 확신이 아니라, 이 말씀이 하나님의 말씀이며, 주께서 맡기신 영광스러운 복음이라는 복음 자체에 대한 확신을 갖고 있는가? 설교자의 권위는 이 말씀에 대한 확신과 비례하게 될 것이다. 성경의 영감에 대한 확신은 설교자가 전하려고 하는 메시지에 대한 확신과 비례한다. 성경의 영감에 대한 확신이 없다면 자신이 전하는 메시지라고 해도 분명한 확신을 가지기 어려울 것이다.

(2) 설교자 자신의 삶과 인격 관리. 자칫 잘못하면 설교자는 자신을 과대평가할 수 있는 가능성이 많다. 대언자라든가 예언자라는 측면을 너

무 지나치게 강조할 때 우리는 교만해질 수 있는 유혹을 받기 쉽다. 동시에 설교자 자신에 대한 과소평가도 유익하지 못할 때가 많다. 예를 들어 "주님, 저를 단지 마이크로만 사용해 주십시오." "아무것도 준비한 것이 없사오니 …"하는 식도 피해야 한다. 주님은 우리를 마이크로서보다 살아있는 한 인격체로 보신다. 내가 진실로 살아있는 한 인격체로 인격자이신 하나님 앞에 응답하여 정당하게 말씀을 전달할 수 있는 자리에 서 있는가가 중요하다.

우리는 자신을 지나치게 과소평가하여 열등감에 사로잡힐 수 있고, 그래서 설교자의 자리에 서지 못하는 연약성을 띨 수 있다. 나 자신의 많은 연약함에도 불구하고, 살아계신 하나님께서 나를 부르셨기에 하나님의 복음을 위하여 그 자리에 섰다는 그 신뢰하는 믿음을 가질 때 우리는 설교자로서의 확신을 갖고 강단에 설 수 있을 것이다.

필립 브룩스(Phillihp Brooks)라는 유명한 설교자는 설교에 대한 매우 고전적인 정의를 내린 바 있다. 그는 "설교란 인격을 통한 하나님의 진리의 전달이다."라고 했다. 진리는 설교자라는 그 인격을 통하여 전달된다. 그렇다면 내 인격의 투명성이 설교와 무관할 수 없다. 성도들이 나에 대한 최소한의 신뢰가 없을 때 비록 천사의 말을 할지라도 그 설교는 능력을 상실하고 말 것이다.

필자는 설교자에게 있어서 경건한 시간이 매우 중요하다고 생각한다. 자기 성찰의 시간이 없으면 마치 암과 같아서 나도 모르게 썩어갈 수 있다. 목사처럼 썩기 쉬운 존재가 없는 것 같다. 늘 섬김을 말하면서도 섬길 수 있는 기회를 가장 갖지 못하는 것이 목사들이 아닌가 생각된다.

늘 섬김을 받는 것에만 익숙해질 수 있다. 필자는 항상 '내가 목사가 아니라 먹사지' 하는 양심의 가책을 가지고 있다고 고백하고 싶다. 우리는 항상 섬김을 받으면서 다니는 것 같다. 나도 모르게 받는 것에 익숙해지고 있는 것이다. 이런 연약한 가능성은 우리 자신이 자성의 성찰을 통해서 경계하지 않으면 안 될 부분들이다. 자기 성찰의 시간을 통한 끊임없는 자기 관리가 참으로 중요하다.

(3) 영성 관리와 지적인 탐구. 설교자의 영성 관리에 대해서는 많은 말을 했다. 한 가지 더 언급한다면 기도에 대한 강조일 것이다. 이것은 아무리 강조해도 지나치지 않다. 설교자는 또한 지적인 탐구를 게을리 해도 안 된다. 누군가 말하기를 "설교자에게 반드시 있어야 할 방은 기도의 방과 글방이다."라고 했다. 끊임없는 지적인 탐구가 필요한 것이다. 존 스토트는 "한 설교자 서재의 풍성함은 강단의 부요함과 직결된다"는 유명한 말을 했다. 우리는 설교자로서 하나님께서 우리에게 허락하신 이 진리를 얼마나 탐구해내려고 애쓰고 있는지 자문해야 한다. 설교자로서 우리가 성경의 진리에 숙달된다는 것은 당연한 것이다.

그러나 우리는 좀더 나아가서 하나님께서 허락하신 '모든 진리는 하나님의 진리' 라는 이 말이 표현해주는 바로 그 진리들에 관심을 갖고 자신을 향상시키도록 해야 한다. 우리 설교자들 역시 이 사회에 속해 있는 한 명의 지식인으로서 사회가 어떻게 움직이며, 우리가 이 사회를 어떻게 이해해야 할 것인가에 대해서 나름대로 사회학적인 지식을 가지지 않으면 안 된다. 단순하게 신문이나 텔레비전을 통해 얻을 수 있는 지식 정도는 넘어야 한다. 또한 우리는 현대세계의 정신사적인 흐름에 대한 이해의 폭을 넓힐 필요가 있다. 현대의 정신세계가 무엇으로부터 연유한 것인지, 앞으로 정신사는 어떤 방향으로 갈 것인지에 대해서 나름대로의 지식이 요구되는 시대이기도 하다.

사회나 정신사 또는 철학이나 정치 등에는 문외한인데 성경만 정통하다고 하면 그것은 결코 자랑거리가 되지 못한다. 그러한 성경 외의 진리라 하더라도 바로 그것들이 하나님의 진리의 속한 것이라는 확신을 가지고 그 진리들이 우리의 관심 영역을 벗어나지 않도록 해야 한다. 실제로 성경은 바로 그러한 다양한 관심을 우리에게 보여주고 있다. 성경은 교리만이 아니라 역사와 정치 그리고 철학, 문학 등으로 인간사의 다양한 세계를 우리에게 포괄적으로 보여주고 있다. 이 성서의 영역에 포함되지 않는 우리 삶의 영역은 거의 없을 정도이다.

어떤 목사는 자기가 얼마나 설교 준비를 쉽게 잘 하는가를 평신도에게 자랑하며 말한다. "설교 준비요? 그냥 교회 차를 타고 가면서 딱 떠오르는 것이 있으면 설교를 할 수 있습니다."

그 이야기를 들은 집사님이 목사님에게 "아무래도 목사님 집을 멀리 멀리 옮겨야 되겠군요."라고 말한다. 그래야 설교를 준비하는 시간이 많아질 것이 아닌가? 오스틴 펠프스(Austin Phelps)라는 설교가는 이렇게 말했다. "설교자여, 인간을 알라. 그리고 책을 알라." 그것이 얼마나 설교자 자기 관리의 측면에 있어서 필요한 도전인지 알 수가 없다.

(4) 삶에 대한 성찰. 이것은 이미 귀납법적 강해설교에서도 언급한

바 있지만 성서 그 자체의 관심이 성서에만 국한된 관심이 아니다. 성경은 삶 전반에 대한 관심을 갖고 있다. 모세오경의 법률이 있고, 위생이 있고, 삶의 여러 상황에 대한 이야기가 나온다. 성경책은 교리서가 아니다. 조직신학 책도 아니다. 신론·기독론·성령론 등의 구성으로 되어 있지 않다. 성경 그 자체는 삶 속에서 태어났다. 삶의 정황 속에서 성경의 메시지가 주어진 것이다. 그리고 성경은 삶에 대한 포괄적인 관심을 보인다. 우리는 이 삶 속에 메시지를 던져야 한다. 그렇다면 우리 주위의 삶에 대해서 관심을 가질 필요가 있다.

교인들이 대표기도를 들으면서 필자가 못 마땅해 하는 기도 중의 하나는 이것이다. "하나님, 이 주일날, 주 앞에 왔사오니 이제 모든 세상 일을 잊어버리고 주님만 생각하게 하옵소서." 예배시간을 세상 일을 잊어버리는 시간만으로 생각한다. 잊어버릴 수가 있는가? 잊어버린다고 한다면 그것은 도피가 아닌가?

필자는 예배란 모든 것은 잊어버리는 시간이 되어서는 안 된다고 생각한다. 그 모든 것을 생생하게 기억하고 세상에서의 우리의 실패와 좌절과 갈등을 가지고 주님 앞에 나와서 "하나님, 이 문제에 대한 주님의 응답이 무엇입니까?" 하고 질문해야 한다. 그 응답을 찾는 시간이어야 하며 하나님과 만나는 시간이어야 한다. 대결의 시간이지 망각의 시간이 아닌 것이다.

삶을 떠나서 메시지는 있을 수가 없다. 우리는 얼마만큼 삶에 대한 통찰력을 갖고 있는가? 그런 의미에서 바르트의 다음 말은 매우 고전적이다. "당신은 한 손에 성경을, 다른 한 손에는 신문을" 이것은 성경과 신문이 동등의 권위를 갖는다는 의미가 아니라, 이 세속사에서 일어나고 있는 이 모든 사건에 관심을 가지고 이 사건에 대한 응답을 찾기 위한 태도에서 한 손에 신문을 잡는다면 그것은 필요한 일일 뿐 아니라 반드시 해야만 할 일이다. 삶 그 자체에 대한 통찰력이 참으로 필요한 것이다.

(5) 성도들의 필요를 아는 것이다. 설교자의 준비 가운데 중요한 사항 하나는 설교자가 그 설교의 대상으로 삼는 청중들의 필요를 이해하는 것이다. 우리는 설교자로서 성도들의 필요를 어떻게 이해하고 어떻게 그 필요들을 채워줄 것인가? 이 문제는 다음 장에서 더 자세하게 논의될 것이다.

(6) 설교 그 자체에 대한 준비가 있어야 한다. 지난 세기 영국 설교자들 가운데 레슬리 웨더헤드(Leslie Weatherhead)가 있었는데, 그가 죽었을 때 그에 대한 회고의 자리에서 어떤 언론인이 말했다. "국민들에게 비범한 영향력을 끼친 설교의 비밀이 무엇인가? 가난한 자와 부자에게 똑같이 영향력을 미칠 수 있었던 그의 설교, 유명한 사람이나 무명한 사람에게 똑같이 감화력을 가졌던 그의 설교, 유력한 사람이나 무력한 사람에게 똑같은 공감을 불러일으킬 수 있었던 그의 설교 비밀은 무엇인가? 나는 스무 번이나 더 웨더헤드 박사의 설교 비밀에 대해서 질문했다. 그리고 내가 얻은 대답은 하나이다. 그것은 그의 준비였다." 그 설교자는 그만큼 설교 준비에 철저했던 것이다.

강해설교의 대가였던 알렉산더 맥클라렌(Alexander Mclarlen)은 설교 준비를 위해서 일체의 사교나 회의나 연설의 기회를 사절하고 준비에 몰두했다고 하는데, 그는 이런 유명한 이야기를 했다. "설교자여, 다람쥐처럼 닥쳐올 겨울을 위해 자료를 모으고 준비하고 간직하라." 어떤 사람은 2년 하고 나니까 설교 자료가 다 떨어진다고 한다. 그 겨울이 올 수 있다. 그 황폐함이 올 수가 있다. 그 겨울이 오기 전에 좀더 시간을 내어 준비에 몰두하지 않는다면, 우리에게도 그러한 겨울의 위기가 닥쳐오게 된다는 것을 잊지 말아야 한다.

02
청중

우리는 이 장에서 청중에 대해 논하고자 한다. 설교를 설교되도록 성립시키는 세 가지 요소가 있는데, 첫째 설교자에 대해서는 이미 생각해 보았고, 이제는 청중에 대해서 생각해보고자 한다. 청중 없는 설교나 청중을 무시한 설교는 설교자의 독백에 불과하다.

1. 청중은 누구인가?

청중을 지나치게 과대평가하면 청중을 두려워하게 되고, 혹은 청중에게 아첨할 수도 있게 된다. 이것은 일종의 청중 우상화가 된다. 반대로 청중들을 과소평가하게 되면 설교자가 청중들을 조작하려는 일종의 청중의 도구화, 혹은 설교자의 메시지를 위한 수단으로 전락시킬 수 있다. 청중에 대한 성서적 인식의 자리는 결국 섬김의 자리이다. 우리가 설교자로서 청중을 인식할 때 가장 중요한 것은 청중에 대한 필요를 인식하는 것이다.

2. 청중의 필요

오늘날 많은 설교가 청중들에게 삶의 변화를 주지 못하는 중요한 원인들 중의 하나는 청중들의 소위 시급한 필요, 혹은 피부에 와 닿는 필요를 무시한 데서 온다고 생각한다. 어떤 유형의 설교이든 한 시대를 흔들고 사람들의 삶의 변화를 가져왔던 위대한 설교가들의 설교는 한결같이 청중들의 필요에 민감했다는 공통점이 있다.

(1) 청중의 필요에 민감한 설교. 포스딕(H. E. Fosdick)의 설교가는 우리가 지금 주제로 삼고 있는 강해설교와 거리가 먼 제목설교를 주로 했지만 그가 한 시대 속에서 놀라운 영향력을 끼칠 수 있었던 원인은 그가 그 시대를 겨냥한 청중들의 필요에 정확하게 대답하는 설교를 했다는 것이다. 그가 목회를 하고 있던 교회의 성도였던 록펠러(John D. Rockefeller)라는 사업가는 포스딕의 설교에 대해서 이렇게 감탄 어린 말을 하고 있다. "언제나 포스딕의 설교를 들으면서 내가 느끼는 것은 그가 어떻게 내 문제를 알고 나에게 그렇게 설교할 수 있단 말인가."

우리나라 대표적인 설교가들 가운데서도 조용기 목사나 곽선희 목사의 설교는 설교의 내용이나 신학적인 입장을 떠나서 청중들의 절실한 요구에 민감한 설교를 하고 있다는 것만은 분명하다. 그것이 그분들 설교의 효율성을 증대시키는 원인이 된다. 따라서 설교자로서 청중의 필요를 파악하는 일보다 더 중요하고 더 필요한 일은 다시없을 것이다.

그런 의미에서 필립 브룩스(Philip Brooks)는 이렇게 말한다. "모든 설교자는 마땅히 설교자이기 전에 목사이어야 한다." 목회적 관심을 가지고 있는 목사, 성도들의 삶을 돌보고자 하는 인식을 가진 목사가 되지 않고는 진정한 의미의 설교자가 될 수 없다는 것을 지적하고 있다.

(2) 매슬로우의 필요의 위계질서. 그러면 어떻게 설교자가 청중들의

필요를 민감하게 인식할 수 있을까? 이에 대한 대답을 얻기 위해 유명한 심리학자 매슬로우(Abraham Maslow)의 '필요의 위계질서'(hierarchy of needs)에 대해 살펴보자. 인간은 무엇을 필요로 하고 있는가, 그 필요에 대해서 그가 그린 유명한 피라미드가 있다.

매슬로우는 인간의 가장 기초적인 필요는
1. 육체적(신체적)인 필요라고 지적한다. 즉 먹는 문제, 휴식, 건강 욕구, 성에 대한 욕구 등이 인간이 가진 가장 기본적인 필요이다.
2. 다음 그 위에 놓여지는 필요성이 안전에 대한 필요다. 안전하게 살고 싶은 마음, 주택을 갖고 싶은 욕구, 경제적 안정, 정서적 안정, 직장의 안정 등이 여기에 속한다.
3. 다음 그 위에 있는 것은 사랑 또는 어느 단체나 어느 공동체에 소속하려는 소속의 욕구이다.
4. 다음 그 위에 있는 것이 자아존중의 필요성이다. 스스로에 대해 한 인간으로서 인정받고 싶은 욕구이다. 이 욕구가 실현되지 못했을 때, 인간은 자기 갈등을 갖게 된다.
5. 다음에 한걸음 더 나아가서 요구되는 필요는 자아실현이라고 보았다. 꿈과 야망의 실현 욕구, 성숙하고자 하는 소망, 목표달성의 욕구 등이다.
6. 그 위에 있는 필요는 앎과 지식 그리고 이해에 대한 필요이다. 삶이 무엇인가, 하나님은 어떤 분이신가, 인간의 최고의 선은 무엇인가 하는 등과 같은 지식을 알고자 하는 필요성이다.

7. 마지막으로 인간이 궁극적으로 필요로 하는 것은 심미적인 필요라고 본다. 아름다움에 대한 추구, 조화에 대한 추구가 있다. 설교자들은 아래 단계의 기본적인 필요가 충족되어야 다음 단계로 나아갈 수 있다는 사실을 기억해야 한다.

(3) 청중들의 필요와 설교. 필자는 조용기 목사와 순복음교회가 폭발적으로 성장할 수 있었던 비결의 하나는 인간의 가장 기본적인 필요인 육체적인 필요와 안전에 대한 필요에 설교의 초점이 맞추어져 있기 때문이 아닌가 생각한다. 그러니까 생존과 더불어 싸워야 하는 사람에게 인

생, 아름다움, 최고선을 말하는 것은 너무 성급한 것일지 모른다. 그렇다고 이런 필요에 대해 설교를 회피해야 된다는 것은 아니다. 기독교적인 관점에서도 성서는 분명히 신체적인 필요와 안전에 대한 필요에 대답하고 있다. 그분의 설교가 신학적으로 타당한 것이냐 아니냐를 일단 떠나서, 우리는 이러한 가장 기초적인 필요에 대한 성서적인 접근이 빈약했다는 사실을 고백하지 않을 수 없다. 우리는 종종 안타까워하고, 또 고민하고 갈등하고 있는 청중들의 물음을 회피하면서 살아왔는지도 모른다. 우리들의 설교는 종종 목표가 없이 허공을 치는 것이었을 수도 있다.

이런 예화가 있다. 예수 믿는 고등학생 하나가 전도를 하기 위해 학교에 일찍 등교하여 칠판에 하나의 문장을 써놓고 반응을 기다렸다. 그 문장은 "예수 그리스도는 해답이시다." 한참 후에 한 학생이 들어오더니 그 문장을 보고 빙그레 웃고는 앞으로 나가 그 위에 "질문은 무엇이냐?"라고 썼다고 한다. 예수님이 대답이라고 했는데, 그렇다면 질문은 무엇이냐는 말이다. 우리는 예수님이 대답이라고 소리치고 있지만, 예수님이 응답이라고 말하고 있지만 사람들이 묻고 있는 질문은 도대체 무엇인가? 무엇을 묻고 있느냐 하는 질문 그 자체를 소홀하게 다루고 있다. 이 질문에 대한 응답으로서 우리의 메시지는 그들의 삶의 현장 속에서 과연 설득력이 있는가? 따라서 청중의 필요를 파악하는 것은 매우 중요하다.

3. 청중의 분위기

청중의 필요와 함께 우리가 설교의 대상으로 청중을 인식할 때 또 하나 결코 망각하지 말고 파악해야 할 사실은 청중의 분위기이다. 우리의 청중이 현재 그들의 삶의 단계에서 어떤 분위기 속에 모여 있는가를 인식하는 것이다.

(1) 기독교 절기력에 의한 청중들의 이해. 한 설교학자는 청중의 마음을 인식하기 위한 하나의 도구로 기독교 절기력의 활용을 강조했다. 즉 '성탄절'하면 어떤 분위기를 연상하는가? 즐거움 · 선물 · 추억 · 네온사인 · 축제 · 평온 · 캐럴 · 카드 등이 성탄절이 주는 분위기이다. 우리의 성도들 가운데는 마치 성탄절 분위기 같은 삶의 단계를 지나는 사람들이 있다.

그러나 옛날 초대교회에서부터 사용되던 기독교 절기력에는 성탄절 4주전에 시작되는 강림절이 있다. 성탄절 4주전, 12월이 시작되면 어떤 분위기가 느껴지는가? 이때에는 기다림, 희망, 준비의 분위기가 있다. 성탄절이 지난 후의 절기로는 동방박사가 예수님 앞에 나타났다고 여겨지는 주현절(Epiphany)이 있다. 전통적으로 기독교 역사에 있어서 주현절은 1월 6일로 정해져 있다.

이러한 것들이 신학적으로 옳으냐, 틀리느냐를 논하자는 것이 아니다. 단지 계절의 분위기를 통해서 우리 성도들이 지금 어떤 분위기의 삶의 단계를 지나고 있느냐는 사실을 균형 있게 파악해보자는 것이다.

정월이 되었다. 이때의 분위기는 신선함 · 새 생명 · 헌신 · 기대 · 시작 · 새로운 각오 · 희망 · 목표 등일 것이다. 그다음에는 사순절이 다가온다. 정확하게 말하면 수요일에 시작해서 부활절 전날까지의 주간이다. 우리에게는 고난주간으로 익숙하다. 이 사순절의 분위기는 고난 · 죽음 ·

대속 · 절제 · 금식 · 희생 · 슬픔 · 고독 · 절망 · 피곤 등이다. 이와 같은 것들이 사순절의 분위기이다.

이 사순절이 지나면 부활절이 다가온다. 부활절의 분위기는 승리 · 영광 · 환희 · 기쁨 · 생명 · 소망 · 성취 · 완성 · 능력 등이다. 그다음에 오는 절기는 오순절이다. 오순절의 분위기로는 성령 · 수확 · 교회 · 능력 · 하나님 나라 등이 있다.

우리가 절기력에 따라서 설교해야 한다는 것이 아니라, 삶의 단계 가운데서 바로 이러한 분위기와 같은 어떤 굴곡들이 우리의 삶 속에 나타나고 있으니, 우리 설교자는 이러한 청중의 분위기에 민감하지 않으면 안 된다는 것을 강조하려 함이다. 설교는 엄밀히 말해서 그 대상을 가지고 있으며, 그 대상은 바로 청중이다. 그러므로 우리가 설교하는 사람으로서 설교의 대상을 무시한다면 그 설교는 대상을 잃어버리고 허공을 치는 것이 되고 말 것이다. 설교가 청중들의 공감을 얻기 위해서는 설교자가 분위기를 파악할 필요가 있고, 이를 통해서 그 설교는 청중들에게 호소력을 가지게 된다는 것이다.

(2) 다양한 계층의 분위기 이해. 침례교에서는 이러한 월력에 따른 어떤 절기의 의식에 대해서 관심을 별로 갖지 않고 있기는 하다. 그러나 청중들은 일 년의 사계절처럼 일 년을 둘러싼 여러 가지 변천하는 분위기를 경험하고 있다. 청중들은 연중 절기에서뿐만 아니라 오늘이라는 구체적인 삶의 현장에서도 이중 어느 한 단계에 와 있을 것이다. 어떤 사람은 기뻐하고, 어떤 사람은 슬퍼하고, 어떤 사람은 고독하고, 어떤 사람은

절망 속에 있고, 어떤 사람은 피곤해 있다. 어떤 사람은 희망을 가지고 있고, 어떤 사람은 기다리고, 어떤 사람은 준비하고 있는가 하면 어떤 사람은 낙심해 있다. 어떤 사람은 좌절해 있다. 어떤 사람은 새로운 생명과 헌신과 경배와 기대를 갖고 있기도 하다.

　이러한 다양한 계층, 다양한 삶의 정황 앞에 설교자는 민감하게 서 있어야 한다. 대개 설교자는 자신의 분위기에 빠져있을 때가 많다. 자신이 고난에 처해 있으면 매일 고통에 대한 설교만 할 수 있다. 그러나 희망과 기다림 속에 있는 사람들에게는 설교자의 설교가 지겨울 것이다. 그 사람들에게 있어서 그 교회는 영원한 사순절일 것이다. 그들에게 희망을 주는 부활절도 필요한 것이다. 우리는 청중의 분위기에 민감해야 한다. 우리는 설교에서 다양성을 가지지 않으면 안 된다. 밝은 설교를 하다가도 고난에 대한 설교를 잊지 말아야 하며, 그 후에는 또한 희망이라는 분위기가 있다는 사실도 잊지 말아야 한다. 밤낮 밝은 설교만 하면 청중들은 "우리 목사님은 팔자가 좋아서 밤낮 그런 설교만 하지. 하지만 목사님은 내 팔자를 몰라."라는 식으로 반응할 수 있다. 사순절의 사람이 있는가 하면, 부활절의 사람도 있다는 것을 기억해야 한다. 일 년 치의 설교 방향을 정할 때 여러 계층을 포함하는 설교의 균형도 필요하다. 유식한 사람과 무식한 사람, 남자와 여자, 젊은이와 노인, 가정과 독신자들과 같은 다양한 청중들의 필요 앞에 민감해야 한다.

　(3) 필자의 경우. 필자는 가정생활 세미나도 하기 때문에 설교시에 가정에 대해서 강조를 많이 하는 편이다. 그런데 얼마 전에 한 교인이 와

서 이렇게 말했다. "목사님, 저는 이 교회에 할 수 없이 나오고 있습니다. 목사님은 밤낮 가정을 강조하시는데, 저는 가족이 없는 독신이잖아요." 독신자들의 필요에 대해서 필자가 민감하지 못했다는 사실이 절감되어 오는 순간이었다. 그래서 '독신을 위한 설교'를 계획한 적이 있다. "가족들은 손을 잡으십시오."라고 하게 되면 가족이 없는 사람들은 그 설교에서 소외되고 마는 것이다. 우리의 설교는 다양한 청중이 그 대상이라는 사실을 염두에 두어야 한다.

4. 청중에 대한 접근방식

아리스토텔레스의 세 가지 접근방법을 소개하고자 한다. 아리스토텔레스는 웅변을 할 때 접근해가는 방법에서 세 가지를 강조했다. 첫 번째는 지적, 두 번째는 감성적, 세 번째는 의지적 접근을 제시하고 있다.

(1) 지적인 접근방식(Logos). 지식과 정보를 전달하고, 알아야 할 것을 소개하는 접근방식이다. 필요한 접근이다. 그러나 이것만 가지고는 안 된다. 이것이 설교의 유일한 형태나 목표가 되어서는 안 된다.

(2) 감성적 접근방식(Pathos). 인간에게 지식보다 훨씬 강렬한 것이 감정이다. 이것을 무시하면 안 된다. 우리가 올바른 소리를 하면 "네 소리는 옳지만, 내 자존심을 상처 냈어, 난 네 말 안 들어."라고 할 수 있다. 감정의 교류에서 실패하고 있기 때문에 그렇다.

필자가 오래전 여의도침례교회에서 부흥회를 인도하고 순복음교회 앞에 있는 호텔에서 묵은 적이 있었다. 집회를 마치고 시간이 늦어 호텔에서 잠을 자려 하는데, 때가 마침 금요일이었던지 교인들이 물밀 듯이 교회로 밀려오고 있었다. 궁금증이 나서 신발도 제대로 못 신은 채 어슬렁어슬렁 교회 가까이 가서 사람들이 오는 것을 살펴보면서, 어디 뒤에 나 앉아 있을까 싶어 자리를 찾는데 자리가 전혀 없었다. 그래서 앞쪽으로 가 자리를 찾아보았지만 거기서도 자리를 찾지 못하고 그대로 서서 설교를 들을 수밖에 없었다. 그때에는 조용기 목사님도 안 나오셨다. 어떤 부목사님이 설교를 하시는데 그렇게 효율적이거나 탁월한 설교는 아니었다. 그런데도 아우성을 치는 저 사람들의 절규와 흥분은 도대체 무엇일까? 이 물음 때문에 밤잠을 설친 적이 있었다.

그러나 분명한 사실은 그분의 그 설교가 우리에게 합당한 지식이나 내용을 전달해주지는 못했지만, 그 분위기나 그 전체의 상황이 사람들의 감정을 풀어내고, 그들은 서러움과 아픔들을 씻어내고 있었다는 것이다. 그들은 바로 그곳에서 자신들의 서러움과 눈물을 쏟아낼 수 있는 장소를 바로 그곳에서 찾아낸 것이라 할 수 있다. 그들은 바로 거기서 통곡을 하면서 고통을 쏟아내고 있었던 것이다. 우리의 설교는 이러한 사람들의 감정적인 씻어냄까지도 포용할 수 있어야 한다. 그러한 청중들의 아픔과 서러움과 눈물들이 이미 목회자의 영역 내에 깊숙이 들어와 있기 때문이다. 우리는 이 사람들의 눈물을 외면하지 못한다.

(3) 의지적 접근방식(Ethos). 그러나 실컷 울었다고 해서 다 되는 것은 아니다. 울었다고 해서 회개가 아니다. 아리스토텔레스가 청중에 대

한 접근에 있어서 에토스를 강조한 것은 지극히 당연하다. 결국 삶의 변화를 창출해내야 한다는 것이다. 설교자는 의지적 접근을 통해서 청중들의 행동방향을 분명히 제시하지 않으면 안 된다. 무엇을 해야 할 것인가를 우리는 말해야 한다. 그러나 이것은 순서가 매우 중요하다.

순서에 있어서는 지식에서 시작해서 감정으로, 그다음에 의지로 나아갈 수 있고, 감정에서부터 시작해서 지식을 통해서 그다음에 의지로 나아갈 수 있다. 그러나 궁극적으로는 마지막에 의지가 움직여서 "내가 내일부터 이렇게 살아야지" 하는 결단으로 인도하지 못한다면 그 설교는 여전히 허공을 친 것이라 생각할 수밖에 없다. 그러므로 청중들에 대한 접근방식을 우리가 유의해야 한다.

03
설교

설교를 성립시키는 세 가지 요소는 설교자, 청중, 설교다. 여기서는 특별히 설교의 효율성을 중심으로 말씀드리고자 한다. 설교는 설교자, 청중, 본문이라는 세 가지 요소가 조화를 이루어야 훌륭하게 탄생된다. 따라서 특별히 설교의 효율성을 중심으로 어떤 설교가 효과적인가, 어떤 설교가 정당한가를 다루며 정당한 설교의 특성을 살펴보고자 한다.

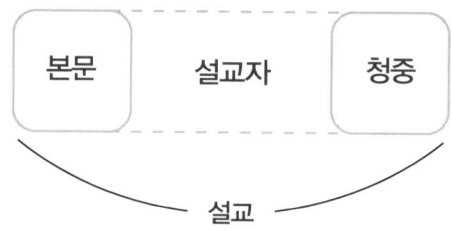

1. 성서에 대한 성실성

본문에 대한 성실성이다. 적어도 강해설교적인 안목, 하나님의 말씀을 말씀으로(딤후 3:14-17; 살전 1:5) 설교하려는 의도와 전제를 가진 설교자에게 있어서 이 성경에 대한 성실성은 대단히 중요한 것이다. 성경을 한 구절 읽어놓고 마음대로 자기 소리를 한다든지 하면 그것은 설교자의 성실성을 의심케 하는 사건이다.

강해설교에서 '본문'에 대한 성실성은 아무리 강조해도 지나치지 않다. 만약 설교자를 하나님 말씀의 전달자로 정의하는 일에 동의한다면, 설교자의 첫 번째 책임은 메시지에 대한 책임이요, 메시지에 대한 책임 있는 전달이라고 생각할 수 있다. 그러나 오늘날에는 하나님의 이름으로 행해지는 비성서적 설교가 너무 많이 존재하고 있다.

2. 창조성

설교가 창조적일수록 사람들에게 호소력이 강하다. 필자가 말하는 창조성이란 창세기 1장 1절의 무에서 유를 창조한다는 창조가 아니라 창조된 재료를 근거로 새롭게 다른 방법으로 사용하여 창조주의 영광을 드러낸다는 의미에서의 창조적이라는 말이다. 인간은 하나님을 닮아 창조적 존재로 지어졌다. 그것은 하나님처럼 창조할 수 있다는 말이 아니라 모방적이기는 해도 어느 정도 하나님을 닮은 창조성을 가지고 있다는 것이다. 사실 피조된 인간에게 하나님이 제일 먼저 부여하신 작업은 "이름을 지으라"는 창조적 사업이다. 이름 짓기란 창조성이 없이는 수행될 수 없는 일이다. 아담과 하와의 첫째 날은 얼마나 창조적 사고가 필요한 날이었을까?

우리의 연설이나 설교가 진부해지는 가장 중요한 이유는 매너리즘 때문이다. 이 매너리즘을 극복하는 길은 창조성의 회복이다. 설교에 "창조성"을 어떻게 적용할 수 있을까?

(1) 본문(text)의 정황(context)을 창조적으로 재구성하는 일이다. 성경에 있는 사건은 옛날에 한 번 있었던 일이다. 그러나 오늘 우리가 이해

할 수 있는 언어로 그 옛날의 상황을 어떻게 창조적으로 재구성하느냐가 과제이다.

필자는 시간이 있으면 다음과 같이 낙서하듯 적어본다. 나아만 장군이 엘리사 선지자한테 나병을 고쳤다. 이것이 오늘의 성도들에게 무슨 의미가 있을까? 그러나 사람들은 난치병, 난치의 문제들을 가지고 치유를 기대하면서 교회에 나온다. 엘리사가 자기를 인정해 주지 않고, 바깥 문까지 마중 나오지 않았다는 사실 때문에 하마터면 나아만은 자기의 발걸음을 돌이킬 뻔했다. '목사가 나를 무시했어.' 그래서 그 하나의 이유 때문에 교회에서 발걸음을 돌리고 있는 성도는 없는지. 그러나 나아만에게 있어서는 엘리사가 자기를 알아주느냐 알아주지 않느냐의 문제보다도, 자신의 나병을 고칠 수 있는 처방이 있느냐 없느냐 하는 사실이 훨씬 더 중요한 물음인데, 적어도 그 물음에 대한 대답은 주어져 있었다.

'요단강에서 씻으라.' 해답이 분명히 주어졌음에도 불구하고, 그 해답보다도 엘리사가 나를 어떻게 다루느냐에 관심이 많았던 나아만. '인간이 어떻게 구원받느냐' '삶이 어떻게 새로워질 수 있는가' - 이 메시지가 분명히 성경을 통하여 나에게 선포되어졌음에도 불구하고 오늘의 성도들은 '목사가 나를 알아주는가, 집사가 나를 알아주는가, 장로가 나를 알아주는가' 의 여부에 더 많은 신경을 쓰고 있는 것이다.

이렇게 핵심을 맞추면 그 텍스트는 오늘 현재를 위한 살아있는 테스트가 된다. 이것이 바로 본문을 창조적으로 다시 구성하는 작업이다.

(2) 본문을 청중의 삶에 창조적으로 연결시키는 작업이다. 본문 자

체를 재구성한 다음 청중들의 삶에 창조적으로 연결시키는 작업을 말한다. 본문의 역사적인 정황을 오늘날의 기준에 비추어 재구성한 다음 이 본문을 또 다시 청중들의 삶의 구체적인 상황을 염두에 두고 재구성하는 것이다. 이것은 논리적인 작업이 아니라 상상력과 창조성이 요구되는 작업이다. 설교자는 청중들의 삶이 어떠한가에 대해서 많은 관심을 가지고 있어야 이런 재구성을 할 수 있다. 청중들과 접촉이 없이 단순히 성경본문만을 대할 때, 성경의 상황을 오늘날 청중의 상황으로 변형해서 재구성하는 일은 가능하지 않다.

(3) 설교자 자신의 삶을 창조적 재료로 사용하는 일이다. 설교자는 자신의 삶을 자신의 설교 재료로 사용해서 실례를 들 수 있을 것이다. 그런 의미에서 가장 명백한 설교의 예화는 설교자 자신이다. 때문에 설교자들은 그들의 가족을 설교의 예화로 사용하기도 하는 것이다(가족들의 동의가 필요할 수 있다). 설교자는 자신의 가족관계에서 설교의 가능성을 많이 찾아볼 수 있다. 설교자 자신이 하나님의 말씀을 자신의 삶 속에 이루어보려고 노력할 때 그것은 말씀에 대한 창조적인 근거로 설교에서 제시될 수 있다. 말씀을 삶에서 이루려고 해 본 자신의 체험은 매우 강렬한 예화가 된다. 또한 자신의 삶에 대한 통찰력을 가지고 반성에 의해서 설교 자료로 원용해서 사용할 수도 있다. 그러므로 이런 재구성은 창조적인 작업이고, 오른쪽 두뇌의 역할이며 귀납법적인 접근이다.

3. 다양성

설교의 정당성과 효율성을 말할 때 또 하나 지적해야 할 것은 다양성이다. 어떤 사람은 매일 신약이나 구약 한 가지만을 편중되게 설교하기도 한다. 필자는 연속 강해설교 중에는 한 번은 신약에서, 다음번에는 구약에서 설교를 한다. 교인들이 폭넓게 성경을 접촉할 수 있도록 하기 위함이다. 어떤 설교자들은 밤낮 교회 내부의 문제에만 매달려 있다. 그들은 교회 내에서 봉사를 해야 한다, 충성을 해야 한다, 제자 양육을 해야 한다 등으로 교회 내부의 관심에서 벗어나지 못하고 있다. 그러나 지혜로운 정치가들은 내부의 문제가 복잡해지면 외부로 국민들의 시선을 돌리게 한다. 내부에 문제가 있을 때 내부의 문제만 다루게 되면 더 시끄러워진다. 이럴 때 세계선교의 기치를 들고 그들의 시선을 바깥으로 돌리게 할 수도 있어야 한다. 그들이 자신들의 시간과 몸을 던져야 할 더욱 더 시급하고 중요한 문제에 관심을 갖도록 하는 것이다. 교회 내부의 사역과 교회 외부의 사역의 밸런스, 이것은 목회와 설교 구성에 있어서 매우 중요한 것이다.

어떤 설교자들은 밤낮 해외선교만 강조한다. 그러면 교인들은 "우리 교회는 어찌하라고요." 한다. 어떤 설교자는 밤낮 교리적 설교만 한다. 그렇게 되면 그 이론적인 데에 교인들이 지겨워한다. 그렇다고 해서 항상 생활에 대해서만 설교를 하다 보면 우리가 무엇을 믿는지 명확하게 드러나지 않는다. 신앙의 감각이나 신앙의 기둥이 없게 된다. 교리와 삶의 조화가 있어야 한다. 구원파도 아니면서 밤낮 구원, 구원하기도 하며, 어떤 사람은 늘 구원 이후의 삶에만 관심을 기울인다. 국내전도와 해외

선교를 적절하게 균형감각을 가지고 분배할 필요가 있다.

그러므로 우리는 우리의 설교가 한쪽으로 치우쳐서 적절한 균형을 상실하지 않도록 유의해야 한다. 물론 목회자가 강조점을 가지고 있어야 하겠지만 그것을 전면에 내세우고 교인들에게 항상 강조한다는 데 문제가 있는 것이다. 다양성이 결핍된 설교는 교인들을 지겹게 만든다.

4. 시대성

(1) 설교와 하위문화. 존 스토트는 복음주의자들에게 충고하기를, 그들이 너무 지나치게 '복음주의적 하위문화'(evangelical subculture)의 지배하에 있다고 지적한다. 즉 윤리적인 설교를 한다는 것이 기껏 "술 마시지 마라." "담배 피우지 마라."라는 것이다. 그러나 정말 기독교인들이 다루어야 하는 시대적인 윤리 문제의 전부가 술, 담배인가? 핵 문제나 환경문제에 대해 설교해 본 적은 있는가? 미국의 고등학생, 대학생들에게 "당신들은 무엇을 가장 두려워하십니까?"라는 제목으로 설문 조사했더니, 1위가 '핵 전쟁'이었다. 한국에도 그때가 올 것이다.

사회정의에 대해서 촉각을 날카롭게 세우고 있는 우리의 젊은이들에게 이 시대의 이 상황 속에서 성서를 통해 사회정의가 무엇인가 제시해 본 적이 있는가? 또한 흔들거리는 가정의 문제에 대해 우리의 설교는 얼마나 접근해 보았는가? 이혼은 이제 강 건너 다른 나라의 문제가 아니다. 우리의 문제로 현실속에서 자리잡았다. 미국은 두 쌍의 부부 중 한 쌍은 반드시 이혼한다. 우리 사회에도 그 자리에 서있게 되었다. 이제 이혼한 사람이 이혼하지 않는 사람보다 더 많이 교회 안에 들어와 있는 상황에 접근하고 있다. 이혼에 대한 기독교인 삶의 시각과 자세 문제에 대해 얼마나 설교해 보았는가?

세계 평화에 대해 얼마나 설교를 하고 있는가? 6 · 25에 대해 설교를 하지만 전쟁에 대한 기독교인의 시각에 대해 얼마나 설교를 하고 있는가? 필자가 과거에 시무한 교회에서 가장 많이 보급된 설교 테이프의 하나는 6 · 25 예배 때의 설교였다. "하나님은 왜 전쟁을 허용하시는가?" 이것은 그만큼 교인들이 그 주제에 대해서 관심을 가지고 있다는 사실을 보여 주는 것이다. 오늘의 젊은이들은 기독교 세계관에 관심을 가지고 있다. 신앙이 성숙하고 신학적 소양이 깊어질수록 하나님 나라에 대한 관심이 높아간다. 얼마나 하나님 나라에 대해 설교를 하는가?

존 스토트가 말하는 핵심은 바로 이것이다. 소위 하위문화에 속하는 아주 시시한 술, 담배 문제에 대해서는 열을 올리지만 그보다 더 근본적이고 더 중요한 윤리적인 문제에 관해서는 전혀 관심을 갖지 않고 지나가고 있다는 주장이 아닌가? 존 스토트는 이러한 기독교인들을 가리켜 '복음적 바리새인' 들이라고 말했다(마 23:23-24).

(2) 현대 사회문제와 설교. 복음주의 설교가들이 이러한 현대적 문제들을 회피하는 중요한 이유는 어쩌면 우리가 확신 있는 대답을 제공하기 어렵기 때문인지도 모른다. 어떻게 하는 것이 확실한 대답인지 몰라서 다루지 않을 수도 있다. 그러나 존 스토트는 이렇게 충고한다. 우리가 대답을 제공할 수 있다는 사실보다 기독교인으로서 이것을 함께 고민할 수 있는 진지한 자세를 보여주는 것이 중요하면, 현대 사회에서 우리에

게 도전해오는 문제들을 바라볼 수 있는 기독교적 사고의 틀을 제공할 필요가 있다는 것이다. 결론에 대해서 교인들이 동의를 하지 않아도 된다. 그러나 이것을 함께 고민하고 모색하는 태도 그 자체가 중요한 것이다. 그것은 우리 교인들을 생각하는 교인으로 만드는 중요한 기회다.

성경은 바람직한 그리스도인의 상을 말하면서 베뢰아 교인들을 지적하고 있다. 베뢰아 교인들의 특성은 "과연 그것이 그러한가하여 날마다 성경을 상고"(행 17:11)하는 것이었다. 말씀을 들었을 때 그대로 지나친 것이 아니라, 그런지 어떤지 다시 성경에 그것을 비추어 보았던 이 비판적인 사고, 이것이 성도의 성숙이라 생각한다.

필자는 자신의 설교에 대해 교인들이 동의하지 않고 "목사님의 설교에 대해 저는 이렇게 생각합니다."라고 말하는 것이 위대한 일이라고 생각한다. 그것은 우리 교인들이 생각하고 있다는 증거이다. 그만큼 성경을 붙들고 씨름하고 있다는 증거이다. 얼마나 바람직한 일인가? 자신의 설교에 무조건 '아멘' 한다고 해서 바람직한 것만은 아니다. 그것은 일종의 우민정책이다. 이것은 '평신도의 병신도화'에 불과하다. 설교자의 설교에 교인들이 '아멘' 하지 않아도 상관이 없다. 그만큼 동일한 문제를 가지고 고민하고 씨름하고 갈등하고 있다는 사실 자체를 필자는 바람직한 것이라고 생각한다. 이러한 생각에 동의하지 않을 목사님들이 많이 있으리라고 한다.

스토트는 이렇게 말한다. "목자는 양들에게 사실상 음식을 가려먹이는 것이 아니다. 목자의 책임은 다만 풀밭으로 인도할 뿐이다." 그다음에는 양들이 뜯어먹는다는 것이다. 어차피 싫은 것은 교인들이 안 받아

먹는다. '아멘' 하고 나서도 뱉어버린다. 시대성과 시대적 감각을 가지고 우리의 설교가 고민하는 시대의 문제들을 얼마나 진지하게 다루느냐에 따라 설교의 생동감에도 영향을 준다.

(3) 사회 한복판에서부터 나오는 설교. 필자도 얼마 전까지 이런 문제에 관심이 없었으나, 이런 문제에 관심을 가지고 설교에 초점을 맞추기 시작하자 교인들이 살아나고 더 열심히 들었다. 그래서 현장을 무시할 수 없다는 실감을 갖게 되었다. 우리가 여기서 시대성을 강조하는 것은 비단 정치적인 이슈만을 말하는 것이 아니다.

이 시대가 고민하는 전반적인 모든 문제들을 포함해서 말하는 것이다. 그러나 정치도 역시 우리 설교자들의 고민 가운데 하나가 되어야 한다고 생각하다. 필자는, 정치가 삶의 변두리에 있는 외딴 이야기가 아니라 삶의 한복판에 있는 이야기라면, 하나님도 역시 정치에 관심을 가지고 계시다고 믿는 사람이다. 또한 우리는 술, 담배 문제만 아니라 인터넷으로 인한 성적인 타락 등과 같이 우리 사회에 두드러지게 나타나고 있는 문제들에 대해서도 분명하게 설교해야 한다고 생각한다. 이제 이런 문제들에 대해서 우리 설교자들은 교회를 통해서 예언자적인 음성을 내보내야 한다고 본다. 이젠 술, 담배가 문제가 아니다.

5. 실제성

얼마나 이것이 적용될 수 있는 것인가? 실천의 문제이다. 오늘을 사는 우리 성도들과 이것이 참으로 관계가 있는가? 보수주의자는 성서의 본문을 강조한 나머지 삶의 정황을 무시하는 경향이 있다. 반면에 자유주의자는 삶의 정황을 강조하는 대신 성서본문을 상실할 위험성을 가지고 있다. 이 두 가지는 양자택일의 문제가 아니라 상호보완의 문제로 생각해야 한다.

그런 의미에서 독일의 설교신학자 톨룩크(Tholuck)는 "설교는 하늘을 아버지로, 땅을 어머니로 소유해야 한다."고 말했다. 하늘이라는 하나님의 세계에 대한 신적 강조와 함께 지극히 인간적인 감정, 세속성의 문제, 현실성의 문제, 지금 여기서 벌어지고 있는 구체적인 삶의 정황 속에 관심을 가져야 한다는 것이다.

설교는 그만큼 실천성이 있어야 한다. 일반적으로 영국 사람들의 설교는 매우 이론적이긴 하나 실제성이 부족하다. 반면 미국 사람들의 설교는 매우 실제적이지만 논리가 약하고 성서적 근거가 빈약하다. 그러나 이 두 가지는 다 필요하다.

| 필자 자신의 설교 준비 과정에 대해서 |

1. 본문을 여러 번 읽어 친숙해진다. 필자는 설교 준비를 위해서 월요일 아침이 되면 우선 본문을 선택한다. 수요일까지 그 본문을 계속해서 읽는다. 시간이 나면 나는 대로, 여유가 나면 나는 대로 계속해서 여러 번에 걸쳐서 읽도록 한다. 그래서 본문을 중심으로 해서 전후 문맥에 이르기까지 계속 읽어서 그 본문에 아주 친숙해지도록 한다. 이렇게 읽는 가운데서 대지까지 어느 정도 구상하도록 한다. 수요일은 예배의 설교 때문에 시간적인 여유가 없으므로 목요일 아침에는 책상에 앉아서 설교의 형태를 어느 정도 구성하도록 한다.

설교 골격의 원리에 따라서 일단 기록을 하도록 한다. 설교제목, 본문요약, 설교명제, 설교목표, 대지, 설교의 서론과 결론을 각각 두 문장 정도로 써본다. 목요일 아침의 이 단계에 이르기까지 필자는 단 한 권의 주석도 읽지 않으며, 어떤 분의 설교도 읽지 않는다. 설교의 주요 메시지와 골격만은 나와 하나님 사이에서 묵상을 통해 이루어지는 것이다.

2. 골격 이후의 자료이용. 골격이 세워진 이후부터는 내가 가지고 있는 모든 것을 동원하여, 주석이든 다른 사람의 설교이든, 자료집들이건 간에 여러 가지 자료들을 다 이용하여 설교를 구성

한다. 그러나 이 작업은 내 설교의 기본 골격과 구조가 이루어진 다음에 하는 일이다. 이러한 원칙을 정한 이유는 설교의 독창성을 살리기 위해서이다.

그래서 필자의 경우는 주일 설교에 설교의 강조점을 두고 다른 예배 설교에는 그다지 강조점을 두지 않는 편이다. 주일이 아닌 경우는 성경연구를 활용하는 성경공부식 설교를 하는 편이다(수요설교). 주일 설교는 30분 이내이다. 설교 시간이 40분이라면 너무 길지 않을까 하고 생각한다. 설교자가 자신의 설교에 도취되어 청중들이 은혜를 받는지 마는지 알지도 못하는 것처럼 설교는 길게 하면 길게 할수록 청중들과 공감대를 무너뜨리는 것이 되고 만다. 자기 통제가 필요하다.

새벽설교의 경우는 주로 QT 나눔을 함으로 주일설교에 집중할 수 있다.

많은 설교를 하다 보면 설교의 질은 떨어질 수밖에 없다고 본다.

7장 / 설교의 형성과 전달

"설교는 하나의 커뮤니케이션이다. 이 때문에 설교는 그 대상이 있고 그로 인해서 설교자는 여간 꼼꼼하지 않으면 안 된다. 설교 작성에서 서론은 이제 귀납법적 강해설교라고 하는 범주 안에서 새로운 역할을 한다. 또한 결론과 예화 등의 설교 구성 요인들이 청중을 염두에 두고서 새롭게 그 이해가 시도된다."

01
설교 작성의 단계

1. 본문 선택과 읽기

제리 바인스(Jerry Vines)라는 설교가는 이런 말을 했다.

1. 읽어서 본문에 대한 인상을 얻으라.
2. 생각해서 개요를 얻으라.
3. 묵상해서 분석하라.
4. 땀을 흘려(연구하여) 본문에 대한 진정한 이해를 얻으라.

이 모든 것의 시작은 본문의 읽기에서부터 시작된다.

(1) 본문선택. 본문을 선택할 때 강해설교가들은 일반적으로 단락에 의존한 선택을 가장 좋은 선택으로 장려한다. 그러나 꼭 거기에 메일 필요는 없다. 무리만 하지 말고 설교에 편리한 대로 선택하면 된다. 달라스의 제일침례교회의 위대한 설교가인 크리스웰(W. A. Criswell)은 "한 절을 가지고 설교를 할 수 있다면 한 절만 가지고 하라. 두 절을 가지고 만들 수 있으면 두 절을 사용하라. 열 절을 가지고 만들 수 있다면 열 절을 사용하라. 한 장을 가지고 설교를 만드는 것이 필요하다면 한 장을 가지고도 설교를 할 수 있다."고 했다.

그러므로 가장 이상적인 본문 선택은 한 단락을 선택하는 것이지만, 거기에 구속될 필요는 없고 필요에 따라서 한 절, 두 절 혹은 다섯 절, 한 장씩 선택해도 상관없다.

(2) 읽는 것. 읽는 일에서부터 설교 작성이 시작된다. 누군가 말하기를 읽지 않는 성경은 읽지 않는 연애편지와 같다고 했다. 그것은 마치 파보지도 않은 광맥과도 같다. 읽지 않은 지도가 우리에게 무슨 유익을 줄 수 있겠는가? 사용하지 않는 검이 전쟁터에 무슨 필요가 있겠는가? 읽지 않는 성경은 이러한 비유에 적절하다고 할 수 있다. 읽어야 한다!

캠벨 모간은 설교를 위해 성경본문을 반복해서 읽으라고 한다. 본문만 읽지 말고 본문 전후의 문맥을 반드시 읽어야 한다. 필요하다면 한 장을 읽고 그래도 이해가 불가능하다면, 시간이 허락되는 대로 여러 장 읽으라. 한 책을 읽어도 좋다. 여러 번역을 비교하면서 읽으면 더욱 좋다. 원어 해독이 가능하면 원어 성경도 보고 불가능하면 대조성경

(interlinear)을 통해서 볼 수도 있다. 헬라어와 히브리어를 한국어와 대조해서 읽으면 좋다.

| 성경 읽기에 있어서 몇 가지 중요한 원칙들 |

1. 기도하며 주의를 기울여서 읽도록 해야 한다. 성경을 읽는 데는 성경의 저자이신 성령님과 의논을 해서 읽어야 한다. 주의를 기울이지 않는 성경 읽기는 별로 가치가 없다고 생각한다. 필자는 성경을 몇 십 번, 몇 백 번 읽었다고 하는 것을 그다지 자랑으로만 생각하지 않는다. 때로 이런 태도는 오히려 자만심만 키울 수 있다(물론 성경통독의 필요성을 부인하지는 않는다). 더 중요한 것은 한 문장 한 문장에 주의를 기울여서 정성을 가지고 이해하며 읽어야 한다는 것이다.

2. 우리는 말씀을 읽을 때 순종하는 자세로, 우선 자신에게 적용하려는 자세로 읽어야 한다. 본문을 읽을 때 설교자가 먼저 은혜와 축복을 받도록 해야 한다. 먼저 나에게 말씀하시는 하나님의 음성을 들어야 한다. 옛날 선배들은 이것을 '거룩한 독서'(Lectio Divina)라고 불렀다.

3. 어떤 분들은 경건의 시간과 설교 준비는 다르다고 주장한다. 설교만을 위해서 성경을 읽는 것은 단순히 설교 준비시의 성경 읽기이기 때문에, 자신이 말씀으로부터 은혜를 받기 위해서는 따로 시간을 내어서 성경을 읽어야 한다는 생각이다. 필자도 한때 이렇게 생각을 했다. 그러나 목회의 바쁜 일정으로 인해서, 이 두 가지를 분리하기가 힘들다는 것을 발견하게 되었다. 본문을 묵상할 때 설교 준비만을 위해서가 아니라, 그 말씀으로부터 은혜를 받고자 하는 태도를 가지고 경건의 시간에 축복을 받게 되어 그 메시지를 설교화한다면, 이것을 너무 잘못된 것이라고 비난할 필요가 없다고 생각한다.

4. 중요한 강조점과 중심사상을 파악하려는 의도를 가지고 읽어야 한다. 더욱 중요한 것은 '한 가지 중요한 설교의 아이디어'를 포착하기 위해 애쓰라는 것이다. 결국 많은 생각들을 다 설교에 사용할 수는 없다. 한 가지 중요한 생각을 전하면 된다.

5. 개요를 생각하면서 읽으라. 이 개요는 본문의 중심 기둥이 된다. 개요는 본문을 한두 번 정도 읽어서는 포착되지 않는다. 여러 번 주의를 기울여서 읽어야 줄거리가 나타나고 개요를 구성할 수 있다.

(3) 들을 것(묵상). 린더 켁(Leander Keck)은 우리가 성경을 읽을 때, 성경을 읽을 뿐만 아니라 '성경을 들어야 한다.'고 한다. 그는 이것을 '제사장적인 들음'(Priestly listening)이라 했다. 이것은 성경의 메시지를 통해서 하나님의 음성을 들을 때, 나 개인의 관점에서만 듣지 말고 청중들의 관점에서 그 말씀을 들어보라는 것이다.

설교자는 궁극적으로 청중들의 입장에서 설교하는 것이라면, 청중의 입장에서 청중을 대신하여 본문을 읽고, 청중을 대신하여 그 메시지를 들어야 한다. 이때 필자는 캠벨 모간과 같이 40~50번을 읽지는 못하지만 적어도 10회 정도는 읽으려고 애쓴다. 그래서 성서의 이야기가 나의 이야기가 될 때까지 읽고 듣는다.

필자 개인의 설교 작성 습성에 대해 말해보자면, 우선 월요일부터 수요일까지는 계속해서 성경을 읽고 묵상한다. 주석이나 다른 책은 절대로 보지 않고 본문만 읽고 묵상한다. 본문을 읽고 묵상하고 읽고, 읽고 또 묵상하고 하는 이 과정을 끊임없이 반복한다. 그러면서 두 가지 일을 하는데 그것은 제목을 정하고, 개요를 잡는 것이다. 간단한 서론과 결론도 대략 잡아본다. 이것이 수요일까지 설교 준비를 위해서 하는 일이다. 목요일부터 본격적인 연구가 시작된다.

2. 연구

지금까지 성경해석의 원리, 귀납법적인 연구 항목에서 여러 번 강조되었기 때문에 자세한 설명은 생략하도록 하겠다. 다만 몇 가지 중요한 강조점들을 반복하기로 한다.

(1) 배경연구. 우리는 선택한 본문이 어떠한 배경을 근거로 해서 나타나고 있는가를 관찰함으로써 그 본문의 의미를 명확하게 알 수 있다. 성경의 본문은 무시간적이거나 무공간적인 상태에서 발생된 것이 아니라는 사실을 인식하는 것이 중요하다. 성경은 반드시 그 컨텍스트를 가지고 있으므로 그 배경을 이해해야 한다. 본문이 배경을 지니지 않는 경우는 전혀 없다. 물론 그 배경을 통하지 않고도 어느 정도의 의미 파악이 가능하지만 좀더 정확한 이해를 위해서 그 본문이 가지고 있는 공간, 시간적인 배경 이해가 필요한 것이다. 우리가 이를 위해서 사용할 수 있는 참고 도서에는 주석이나 성서신학에 관한 도서들 그리고 연구 성경 등이 있다.

(2) 주어·동사·목적어 파악. 본문이 구성하고 있는 내용의 정확한 이해를 위해서 특히 주어·동사·목적어 등은 분명하게 파악한다. 때때로 주어를 잘못 파악해서 열을 올려야 하지 않아야 할 때 가서 열을 올리는 경우가 있다. 그때 교인들도 함께 어리둥절해질 수밖에 없다. 본문이 우리에게 보여주고 있는 문장이 때로는 까다롭게 구성되어 있어서, 그 문장 내에서 주어가 무엇인지 동사가 어디에 나타나는지 애매한 경우들이 있다. 이 경우에는 다른 번역을 참조하거나 관주를 통해서 그 문장의 의미를 우선 정확하게 파악해야 할 것이다. 실제로 우리는 자주 어떤 본문의 의미를 오해하여, 본문의 뜻이 그게 아닌데도 자기의 이해가 옳다고 생각하는 때가 많이 있다.

(3) 중요한 단어에 주의하자. 본문에서 중요한 단어는 대개 자주 나타나는 단어라고 할 수 있다. 자주 나타나는 단어는 명사뿐만 아니라 동사일 경우도 있는데, 이렇게 자주 사용되는 동사는 본문에서 그림과 같은 역할을 하여 본문을 더욱 생생하게 한다. 하나의 본문이 어떤 의미를 갖기 위해서는 여러 단어들이 다 각기 그 역할을 하면서 의미를 집합·생성화해야 한다. 그러므로 여기서 염두에 두어야 할 것은 한 문장에서 사용된 그 단어 군들 가운데서 하나도 필요하지 않은 부분이 없다는 것이다. 그 문장 가운데서 어떤 단어가 하나만 빠진다고 해도 그 의미는 죽어버리고 만다. 하찮다고 생각되는 조사나 접속사라고 할지라도 그 단어가 없다면 그 문장이 가지고 있는 의미는 감소되고 말 것이다. 오히려 있으나 없으나 괜찮다고 생각되는 그러한 하찮게 보이는 단어가 본문에서 때때로 결정적인 역할을 하는 경우를 우리는 자주 발견하게 된다. 그러므로 한 문장을 구성하는데 있어서 변두리에 있는 하찮은 단어라고 할지라도 그것이 언제 우리에게 중요한 단어로 등장하게 될지도 모른다.

(4) 단어 연구. 여기서 말하는 단어는 신학적인 것들이다. 구원, 거듭난다, 생명, 세상 등과 같이 신학적으로 중요하게 사용되는 단어들이 있는데, 여기에는 좋은 도서들이 많이 있다. 특히 흔히 킷텔사전이라고 부르는 「신약성서 신학사전」, 그리고 A.T. 로버트슨의 「신약원어 대해설」등을 들 수 있을 것이다. 특별히 킷텔사전은 신약성서에 나타나는 중요한 단어들을 거의 망라해서 어원적으로 다루고 있기 때문에 단어 연구에 있어서는 결정적인 도서라 할 수 있다. 이 킷텔사전은 단어 연구에 있

어서는 결정적인 도서라 할 수 있다. 이 킷텔사전은 단어 연구사전 가운데서 가장 탁월한 것이며 그 내용의 치밀함에는 그 어떤 사전도 이에 비길 수가 없다. 설교자는 반드시 이 사전을 구입해서 설교 준비를 해야 할 것이다. W. E. 바인(Vine)의 '신약단어 강해사전'(An Expository Dictionary of New Testament Words)도 좋은 사전으로 추천하고 싶다.

(5) 본문의 시제를 주의하자. 한글성경을 읽을 때에는 분명하게 드러나지 않는 부분이 바로 이 시제라고 할 수 있을 것이다. 한글은 그 구조상 시제가 명확하지 않을 때가 있다. 히브리어에도 시제가 분명히 나타나지 않는다. 그러나 신약성서의 언어인 헬라어에는 시제가 명확하게 나타난다. 그러므로 때때로 시제가 의미 결정에 있어서 중요한 기능을 할 때가 있는데, 이때에는 시제를 주의해서 읽어야 한다. 시제 가운데서도 현재시제와 부정과거시제는 특히 유의해야 할 필요가 있다.

(6) 문학적 장르에 유의하자. 동일한 단어라 하더라도 그 단어가 어떤 문학적 장르에서 사용되었는가에 따라 의미가 다르게 나타난다. 신약성경에서 자주 나타나는 비유를 우리가 알레고리로 읽으면 문학적인 장르에서 혼동을 일으키는 것이며, 이로 인해서 성경을 잘못 이해하는 수가 많이 있다. 그리고 이것이 은유가 아니면 단지 상징인가 또는 과장법인가 하는 그 문학 형식을 구분해서 파악하는 것도 중요하다. 우리가 욥기를 읽을 때 이 내용을 신약성경에 나오는 사건 서술과 동일하게 파악해서는 안 될 것이다.

(7) 관주를 살펴보자. 성경에서 나오는 관주는 전후 참조의 기능을 가지고 있다. 여기에는 인증이나 비교를 하는 형식의 관주들도 있고, 단순히 참조만을 위한 것들도 있다. 그러나 우리가 유의할 것은 이 관주를 통해서 우리가 얻을 수 있는 본문에 대한 지식은 체계적이 아니라는 것이다. 따라서 관주를 통해서 얻은 이 복잡한 지식이 어떻게 체계적으로 종합될 수 있는가가 문제라고 할 수 있다.

이러한 연구과정에서 중요한 것은 중심사상에 역점을 두는 일이다. 본문의 모든 단어를 연구할 필요는 없다. 결국, 우리는 중심사상을 뽑아내고 그 사상을 어떻게 논리적으로 전개할 것인가를 언제나 생각하면서 연구해야 한다. 그리고 이 연구과정에서 틀을 사용해 보도록 하라. 연구의 중심사상을 뽑아내기 위한 두 가지 틀(육하원칙과 교리적 틀)을 사용해 보라.

다시 한번 강조하지만, 뽑아냈다고 해서 모두 사용하지 마라. 과감하게 버리는 행동도 필요하다. 설교에 필요하지 않은 것들은 연구 자체로 만족하고 버려야 한다. 필자 자신도 설교 초기에는 연구한 것이 너무 아까워서 버리지 못하고 하나, 둘 모두를 사용하다보니 첫째, 둘째, 셋째 … 아홉째까지 나가기도 했다. 너무 많은 것을 말하고 싶었고, 너무 많은 것을 전달하고 싶었던 젊은 열정 탓이기도 했다. 그래서 많이 찌르기는 하지만 핵심을 찌르지 못했던 것이다. 중심사상이 없다는 말이다. 너무나 많은 것들을 강조하다 보니 오히려 설교의 맥을 깨트리는 우를 범한 것이다. 요즈음 디모데 출판사가 간행하는 '메인 아이디어 시리즈'는 이런 방향에 큰 도움을 줄 수 있는 강해주석서이다.

3. 설교 골격 형성

포스딕은, 설교는 '조직된 사고의 결정'이라고 말했다. 그러므로 지금까지의 모든 내용 중에서 이 부분이 가장 중요하다. 지금까지의 모든 것은 다 설교에 자극을 주기 위한 '서론'에 불과하다. 실제로 중요한 것은 이제부터 설교의 골격을 어떻게 형성하느냐 하는 것이다.

이 장에서 우리가 습득해야 하는 것은 연습을 통해서 가능한 것들이다. 따라서 제목을 잡는 것에서부터 시작하여 본문요약, 설교명제, 설교목표, 대지설정 등의 작업을 힘이 들더라도 그대로 해보는 것이 필요하다. 그래서 이 방법으로 대략 10편정도 써보면 설교 작성에 대한 우리들의 논리가 날카롭게 되리라고 생각한다.

이 부분에 대한 필자가 개인적으로는 뉴올리언스침례교신학교의 설교학 교수인 해럴드 브라이슨(H. Bryson)박사의 도움을 많이 받았다. 이분의 설교 개요에 대한 설명을 많이 수용했다. 다음은 브라이슨이 말하는 설교의 골격이다.

(1) 설교제목 설정. 제목은 다음과 같은 내용을 포함해야 좋다. 첫째, 설교의 내용을 잘 소개하고 있어야 한다. 둘째로, 가능하면 열 단어 이내로 해야 기억하기 좋다. 셋째로, 흥미가 있어야 그 제목을 통해 설교에 관심을 갖게 된다. 넷째로, 본문 중에서 선택하도록 하라. 물론 그것을 좀 현대화시켜도 가능하다. 다섯째로, 언제나 청중의 필요를 고려해야 한다.

일반적으로 제목설정은 '본문'과 '필요'라는 두 가지 근거에 입각해서 하는 것이 좋다고 생각한다. 이 두 가지 근거에서 제목을 찾는 것이 좋다고 생각한다. 본문 그 자체에서, 그리고 성도들의 필요에 의해서 제목이 나와야 한다.

(2) 본문요약. 브라이슨 박사는 본문요약이란 본문의 줄거리를 '한 문장으로 요약' 하는 것이라고 말한다. 이것은 가능하면 15자 이내가 좋다. 그리고 과거시제로 기록하는 것이 좋다.

예를 들어 창세기 5장 21절 이하를 본문으로 설교한다고 할 때 제목을 '하나님과 동행' 이라고 하면 본문 요약은 '에녹은 하나님과 동행하였다.' 라고 할 수 있다.

(3) 설교명제. 설교명제는 그 설교의 출발점이며 통일점이며 중심점이다. 설교제목, 요약, 명제 등이 있고 또 목표가 있는데 이것들은 다 구분되는 개념이다. 중심사상을 설교를 위하여 바꾸어 놓은 것을 설교명제라고 할 수 있다. 설교명제를 쓸 때는 현재나 미래시제가 좋다. 일반적으로 설교학자들은 명제를 6가지로 구분한다.

    a. 가능성 명제: "당신도 하나님과 동행할 수 있다."
    b. 예언적 명제: "당신도 하나님과 동행하게 될 것이다."

c. 명령적 명제: "당신은 하나님과 동행해야만 한다."

　d. 비교적 명제: "하나님과의 동행은 세상과의 동행과 다르다."

　e. 평가적 명제: "하나님과의 동행은 최선의 삶의 길이다."

　f. 선언적 명제: "하나님과 동행하라."

　이 중에서 어느 것을 선택해도 좋다. 그러나 명제를 반드시 써보는 것이 좋다. 좋은 명제의 질적 특성은 다음과 같다. 첫째, 단순하고 명백해야 한다. 둘째, 본문의 내용과 일치해야 한다. 셋째, 전개의 가능성이 있어야 한다. 좋은 명제는 반드시 전개의 가능성이 있어야 한다. 예를 들어 "하나님과 동행하는 방법"은 전개 가능성이 있는 명제이다.

　(4) 설교목표 설정. 설교명제와 목표는 다르다. 설교목표는 예를 들어 이렇게 정할 수 있다. "나는 우리 성도들이 하나님과 구체적으로 동행하는 삶을 살게 되기를 원한다." 이것이 우리 성도들의 삶 속에서 설교자가 변화를 기대하는 설교의 목표가 된다. 이보다 더 구체적으로 소목표를 두어서 "우리 성도들이 하나님과 경건의 시간을 실천하기 원한다."고 할 수도 있다.

　한번은 필자가 주일 아침에 아내에게 이러이러한 설교를 하려한다고 말했다. 그랬더니 "그 설교를 왜 하려고 해요?"라고 지나가는 말처럼 던졌다. 그런데 그날따라 가만히 생각해보니 대답이 어려웠다. 자칫하면 설교자들은 틀에 박혀 설교를 위한 설교를 할 수 있다. 설교가 목표를 상실한 것이다.

유명한 설교학자인 그래디 데이비스(H. Grady Davis)는 설교의 목표 설정을 위해서 최소한 세 가지 방향 중에 하나를 결정해야 한다고 강조하였다.

1. 복음전도적 구원(Kerussein)을 위하여,
2. 성도들을 교육(Didaskein)시키기 위하여,
3. 치료(Therappnein)하기 위하여. 이 세 가지 중 하나를 선택해서 설교를 작성해야 한다. 이것은 예수님 사역의 세 가지 성질과도 일치한다. 복음서에 보면 예수님은 선포하시고(전도적), 가르치시고(교육적), 고치셨다(치료적).

좋은 목표란 다음과 같은 특성이 있어야 한다.

1. 구체적인 것이어야 한다.
2. 달성할 수 있는 것이어야 한다.
3. 측정할 수 있는 것이어야 한다.

목표가 달성된 후에 달성된 것은 측정해서 알 수 있어야 한다.

위에서 "하나님과 동행하게 되기를 원한다."고 했는데 그렇게 설교한 후에 동행하는지 알려면, 한 측정 방법으로서 "오늘 아침부터 경건의 시간을 실천하시오."라고 할 수 있다. 따라서 목표를 세우기는 했으나 그 목표가 구체성이나 현실성이 없으면 안 된다.

예를 들어 설교의 결론이 "사랑하는 성도 여러분, 우리가 세계를 복음화하십시다."라는 말로 끝난다면 구체성과 현실성이 없는 것이 된다. 세계를 복음화하기 위한 방법을 제시해야 한다. 복음화하기 위해 선교에 동참할 수 있고, 좁게는 우리 이웃의 한 사람을 전도함으로써 세계 복음화의 걸음을 시작할 수도 있다. 이와 같이 구체적으로 달성할 수 있고, 측량할 수 있는 목표를 설정해야 한다.

일반적으로 다른 설교학자들은 설교 목표만을 강조하는 경향이 있는데, 본문요약, 설교명제, 설교목표 등의 작업과정을 통하면 설교자의 생각은 날카롭게 부각될 수 있을 것이다. 또한 이 과정을 통해서 본문을 정확하게 관찰할 수 있게 되고, 자신의 설교를 더욱더 뚜렷하게 전개해 나갈 수 있을 것이다. 이러한 과정은 물론 힘이 들고 고단하지만 설교를 준비할 시에 이렇게 하는 습관을 기르는 것이 좋다고 생각한다. 필자는 개인적으로 재작년 일 년에 걸쳐서 의도적으로 이렇게 해보았다. 필자는 이러한 과정을 통해서 자신의 설교 논지가 더욱더 뚜렷하게 달라졌음을 발견할 수 있었다.

설교 준비 실습문제 Ⅲ
본문: 골로새서 1장 24절~29절

설교 준비를 하면서 성경을 읽을 때는 반드시 어떤 틀을 가지고 읽어야 한다고 여러 차례 강조했다. 틀을 갖지 않고 읽으면 본문이 우리에게 잘 드러나지 않는 수가 많다. 틀을 가지고 성경을 읽으면 본문의 의미가 다각적으로 드러나게 된다. 사건을 기록한 복음서나 사도행전 또는 요한계시록 등의 본문은 육하원칙을 틀로 삼아서 분석해볼 수 있을 것이다. 그러나 바울서신과 선지서 일부의 경우는 교리적인 틀을 사용해서 분석을 하는 것이 좋다. 교리적인 틀은 대체로 조직신학적인 분류에 근거를 두고 있다. 그러나 설교자에 따라 나름대로 구성을 해서 사용할 수도 있을 것이다. 일례로 그 틀을 제시해본다면 다음과 같다. 하나님, 예수 그리스도, 성령, 창조, 기적, 고통과 악의 문제, 인간, 죄, 역사, 선택, 제자의 삶, 그리스도인의 윤리, 청지기 직분, 마지막 일들(종말론), 교회, 교회의식, 예배, 기도, 교회 지도자, 교육, 가족, 복음전도, 세계선교 등등. 여기서는 하나님, 예수 그리스도, 교회 등의 교리적인 틀을 사용해서 본문을 파악하면 좋을 것이다.

1. 본문은 하나님에 대하여 무엇을 말하고 있는가?

2. 본문은 예수 그리스도에 대하여 무엇을 말하고 있는가?

3. 본문은 교회에 대하여 무엇을 말하고 있는가?

(5) 대지설정(outline). 유명한 화가인 레오나르도 다빈치는 모든 그림에는 세 가지 요소가 있다고 했는데 그것은 뼈대, 근육, 살이라고 한다. 마찬가지로 설교에도 대지, 설명, 예화라는 세 가지 요소가 있는데, 이중에서 그림의 뼈대와 같은 역할을 하는 것이 대지이다.

대지의 필요성

a. 대지는 메시지에 구조(structure)를 제공하는 역할을 한다.

b. 청중에게 확실한 안내를 제공한다. 대지가 있을 경우 청중들이 설교의 방향을 인지하게 된다.

c. 설교자 자신도 설교 방향을 감지할 수 있다.

강해설교자들이 말하는 대지는 다음과 같다.

a. 본문에서 나오는 것이 좋다. 본문 그 자체에서 대지가 나옴으로써 본문을 더욱더 확실하게 이해할 수 있고 본문을 좀더 분명하게 감지할 수 있다. 또한 이를 통해서 본문의 메시지 그 자체를 교훈으로 받을 수 있다는 이점이 있는 것이다.

| 하나의 실례 검토 |

상당히 오래 전에 어떤 유명한 부흥사의 설교를 들은 적이 있다. 필자는 그분의 설교에서 많은 은혜를 받았다. 그럼에도 불구하고

그 설교의 내용을 비판적인 관점에서 한번 검토해 보기로 하자.

- 성경본문 : 히브리서 3장 1~2절
- 제   목 : 예수를 깊이 생각하자.
- 본문내용 : 우리의 믿는 도리의 사도이시며 대제사장이신 예수를 깊게 생각하라.
- 대   지 : 1. 믿어야 할 예수를 깊이 생각하자.
           2. 소망해야 할 예수를 깊이 생각하자.
           3. 사랑해야 할 예수를 깊이 생각하자.

이 설교는 본문석의의 바탕에서 이루어진 메시지는 분명 아니었다. 왜냐하면 그 설교 가운데 단 한번도 '우리가 믿는 도리의 사도이시며, 대제사장이신 예수'라는 본문이 설명되지 않았기 때문이다. 모든 사람이 은혜를 받았긴 했지만 만약 이 본문을 조금만 설명했더라면 훨씬 더 좋은 설교가 될 수 있었으리라는 생각이 든다.
우리가 잘 아는 대로 사도는 하나님으로부터 보내심을 받은 사람이다. 예수님은 보내심을 받아 하나님으로부터 우리에게 오셨다. 그다음에 사도이시며 제사장이신 예수님은 우리의 문제와 아픔을 가지고 하나님께로 나아간다. 그러므로 이 본문의 핵심은, 하나님으로부터 우리에게 오시고, 또 우리의 문제를 가지고 하나님께로 나아가시는 중보자로서의 예수라 할 수 있다.

그러나 이 설교에서는 '예수를 깊이 생각하자'가 제목이었고, 이 제목을 설정한 다음에는 그분이 임의대로 '믿어야 할 예수, 소망해야 할 예수, 사랑해야 할 예수'라고 대지를 잡았다. 물론 이 대지는 믿음, 소망, 사랑이라는 아이디어에서 끌어온 것이기 때문에 청중들이 이 설교를 이해하는 데에는 매우 쉽고 편리했을 것이다. 그러나 이 내용은 본문에 도도히 흐르고 있는 메시지와는 전혀 관계를 갖지 않고 있다는 것을 알 수 있다. 그렇기 때문에 좋은 대지라고 하는 것은 본문에서부터 나오고 또 본문을 근거로 해서 전개시키는 것이 좋다고 강조할 수 있는 것이다.

b. 대지는 논리적이어야 한다. 좋은 대지일수록 논리적인 구조를 가지고 있다. 허버트 스펜서(Herbert Spencer)라는 사람은 말하기를 "사람의 지식이 조직화되지 않았을 때, 그 지식은 수용자들에게 혼란을 줄 뿐"이라고 했다. 설교의 명료성은, 설교를 준비하는 과정에서 석의, 묵상, 관찰한 모든 내용들을 논리를 가지고 조직하는 데서 생겨난다.

c. 대지는 상호연관성과 통일성이 있어야 한다. 즉 대지 1, 2, 3이 서로 연관이 있어야 한다. 우리가 일반적으로 찾아볼 수 있는 설교의 대지들 가운데 많은 부분이 대지의 상호연관성이 애매모호하다는 것이다. 왜 대지가 그렇게 전개되어야 하는지를 이해하기 힘들다. 이러한 경우에 그 설교를 듣는 청중들은 그 설교를 자기의

것으로 수용하기가 매우 어려울 것이다. 설교 구성에 있어서 대지는 서로 연관성을 가지고 관련을 맺도록 해야 한다. 이렇게 연관성을 가지도록 하는 방법은 첫째, 둘째, 셋째라는 전형적인 방법이 있을 수도 있고, 접속사를 사용(그러므로, 그래서, 그러나 등)할 수도 있으며 질문을 사용할 수도 있을 것이다.

물론 설교 자체가 정교한 논리로 방향을 가지고 나아갈 때는, 이런 1, 2, 3 등을 사용하지 않아도 설교는 통일된 논리성을 가지게 된다. 그러한 설교의 대표적인 인물에는 로이드 존스가 있다. 그분의 설교는 1, 2, 3으로 나누지 않아도 설교 흐름 자체가 방향을 가지고 있기 때문에 논리성을 갖고 있다. 이 때문에 사람들이 그의 설교에 매료당하는 것이다.

d. 대지는 점진적이어야 한다. 점진적인 방향을 가지고 결론 혹은 클라이막스를 향하여 나가는 대지일수록 설득력이 있고 또한 수용하기가 편리하다.

해롤드 오켄거(Harold Ockenga) 박사는 설교 형성에 있어서 "가장 많은 시간을 이 대지 작성에 보낸다."고 말했다. 필자는 이 말에 동의한다. 명료한 대지가 형성되면 설교 작성의 90퍼센트는 끝났다고 볼 수 있다. 그만큼 설교의 대지 작성은 힘이 들고 고단한, 설교구성의 한 절차인 것이다.

루소(Rousseau)는 한 청년의 연애편지에 대하여 다음과 같이 논평했다. "그 청년의 편지는 무엇을 말해야 할지 모르면서 시작했고, 또 무엇을 말했는지도 모르고 끝났다." 아마도 사랑에 대해 정리할 수 없는 여러 감정들이 섞여 있기 때문에 그런 편지를 썼을 것이다. 많은 경우에 우리의 설교도 이런 편지와 마찬가지로 방향을 잃어버려 산만하게 구성될 수 있다.

고대의 어느 유명한 웅변가는 자신의 웅변의 효율성에 대하여 다음과 같이 말하고 있다. "나는 청중들에게 무엇을 말할 것인가를 말한다. 나는 그 사실을 말한다. 그리고 나는 무엇을 말했는가를 말한다."

(6) 전환문장. 서론과 본론을 연결할 때나, 대지와 대지 사이를 연결할 때 사용하는 문장을 연결질문 또는 연결문장이라 한다.

1. 연결질문. 설교의 명제를 몇 개의 대지로 나누어서 논리적으로 연결시키기 위한 질문.
2. 연결문장. 설교의 대지를 통일성 있게 연결시키기 위한 문장이나 단어들.

전환문장은 다음과 같은 점에서 중요하다.

1. 우선 전환문장은 설교에 통일성을 부여한다.
2. 설교자는 전환문장을 통해서 서론의 방향을 제시할 수 있다.
3. 설교에서 무리가 없이 유연한 전개와 흐름을 가능케 해준다.

전환문장에는 다음과 같은 방법들을 사용할 수 있다.

1. 첫째, 둘째, 셋째와 같은 순서에 의한 방법.
2. 그러므로 더 나아가, 그러나 등과 같은 접속사의 사용.
3. 논리적인 연결을 가능케 하는 문장이나 단어를 사용할 수도 있다.

소위 귀납법적 강해설교에서는 서론을 일상적인 설교학자들이 제시하는 것보다 더 길게 작성한다. 청중들과의 접촉점을 형성하기 위해서 서론 부분을 상당히 길게 잡는다. 심지어는 서론 부분이 거의 20퍼센트까지 가는 경우도 있다.

서론이 길수록 서론과 본론을 연결하는 작업이 중요하다. 그래서 어떤 질문을 사용하느냐 혹은 어떤 문장을 통해서 서론과 본론을 연결하느냐가 중요하다. 그리고 그러한 연결문장을 설교 작성 시 한번씩 생각하는 것이 좋다. 왜냐하면 그 문장이 서론과 본론을 연결할 뿐만 아니라, 대지의 1, 2, 3을 연결시켜주는 중요한 다리가 될 수 있기 때문이다.

(7) 서론과 결론을 작성하라. 다음에 자세한 설명을 하도록 하겠다.

(8) 예화를 선택하라. 예화는 대지에 따른, 설교자의 주장을 뒷받침해서 청중을 효율적으로 납득시킬 수 있는 것이어야 한다. 보조 자료를 다루는 데서 자세한 설명을 하도록 하겠다.

(9) 마지막으로 기록을 한다. 설교학자 데이비스(G. Davis)는 기록의 단계에 대해 이러한 충고를 하고 있다.

눈을 위해서가 아니라 귀를 위해 써라.
우리의 설교가 들려지는 설교라면 문학적인 과정과는 다르다. 청중들이 이 설교를 들었을 때 어떻게 듣겠는가를 염두에 두고 기록하라는 것이다. 그들은 설교자의 설교를 읽는 것이 아니라 듣게 되는 것이다.

그러나 여기에서 필자가 하나 강조하고 싶은 것이 있다면, 우리의 설교를 듣는 청중들의 눈도 활동한다는 사실을 염두에 두어야 한다는 것이다. 필자는 전장에서 귀납법 설교를 강조하면서 오른쪽 두뇌의 활동, 소위 R-mode의 활동에 대해서 말한 바 있다. 우리는 이 스피디한 커뮤니케이션 시대를 살면서 오른쪽 두뇌를 더욱더 활발하게 움직이고 있다. 그러므로 상상력이나 창조성을 담당하는 오른쪽 두뇌의 역할이 더 강조되고 있다. 따라서 우리의 설교는 색깔을 소유하고, 상상력을 부추기며, 생생한 묘사를 사용하면 할수록 그 효율성은 더 커지는 것이다. 그러므로 우리는 청중들의 '두뇌의 눈'도 항상 염두에 두고 그만큼 인상 깊은 설교묘사를 만들어 내도록 애써야 할 것이다.

청중의 입장에 서서 질문을 하면서 작성해야 한다.

내가 청중이라면 이 설교를 들으면서 무슨 질문을 할 것인가? 우리는 바로 로마서의 구조에서 이러한 모델을 찾을 수가 있다. 바울은 로마서에서 구속론을 전개하면서, 만약 자신이 어떤 점을 강조했을 때 청중들은 어떤 질문을 할 것인가를 알고 있었다. 이 엄청난 하나님의 은혜를 강조하면서 더 커다란 은혜를 소유하기 위해서 '죄에 거하겠느뇨' 라는 질문이 청중들에게 당연히 있으리라는 것을 알고 있었다.

그래서 바울은 그렇게 질문을 하고 '왜냐하면' 하고 그 다음에 대답을 한다. 그러므로 내가 이 설교를 했을 때 청중들이 어떠한 질문을 나에게 던질 것인가 예상하지 않는다면 그것은 설교자 자신의 독백에 그칠 가능성이 많이 있다. 그래서 설교자 자신이 그 질문을 해보아야 한다. 설교자는 설교자 자신의 입장이 아니라 그 설교를 듣는 청중들의 입장에 서서 그 설교가 가지고 있는 질문을 미리 던져야 한다. 청중들이 이 설교에서 어떤 질문을 할 것인가를 생각해야 한다는 것이다. 설교 작성을 하는데 있어서 이 과정을 다시 한번 살펴보면 자신이 작성한 설교의 많은 부분들이 다시 수정되는 효과가 있을 것이다.

착상이 떠오르지 않을 때에는 다른 일을 하는 것이 도움이 된다.

두뇌도 변화가 필요하다. 필자는 착상이 어려워질 때 음악을 듣는다든지 밖에 나가 산책을 한다든지 성경과 관련 없는 책을 독서한다던가 한다. 그 동안에 나의 두뇌는 설교에 대하여 이상하게 새로운 창조적 발상을 하는 것을 경험한다.

일반적으로 설교의 골격을 형성하는데 있어서 제목을 설정하고, 목표를 설정한 후에 서론, 대지 1, 2, 3을 설정한다. 그러나 필자는 처음 부분에서 본문을 요약하고, 설교의 명제를 결정하고, 설교의 목표를 설정하도록 강조했다. 이것이 우리의 생각을 날카롭게 하는 데 얼마나 도움이 되는가를 강조했다.

설교 준비 실례

지금까지 우리가 습득해온 것들을 가지고 실제로 설교를 작성해 보아야 한다. 다음의 설교 작성은 필자가 지금까지의 방법에 따라서 작성한 것이다. 독자들은 다음에 주어진 본문을 가지고 자신이 실제로 연습을 해보는 것이 좋다. 그 후에 필자의 것과 비교해 보도록 하라.

본문: 야고보서 4장 13~16절

제　　목: 새해의 계획
본문요약: 자기 본위로 삶의 계획을 세운 사람들에게 경고를 주었다.
설교명제: 하나님의 뜻을 떠난 모든 계획은 헛된 것이다.
설교목표: 새해의 삶의 목표는 자신의 뜻이 아니라 하나님의 뜻에 따라서 세워져야 한다.
설교대지: 1. 우리 자신이 중심이 되는 계획이어서는 안 된다(13-14절).
　　　　　2. 우리의 신년 계획은 하나님 중심의 계획이어야 한다(15절).
　　　　　3. 우리의 계획은 실천하기 위한 계획이어야 한다(17절).
전환문장: 서론에서 본론으로 옮겨갈 때 '그러므로'라는 전환문

장을 사용할 수 있을 것이다. 대지와 대지를 연결시키는 경우에도 '그러므로'가 적절할 것이다.

서론부분: 지난 크리스마스를 앞에 둔 12월 21일, 267명의 승객을 태우고 영국 런던의 히드로 공항을 떠나 뉴욕을 향하던 한 비행기 – 이 비행기에 탑승하고 있던 승객 가운데 대부분은 크리스마스 때에 사랑하는 가족들을 만나 그들과 선물을 나누고자 하는 벅찬 기대를 가지고 있었다. 뉴스 보도에 의하면 다른 어떤 비행기보다도 이 비행기 안에 선물꾸러미가 많이 있었다는 것이다. 그러나 그들이 이렇게 준비를 했던 그 소중한 선물들은 제대로 전달되지 못하고 말았는데, 그것은 그 비행기가, 급작스런 고장으로 인하여 추락하고 말았기 때문이었다. 오늘 우리의 본문은 이렇게 말씀을 한다. "너희의 생명이 무엇이뇨. 너희는 잠깐 보이다가 없어지는 안개니라."

내일이 도무지 보장이 되지 않는 이러한 상황에서 우리는 우리 자신이 중심이어서는 안 되는 것이다. 여기 오늘 우리의 본문은 인간 중심의 계획을 세웠던 한 사람의 경우를 이렇게 제시하고 있다. "들으라. 너희 중에 말하기를 오늘이나 내일이나 우리가 아무 도시에 가서 거기서 일 년을 유하며 장사하여 이를 보리라"고 하는 사람들을 향해서 경고를 발하고 있다.

| 설교 준비 과정의 노트 |

1. 본문요약은 과거시제로 하는 것이 좋다.
2. 설교명제는 본문요약과 다르며, 여기서 제시된 명제는 평가적 명제이다.
3. 설교명제는 설교목표가 아니다. 설교목표는 설교자가 이 설교를 통해서 그리고 이 설교에 접촉하고 있는 청중들의 삶 가운데서 구체적으로 일어나기를 기대하는 바로 그 기대치와 함께 결정되는 것이다.
4. 여기서 제시된 설교대지는 본문을 근거로 하고 있다
5. 또한 이 대지는 논리성을 지니고 있다. 인간 중심의 계획을 거부하고 하나님 중심의 계획을 제시하는 대조되는 논리를 지니고 있다.
6. 전환문장을 작성할 때에도 설교 준비 과정에서 미리 생각을 해두어야 한다. 그래서 청중들이 그 전환문장을 통해서 그 논리적 구조를 자기도 모르게 따르도록 해야 할 것이다.
7. 서론부분에서도 연역법적인 순서를 취하지 않는 것이 좋다. 처음 시작 부분에서 "본문에서는 …"하고 들어가는 연역법적인 방법은 사람들의 귀를 막아버리게 된다. 성경을 받아들일 준비가 되어있지 않은 사람들에게는 그 설교를 수용할 마음가짐을 가질 여유가 없게 되는 것이다.

8. 그러나 여기서 제시된 설교의 서론은 어떤 구체적인 한 사건을 통해서 성경이 제시하고 있는 내용으로 나아가도록 하는 역할을 하는 것이다. 귀납법적인 접근이 서론에서 사용되었다.

9. 여기서 우리가 찾아볼 수 있는 것은 부정과 긍정이 교차되는 대조법이다. 이러한 대조법은 대지 형성에 있어서 중요한 기여를 할 수 있다.

10. 필자가 설교 준비를 하는 과정과 실제 설교 시에 느낀 괴리점 가운데 하나는 설교 준비 시에 쏟는 그 열정과 그 전달하고자 하는 열망에도 불구하고 청중들은 그다지 많은 부분들을 기억하지 못한다는 것이다. 그래서 필자는 소지(소제목)를 거의 포기해버리고 만다. 어떤 설교에서는 1번, 그리고 (가), 그 후에 ㄱ등으로까지 소지를 분류해서 설교를 하기도 하지만, 이런 많은 분류 내용을 청중들이 다 기억하리라고 생각하는 것은 무리이다. 물론 이러한 자세한 분류를 설교 준비 시에 설교자 자신이 혼자 해보는 것은 나름대로 도움을 주리라고 생각한다. 설교의 대지는 단순하면 단순할수록 그 효율성이 증대되는 것이다.

02
서론과 결론

전통적인 설교학자들의 견해처럼 서론과 결론을 마지막에 작성하는 것이 좋다는 이론에 동의한다. 일리온 존스(Illion T. Johnes)라는 학자는 "오늘날 일반 설교의 가장 커다란 취약점은 바로 서론과 결론 부분"이라고 말했다. 그는 서론의 실패는 설교의 실패를 의미한다고 했다. 이 부분에 관해서는 귀납법적인 설교를 소개할 때 많이 설명을 했으므로 다른 설명을 첨부하지 않으려고 한다. 듣지 않는 설교, 귀를 막아버리는 설교, 대화에 대한 흥미를 상실해버린 설교가 무슨 호소력을 가질 수 있을까?

필자가 서구의 설교자와 한국의 설교자를 비교해 보고서 느끼는 것은 대부분의 외국 설교자들은 최초의 1, 2분 안에 청중들의 관심을 사로잡아 버린다. 어떤 유머나, 인상 깊은 사건 등을 통해서 관심을 집중시킨다.

빌리 그래함이 한국에 와서 집회를 할 때, 둘째 날인가, "이 한국 땅에는 ○○○○○명의 앞을 보지 못하는 시각장애인들이 살고 있습니다."라고 했다. 그분이 바디매오에 대한 설교를 준비하면서 조사를 했던 모양이다. 이러한 구체적인 실례는 한 문장에 청중들의 관심을 집중시키는 것이다.

반면에 한국의 설교자들은 뜸을 들이고, 몇 십분 지나야 비로소 설교를 시작한다. 첫 마디에서 청중을 사로잡는 것이 매우 중요하다. 처음의 몇 마디에서 시작되는 내용을 통해 청중들의 관심을 사로 잡아버려야 된다. '초전박살'이 중요하다.

1. 서론의 목적

서론의 목적은 우선 청중들의 관심을 유도하기 위함이다. 위에서 지적한 '초전박살'에 대한 설명은 바로 이 청중들의 관심을 처음에 즉각적으로 사로잡는 문제에 관한 것이다. 두 번째는 소위 공감대(rapport)를 형성하기 위해서이다. 이 공감대 형성은 함께 느낄 수 있는 공통 근거를 가리키는 것이다. 세 번째는 본론에 들어가기 위한 교량의 역할을 하는 것이다. 네 번째는 설교의 목적을 설명하기 위함이다. 설교자가 무엇 때문에 이 설교를 하고 있는지, 그 설교의 방향과 목적을 제시하기 위함이다.

2. 좋은 서론

앞에서 말했듯이 청중들과 공감대를 형성될 수 있는 좋은 서론이란 어떤 것인가? 현대가 다원화되어가고 빨라지고 전자시대가 되어가면서 이 중요성이 더욱더 설교학자들에 의해 강조되고 있다.

(1) 적절한 길이. 전통적인 설교학자들의 견해는 5~10퍼센트내외에서 서론을 지지한다. 짧을수록 좋다고 강조하는 학자들도 있다. 그러나 소위 귀납법적인 강해설교를 강조하는 학자들은, 예를 들면, 랄프 루이스 같은 학자들은 20퍼센트까지도 찬성을 하며, 심지어 30퍼센트까지도 가능하도고 주장한다. 그 이유는 청중들과의 충분한 공감대 형성을

위함이며, 만약 서론이 짧기 때문에 그 청중들이 그 메시지의 흐름 자체에 공감하지 못한다면 무슨 소용이 있는가 하는 점 때문이다.

따라서 서론의 길이에 대한 견해는 매우 급변하고 있다는 것을 주지할 필요가 있다. 좀 서론이 길어져도 때에 따라서 무방하기도 하다. 그러나 사람들이 전혀 공감대를 갖지 않음에도 불구하고 서론만 길어진다면 그것은 큰 문제가 된다. 서론은 공감대를 형성하기 위한 본론의 기초로서 전개되어야 한다는 것을 명심해야 한다.

(2) 설교의 본론과 잘 연결되어야 한다. 서론이 본론과 상관이 없을 경우, 설교의 중간이나 후반에 들어가면 의미를 잃어버린다. 설교 후반부에 들어가서 "그래서 처음에 그 말씀을 하셨구나."라고 기억될 수 있는 서론이어야 한다.

(3) 단순하고 분명하고 흥미가 있어야 한다. 가장 나쁜 서론 전개는 설교자 개인의 넋두리나 사과(제가 허겁지겁 달려오느라고 준비를 제대로 못했습니다 등)를 늘어놓는 것이다. 설혹 준비가 덜 되었다 하더라도 하나님을 신뢰하고 담대하고 설교를 선포해야 한다. 설교단 위에서 사과 같은 것은 하지 않는 게 좋다. 설교를 하기 전에 사과를 하게 되면 청중들의 반응은 처음부터 "그렇게 준비도 하지 않은 설교를 왜 하나?"하는 부정적인 마음을 갖기 때문에 그 설교에 대한 전체 반응은 좋은 것이 되기 어렵다.

3. 서론의 실례들

(1) 서론의 자료들. 우리가 서론을 작성하는 데 있어서 귀납법적인 접근을 한다는 것을 잊지 말아야 한다. 그러므로 공감대 형성을 위한 서론 작성에는 추상적인 명제가 아닌 구체적인 실례를 사용해야 한다. 이렇게 서론을 작성하는 데 사용할 수 있는 내용들로는 우선 삶의 구체적인 정황을 들 수 있다. 성경에서 우리가 쉽사리 찾아볼 수 있는 삶의 구체적인 상황들처럼 설교자가 삶의 구체적인 상황으로부터 접근하면 청중들의 반응을 집중시킬 수 있다. 어떤 명제를 언급하면 청중들이 자신들의 이야기가 아니라고 생각하고 민감한 반응을 보이지 않을 수 있지만, 구체적인 삶의 사례들은 신속한 반응을 가져다준다.

수필이나 시 또는 소설 등과 같은 문학의 인용을 통해서 접근할 수도 있을 것이다. 이렇게 인용을 하는 데에는 통계숫자도 포함된다. 그러나 통계숫자를 인용할 시에는 그 객관성과 정확성에 유의를 해야 할 것이다. 정확지 않은 통계를 인용함으로써 설교 전체의 신빙성이 침해당할 우려가 있다.

목회시의 상담이나 대화 또는 편지를 인용함으로써 설교를 시작할 수도 있다. 또 목회자 자신이 겪었던 체험이나 다른 사람이 전해준 체험도 적절하다면 서론에서 인용할 수 있을 것이다. 요즈음에는 만화가 많이 나오는데 나름대로 핵심을 찌르는 시사성 깊은 내용이 있기도 하고, 인생에 대한 통찰력을 가지고 전개된 만화도 있다. 또한 뉴스나 영화를 보고 나서 설교자가 나름대로 이해한 독특한 측면을 청중들에게 제시함으로써 서론을 시작할 수도 있다.

(2) 청중을 깨어나도록 하는 서론 전개. 어느 무신론자의 기도를 소개하겠다. "하나님 당신의 제단에 꽃 한송이 바친 일이 없으니 절 기억하지 못하실 겁니다. 그러나 하나님 모든 사람이 잠든 깊은 밤에는 당신의 낮은 숨소리를 듣습니다. 그리고 너무 적적할 때 아주 가끔 당신 앞에 무릎을 꿇고 기도를 드립니다." 이 기도는 최근 그리스도인이 된 이어령 선생의 회심 직전의 기도이다. 「어느 무신론자의 기도」라는 시집으로 출간되기도 했고 그분의 베스트셀러 「지성에서 영성으로」의 첫 부분에 소개 되기도 했다.

여러분의 청중들은 이미 그런 책을 많이 읽고 있을 것이다. 그런 것들이 바로 청중들의 관심사이다. 그 관심을 사용했을 때 사람들이 깨어난다. 관심을 보이고 듣기 시작한다. 교회의 많은 젊은이들이 그러한 책을 읽고 있으며 설교자는 이러한 청중들의 관심 영역에 민감하지 않을 수 없다. 설교자가 이러한 책을 읽는 이유는 그 책이 다루고 있는 사상이 어떠한지에 대해서 관심을 갖고 있기 때문이 아니다. 그 책이 보여주는 관점을 우리가 취급함으로써 청중이 그 설교에 민감한 반응을 보이면서 깨어나도록 하기 위함이다. 우리는 단지 그러한 관점을 설교를 위해서 사용하는 것뿐이다. 그렇게 할 때에 청중들은 설교를 듣기 시작하고 그 설교에 흥미를 가지게 되는 것이다.

(3) 삶에 대한 폭넓은 이해에서 비롯된 서론 전개. 앤드류 블랙우드(Andrew Blackwood)는 말하기를 "본문을 제외하고 설교에서 가장 중요한 부분은 서론 부분일 것이다."라고 했다. 필자도 그 의견에 동의한다.

사실 좋은 서론을 구상하는 것은 성경 지식이나 석의에 의한 지식만 가지고는 안 된다. 그래서 필자가 처음부터 강조하는 것은 설교자는 신학만 가지고 만들어지는 것이 아니라-삶에 대한 감각, 삶에 대한 평소의 관심, 이런 모든 것들이 설교자를 설교자 되게 만드는 것이기 때문에 폭넓은 독서나 삶에 대한 관점, 삶 그 자체 안에서의 성숙이 요구된다는 것이다. 우리는 이러한 전인적인 관점을 놓쳐서는 안 된다.

4. 결론의 목적

결론은 설교의 마무리 부분으로서 설교의 목표를 달성하는 절정이다. 설교의 적용을 위해서도 결론이 그 역할을 가진다. 또한 과거의 감리교회나 침례교회에서 많이 사용하는 부분이기도 한데, 결신을 위한 초청으로서의 결론은 다리 역할을 한다. 초청의 신학과 초청의 실천에 대해서는 따로 취급을 하기로 한다.

5. 좋은 결론

(1) 설교의 내용에 걸맞고 분명해야 한다. 지금까지 전개해온 설교의 모든 흐름과 별로 상관없는 결론이 나올 수도 있다. 사람들이 마지막으로 잘 기억해야 될 것이 결론이기 때문에 분명하게 요약하여 들려주어야 한다.

(2) 개인적인 적용이 가능한 것이어야 한다. 예를 들면 세계복음화에 대해서 설교를 할 수 있지만 그 세계복음화가 구체적으로 이루어질

수 있도록 개인의 삶 속에 적용 가능한 것이어야 한다. 세계복음화를 위해서 오늘 이 삶의 현장에 있는 한 명의 구체적인 나 개인은 무엇을 해야 할 것인가 하는 문제가 분명히 거론되지 않는다면 결론은 그 의미를 상실하고 만다.

앞에서 제시한 야고보서의 실례는 필자가 과거 1월 1일에 새해 설교로 사용했던 부분이다. 마지막에 한해의 계획을 세우도록 도전하고 종이를 두 장씩 나누어주었다. 한 장은 개인의 삶과 가정에 대해서 앞으로 한 해 동안 변화를 시도해야 할 부분에 대해서 계획들을 세우도록 했고, 또 한 장은 청지기 결심서를 만들어서 금년 한 해 동안 교회의 어떤 부서나 사역의 분야에서 봉사할 것인가를 결심하도록 만들었다. 그렇게 되면 설교와 적용이 맞아들어가는 교량 역할을 할 수가 있게 될 것이다.

(3) 적극적인 희망이 담겨 있어야 한다. 결론을 부정적인 선언으로 마치는 것처럼 바람직하지 않은 것은 없다. 결론은 적극적인 희망을 담고 있어야 하며, 결론일수록 낙관적으로 긍정적인 희망이 나타나야 한다. 설교의 극적인 요소를 위해서는 서론이나 대지의 전개과정에서 부정적인 요소가 상당히 포함될 수 있다. 그러나 적어도 결론만은 적극적이고 희망을 보여주는 것이어야 한다.

(4) 삶의 변화를 촉구하는 도전이 있어야 한다. 우선 성서연구를 비근한 예로 들자면, 필자는 가장 나쁜 의미의 성서연구는 지식의 전달이라고 생각한다. 성경공부가 상당히 보편화되었고 한국 교회 안에 많은

관심을 모으고 있지만, 아직도 여전히 지식 전달의 차원에 머물러 있다는 느낌을 받는다. 지식 전달을 강조할수록 그 성경공부는 실패할 가능성이 많다. 또한 불필요한 토론, 논쟁 등을 통해서 성서연구의 분위기조차 해칠 우려가 있고 백해무익한 결론을 맺을 때가 많다. 비록 이러한 성경공부가 나름대로 가치를 지니고 있다고 할지라도 그것은 머리를 키우는 데 불과한 것이라고 생각한다.

한국 교회는 성경연구에 관심을 갖기 시작하면서 복음주의전에서 네비게이토 발행 교재와 같은 것으로 본격적인 공부를 시작했는데, 필자는 이 과정을 지켜보면서 한 가지 재미있는 점을 발견했다. 즉, 학생들에게 한 과 한 과 숙제를 내보면 가장 해오지 않는 부분이 마지막 질문이라는 점이다. 때때로 성경공부 인도자들도 그 마지막 질문을 소홀히 다룬다. 그 성경공부 교재를 만든 저자의 의도에서 보자면 가장 중요한 부분이 마지막 부분이다.

지금까지 공부한 모든 것을 기초로 할 때, 오늘 내 삶 속에 어떻게 적용시킬 것인가? 바로 이 부분을 생각하고 자기 삶에 연결시켜야 하는데 그 부분을 소홀히 한다. 자신의 삶에 나타난 갖가지 실패를 고백하고 삶의 방향을 정립하고 여기서부터 우리는 이 세상에서의 진정한 변화를 추구할 수 있는 것인데, 이 부분을 취급하지 않고 그냥 지나가 버리고 만다. 쉽게 해답을 쓸 수 있는 부분들에 대해서는 자세하게 다루기도 하지만, 마지막 삶의 적용부분을 그냥 지나간다. 그것은 성서연구의 실패라고 생각한다.

설교도 마찬가지라고 생각한다. 이 결론 부분을 통해서 지금까지의 모든 메시지가 어떻게 우리의 삶 속에서 적용되어야 하는가를 말해야 한다. 그들의 삶 속에 적용시킬 수 있는 것들을 구체적으로 제시해야 한다. 이러한 제시와 도전이 없으면 지금까지의 모든 설교는 별로 의미가 없다. 적용을 많이 강조하다 보면, 설교의 응답으로 좋은 간증들이 나오게 된다. 이 부분은 아무리 강조해도 지나치지 않다. 어떤 사실을 설명하는 설교로서 결론을 맺을 경우 청중들의 삶 속에서부터 우리가 기대해야 할 반응을 얻을 수 없게 된다. 삶의 변화를 촉구하는 이 부분은 청중들에게 도전을 주게 되고 이를 통해서 설교자는 청중들에게서 그 설교의 기대치를 획득하게 되는 것이다. 그러므로 다시 강조하지만, 적용은 실제적인 것이어야 한다.

(5) 의지의 변화를 향한 결론. 파머(H. H. Farmer)라는 설교자는 "설교가 사람들의 의지에 호소하는 바가 없다면 그것은 실패한 설교"라고 단정했다. 의지에 호소한다는 것은 지성을 통해서 또는 감성을 통해서 지식의 영역을 지나서 의지로 나아가는 것을 말한다. 그러나 설교를 들을 때 내가 무엇을 해야 하겠다고 결심을 하는 것은 의지의 결단이므로 설교의 마지막 접근은 항상 의지를 향한 호소가 되어야 한다는 것이다. 제이 아담스(Jay E. Adams)는 서론이 마치 음식을 먹을 때 '식욕을 돋우는 역할'(appetizer)을 한다면, 결론은 '디저트'(dessert)와 같다고 했다. 어떤 디저트를 먹느냐에 따라 끝이 상쾌할 수 있다. 결론 부분은 많은 양을 차지할 필요는 없다고 본다. 왜냐하면 전개 그 자체가 잘 되면, 어떤 결론도 약 5퍼센트 미만으로 충분히 성립될 수 있다고 생각한다.

(6) 귀납법에 의한 결론. 귀납법적인 설교를 주장하는 사람들은 심지어 설교의 결론 부분에서도 때때로 귀납법적인 접근을 사용할 때가 있다. 그러니까 다시 서론 부분과 같이 인상적인 한 이야기를 통해서 지금까지 강조한 내용들을 재강조하는 것이다. 이 결론을 잘 요약해줄 수 있는 어떤 시 또는 인용구, 극적인 뉴스를 사용해서 마무리를 지을 수 있다. 이와 같이 결론을 꼭 연역법적인 방법이 아닌 귀납법적인 결론으로 끝낼 수도 있다.

반면에 너무 귀납법적인 방법에 매달려 있다 보면 결론이 분명해지지 않을 가능성도 있다. 연역법이라는 것은 뚜렷한 직설적인 묘사이기 때문에 이해하기 쉽다. 그러나 이야기를 할 때에 청중들이 잘 알아들을 수도 있지만 잘못 알아들을 수도 있다. 그러므로 연역적인 방법과 귀납법적인 방법을 잘 조화 있게 사용해야 한다. 따라서 필자는 귀납적인 방법을 강조하지만, 이 사실이 연역법적인 방법을 배제하는 것이 아니라는 사실도 동시에 강조를 하고 싶다. 설교를 마무리하는 데 있어서 매우 인상 깊은 이야기는 그 설교를 더욱더 분명하게 해줄 수 있는 것을 사용해서 지금까지 강조했던 설교 전체를 한 마디 정도로 압축해서 제시할 수 있을 때에 그것을 사용할 수 있다는 것이다.

(7) 결론과 힘의 안배. 실제적인 설교의 흐름에 있어서 우리가 한 가지 주의할 것은, 결론 부분까지 우리의 육체적 에너지를 아껴야 한다는 점이다. 힘의 안배를 염두에 두어야 한다. 서론이나 대지의 앞부분에서 너무 흥분하고 열정을 쏟다보면 결론을 맺을 힘이 다 소모되는 경향이

있다. 운동선수들이 마지막 결정타를 위해서 육체의 힘을 잘 안배해서 사용하는 것처럼 결론 부분을 위해서 힘을 안배하는 것도 중요하다.

특히 전도지향적 교회에서 보편화되고 있는 초청을 할 경우에 에너지가 많이 소모되기 때문에 힘을 아껴둘 필요가 있다. 사람들을 불러내고 그들을 결심하게 하는 현장에 있어야 하기 때문에 힘을 조절할 필요가 있다. 초청 시에 영적인 힘이 매우 많이 소모된다는 사실을 미리 알고 있어야 한다. 결론에서 초청으로 넘어가는 이 부분을 무리 없이 유도하고 사람들을 구체적인 결심의 자리에 인도하기 위해서는 힘을 조절하고 아낄 필요가 있다는 말이다.

03
보조 자료의 사용

1. 예화

필자도 예화를 많이 사용하는 설교자 가운데 하나다. 스펄전의 유명한 명언처럼 예화는 집안의 창문과도 같다. 산뜻하게 빛이 들어오도록 한다. 그래서 아무리 진술해도 그것이 무엇인가를 잘 납득할 수 없을 경우, 예화를 통해서 쉽게 이해할 수 있는 가장 설득력 있는 방편이 예화라고 생각한다. 예화에 대해 몇 가지 언급하면 다음과 같다.

(1) 사실일수록 설득력이 많다. 그러나 사실이 아닌 것도 예화에 사용될 수 있다. 우화나 상상력의 산물이 예화에 얼마든지 사용이 가능하다. 예화가 사실인지 아닌지를 교인들이 스스로 구별할 수 있다면 그것이 사실인지 아닌지를 구태여 언급할 필요는 없다고 본다. 하나님께서 우리에게 허락하신 위대한 선물 가운데 하나가 바로 상상력이라고 생각되는데, 이 상상력을 가지고 우리는 어느 정도 예화를 충분히 사용할 수 있다고 본다. 설교 시의 예화 선택에 있어서 꼭 사실만을 고집할 필요는 없다고 생각한다. 그러나 실화가 더욱더 생생한 효과를 가지고, 설득하는 힘이 있다는 것은 잊지 말아야 한다.

(2) 예화는 생생한 시각적 이미지를 내포해야 한다. 무미건조한 예

화보다 율동이 있고 색깔이 있는 극적인 예화가 설득력 있다.

(3) 설명하려는 진리와 부합되어야 한다. 많은 경우에 예화를 위한 예화도 있다. 그런 것은 주의하도록 해야 한다. 그 예화가 그 설교와 무슨 관계가 있는지 알지 못하는 경우도 종종 있다.

(4) 되도록 짧은 예화가 좋다. 예화가 너무 길어지면 예화 중심의 설교로 전락될 수도 있다. 그렇게 되면 귀납법적인 설교는 될 수 있지만 강해설교는 되지 못하고, 본문 그 자체를 강해하여 하나님이 말씀하신 그 내용을 들려주는 일에 실패할 수 있다. 그래서 예화는 될 수 있으면 짤막하고 간결하게 구성하는 것이 중요하다.

(5) 흥미가 있어야 한다. 예화로서의 가치는 그 예화가 지니는 흥미에 있다. 흥미가 없다면 예화는 그 가치를 지니지 못한다. 예화가 가지고 있는 흥미는 예수님의 비유와 비교할 수 있을 것이다. 비유의 특성은 그 돌발성이 주는 흥미에 있다. 비유는 일상적인 이야기지만 청중들이 예상치 못했던 방향으로 결론이 마무리되기 때문에 사람들의 관심과 흥미를 끌 수 있다. 그래서 기억에도 오래 남아 있는 것이다. 예화는 예기치 못했던 놀라움이 충격적으로 청중들의 마음을 사로잡아야 한다. 청중들의 기대치를 넘어서는 예화가 흥미를 끈다. 그런데 한 가지 재미있는 사실은 교인들이 설교는 모두 잊어버려도 예화는 잘 잊어버리지 않는다는 것이다. 그렇기 때문에 예화를 신중하게 선택하는 것이 좋으며, 다른 목사

님들이 많이 사용하는 예화는 가급적 사용하지 않는 것이 좋다. 청중들이 "저것은 어디서 많이 들어본 건데 …"라고 하면 진부한 감을 주게 된다. 진부하지 않으면서 참신한 자신의 독창적인 예화를 사용해서 설교를 하는 것이 좋다.

(6) 예화를 수집하라. 예화는 수집하지 않으면 안 된다. 그러나 예화집은 가급적 사지 않는 것이 좋다고 생각한다. 필자도 예화집을 여러 권 가지고 있지만 필자의 서재에 쌓여있는 삼사십 권의 그 예화집을 여러분들이 와서 달라고 하면 아낌없이 줄 수 있을 정도로 그 필요성에 대해서는 회의적이다. 예화집 안에 3,000개, 6,000개 또는 10,000개의 예화가 들어있다 하더라도, 필자의 경험에 의하면 설교 시에 적절한 예화를 찾아내기가 힘이 든다는 것이다. 이 사실은 설교를 해본 사람이라면 누구나 다 공감할 것이라 생각한다. 그렇게 많은 예화라고 하더라도 하나의 설교에 필요한 예화는 고작 10개 미만 정도에 지나지 않고, 그것도 적절한지 여부가 애매하기 일쑤이다. 하나의 설교를 준비하는 과정에서 그것에 적절한 예화를, 그렇게 두꺼운 예화집에서 조차 찾기가 어렵다는 것은 설교자들이라면 누구나 공감할 것이라 생각한다. 따라서 필자는 설교 예화를 예화집에 의존한다는 것은 그리 바람직한 일이 아니라고 생각한다.

(7) 예화 수집의 실례. 우리의 일상생활에서 예화를 고르는 것이 좋은 방법이라고 생각한다. 필자가 아무리 바빠도 꼭 하는 것은 신문 읽는

것이다. 그리고 세속적인 월간잡지 또는 기독교 월간잡지 등 많은 잡지들을 읽으려 애쓴다. 그리고 또 반드시 읽는 것은 그 달의 베스트셀러들인데, 소설 부분 한 권, 비소설 부분 한 권이다.

그러나 필자는 이러한 것들을 읽기 위해서 시간을 따로 내지는 않는다. 공부나 교회 사무 혹은 명상을 하다가 머리를 식혀야 할 때 읽는다. 그래서 이러한 책들은 서재 옆이나 화장실과 같은 수시로 머리를 식히면서 읽을 수 있는 장소에 두고 본다.

우리가 설교를 준비하다가 착상이 안 되고 어떻게 풀어나가야 할지 도무지 생각이 나지 않을 때가 있다. 벽에 부딪힌 것과 같은 이러한 때는 계속 그 설교 준비에 매달려 있으면 좋지 않다고 스피치 전문가들이 조언을 한다. 이럴 때는 운동을 한다든지 산책을 한다든지 해서 지금까지 하던 일과는 전혀 다른 것을 하는 것이 도움이 되는 것이다. 필자의 경우는 지금까지 공부하던 책들과는 전혀 다른 책을 읽거나 설교 준비와는 전혀 다른 종류의 책을 본다.

이렇게 해서 머리를 한 번 식히고 나면 생각의 리듬이 다시 살아나는 것 같다. 읽은 책을 통해서 도움을 얻는 경우도 있지만, 그렇지 못해도 상관이 없다. 전혀 다른 책을 읽을 때에 사고의 리듬이 바뀌어지는 것만으로도 충분하다. 이렇게 해서 다시 설교 준비로 돌아오게 되면 새로운 아이디어가 떠올라서 설교 준비가 오히려 잘 될 때가 많이 있다. 그래서 이런 경우를 대비해서라도 우리 주위에 가볍게 읽을 수 있는 것들을 준비하는 것이 좋다.

(8) 예화 수집철. 그러나 가장 중요한 것은 예화 수집을 위해서 각자 개인적인 예화 수집철을 갖는 것이다. 필자는 예화철을 두 캐비넷 가득 가지고 있다. 하나는 가나다 순이고, 하나는 ABC순이다. 예화철은 가정, 기적, 기도 등과 같이 가나다순으로 항목을 택하여 분류한다. 이렇게 준비한 예화가 상당한 수에 달한다. 이런 예화들은 대부분 예화집에서 뽑아낸 것들이 아니라, 신문, 잡지, 책 등을 읽다가 복사기에 복사해서 모은 것들이다. 이렇게 준비를 해두면 나중에 필요하게 된다. 다른 분의 설교를 듣다가도 아주 좋은 예화가 있으면 그것은 메모해 두었다 예화철에 모아둔다. 자신의 예화철을 가지고 있어야 한다는 것을 강조하고 싶다.

(9) 예화의 반복. 부흥회 같은 특별한 목적이 있는 집회에서는 예화를 좀더 많이 사용하는 편이다. 한번의 설교에서 4~5가지를 사용하기도 한다. 그러나 주일 아침 설교에서는 절대로 3개 이상을 사용하지 않으려 한다. 대부분 1~2개 정도 되리라고 본다.

그리고 성경 자체 내에 나오는 예화를 사용할 수도 있다. 단지 이때는 그 과거의 사실을 현대적으로 각색하고 독창적으로 변화를 주어서 사용하는 것이 좋다. 이 경우에는 청중들이 다 아는 것이기 때문에 진부한 감을 주기 쉽다. 창조적인 재구성이 필요하다.

설교자마다 자기가 특별히 좋아하는 예화들이 있는 것 같다. 자기가 좋아하는 예화들은 어쩔 수 없이 자주 사용을 하게 된다. 그래서 필자의 경우도 설교에서 가장 힘이 드는 부분이 바로 이 예화를 계발하는 것이라 생각한다. 수집을 많이 해놓기는 했지만 적절하다는 생각이 들지 않는 경우가 많다. 그래서 내가 좋아하는 예화들이 어쩔 수 없이 반복되는데, 그것을 너무 자주 반복하는 것은 좋지 않다. 그러나 다른 장소에서라면 그 예화를 또 사용할 수는 있다고 본다.

2. 주석 사용

(1) 골치 아픈 주석을 구입하라. 우리에게는 쉽게 사용할 수 있는 경건류의 주석이 필요하기도 하지만, 적어도 한두 권씩 골치 아픈 권위 있는 주석들을 갖추는 것이 좋다. 주석은 개인적인 도서실을 확장시켜 나갈 때 계획을 세워서 구입하면 좋다. 책을 살 때 무조건 전집으로 구입하지 말고 창세기부터 요한계시록까지 책을 채워 넣을 계산을 하고, 창세기에 관해서 어떤 주석이 좋은가 추천을 받아가며 각 권마다 좋은 주석을 몇 권씩 비치하도록 하라. 적용에 도움이 되는 주석도 필요하지만 그보다는 골치 아프고, 딱딱하고, 메마르지만, 역사적 맥락이나 배경들을 충분히 전달할 수 있는 소위 학문적 권위 있는 주석들을 책마다 한두 권씩 꼭 비치하라는 부탁을 하고 싶다.

(2) 필자의 경우. 필자도 책을 모으는 작업을 25세 정도부터 시작했다. 그래서 각 권마다 어떤 주석이 좋은 것인가 하면서 계속 찾아다녔고, 신학 서적들도 각 분야별로, 조직신학, 역사신학, 변증학, 실천신학, 성서신학, 선교학 등과 같이 각 분야에 대해서 조금씩은 언제나 참고를 할 수 있을 정도로 찾아서 비치를 해 놓았다. 특히 설교자들에게 있어서 교

회사의 자료들은 크나 큰 도움을 줄 수 있을 것이다. 설교자에게 있어서 공부는 신학교를 졸업함과 동시에 끝나는 것이 아니라 더욱더 진보를 이루기 위해서 촉진되어야 한다. 설교 준비 시에 이따금씩 어떤 역사적인 예증을 들기 위해서 다시 교회 역사를 찾아보아야 할 때가 있다. 이 경우에 다시 쉽게 그 책으로 돌아갈 수 있도록 그러한 책들도 계획적으로 비치하려고 했다.

3. 그 밖의 도구들

다음의 것들은 우리가 설교를 준비하는 책상에서 가장 가까운 곳에 두어야 한다.

(1) 성구사전과 성경사전. 영 교수의 「성구사전」(Young's Analytical Concordance)과 스트롱의 「성구사전」(Strong Concordance), 또한 아가페 「성구대사전」등이 있다. 성경사전의 경우에는 존더반(Zondervan), 엉거(Unger), 위클립(Wycliff) 등의 사전들이 나와 있다.

(2) 단어연구 서적들. 로버트슨의 「신약원어대해설」(Word Pictures)과 레어드 헤리스의 「구약원어신학사전」(R. Laird Harris, Gleason L. Archer, Jr., Bruce K Waltke, Theologecal Word Book of The O. T.) 그리고 킷텔의 「신약성서신학사전」(Gerhard Kittel, Theological Dictionary of the N. T.)이 있다. 이 세 권의 책이 없이는 설교를 하지 말라고까지 강조를 하면서 추천을 하고 싶다. 윌리암 윌슨의 「구약단어연구」(O.T. Word

Studies)도 매우 좋다.

(3) 성서지도. 성서지도가 매우 중요하다. 그리고 갈 수 있으면 성지에 한 번 다녀오는 것도 많은 도움이 된다. 지도에는 옥스퍼드와 무디 또는 아가페의 「성서지도」 등이 있다. 이러한 참고서적들은 항상 손이 쉽게 닿을 수 있는 곳에 두는 것이 좋다(성지순례의 경우, 필자의 교회에서는 출발 2~3개월 전부터 그 성지에 대해서 공부를 한다. 그렇게 되면 갈 때가 되어서는 매우 흥미와 기대를 갖고 학문적인 성지순례를 할 수 있다. 성지순례를 마치고 나서 여행기를 쓰게 하고 졸업장도 준다. 이렇게 되면 성지순례가 관광이 아니라, 참으로 성경을 공부하는 것이 된다. 필자의 교회에서는 성지순례를 갔다 와서 인생이 변해 버린 사람도 많이 있다).

(4) 여러 가지 성서번역을 사용하면 원의미가 쉽게 이해된다. 번역본을 한 서너 권은 반드시 비치를 하는 것이 좋겠다. 여러 종류의 번역들을 사용하면 그 문장의 의미들을 확연하게 알 수 있다. 한국어 번역들도 여러 종류가 나와 있기 때문에 비교해서 연구를 할 필요가 있다고 본다. 공동번역은 번역이 잘못되었다고 해서 사용을 하지 않는다고 하는 분도 있지만 이러한 흑백 논리는 좋지 않다고 생각을 한다. 이러한 생각은 마치 어떤 주석이 제일 좋습니까 하는 물음과 비슷한 무식한 질문이다. 어떠한 사람이라도 모든 주석을 완전하게 쓸 수는 없다. 창세기 주석에서는 어떤 주석이 권위가 있다 하는 식으로 말을 할 수 있을 뿐이다.

번역도 이와 마찬가지이다. 어떤 번역이 가장 좋은가라고 질문하기는 어렵다. 어떤 부분은 공동번역이 어떤 부분은 '표준 새번역'이 더 탁월하게 한 부분이 있다. 필자가 개인적으로 생각할 때 시편 23편 1절과 같은 것은 오히려 옛 개역한글판이 더 좋다고 본다. 그러므로 단지 우리는 여러 번역들을 비교해서 그 의미를 더 명확하게 이해하려고 할 수 있을 뿐이다. 여러 번역을 사용하는 것이 중요하다는 말이다.

(5) 자신의 연구기록을 가지라. 이러한 과정에서 중요한 점 하나는 자신의 연구기록을 가지고 있는 것이다. 예화나 인용문과 같은 것만 철할 것이 아니라, 고고학적인 자료들, 신앙의 사건과 여러 모로 관련 있고 시사성 있는 사건 자료들도 비치해두는 것이 좋다. 설교자들은 무슨 공부를 하든지 그것을 자신의 설교와 연관을 시킬 수밖에 없는데, 이러한 여러 가지 사항들을 정리하고 분류해서 수집하는 것이 설교자의 준비성이라고 할 수 있을 것이다.

04
커뮤니케이션

설교 전달이라는 말을 흔히 사용하는데, 필자는 여기서 '전달'이라는 단어보다 폭넓은 '커뮤니케이션'이라는 말을 사용하겠다. 인간은 커뮤니케이션을 통해서 존재하도록 지음 받았다고 생각한다. 커뮤니케이션이야말로 인간이 하나님의 형상을 닮은 가장 민감한 부분이라고 생각한다. 하나님 자신이 커뮤니케이션을 위한 존재이셨기 때문에 결국 인간의 창조가 비롯되었다고 생각할 수 있겠다.

"태초에 말씀이 계시니라. 이 말씀이 하나님과 함께 계셨으니" 여기에서 "함께"(πρôs)라는 단어가 시사해주는 것처럼 성부 하나님이 성자 하나님인 그리스도와 더불어 영원 이전부터 존재하시며 커뮤니케이션 하셨고, 하나님은 자신의 영광을 위하여, 또 자신을 나타내시기 위해서 인간을 지으신 사실을 알 수 있다.

그렇기 때문에 인간은 본질적으로 커뮤니케이션을 하지 않으면 존재할 수가 없는데, 문제는 우리가 커뮤니케이션을 하느냐 하지 않느냐가 아니라, 얼마나 효과적으로 커뮤니케이션을 할 수 있느냐는 것이다. 넓게는 설교도 이 커뮤니케이션의 한 부분이라고 할 수 있겠다.

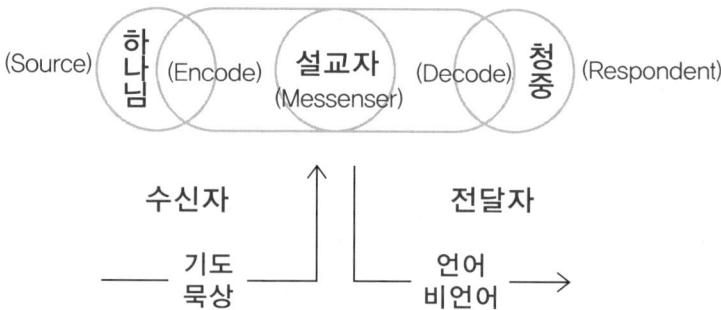

 일반적으로 커뮤니케이션과 관련해서 설교를 연구하는 학자들은 다음과 같이 설명한다. 설교에 있어서 설교자는 단독으로 존재하지 않는다. 설교자는 먼저 근원자로부터 메시지를 받고, 대상자를 향해서 전달하는 것이다. 설교자가 메시지의 원천으로부터 기도와 묵상을 통해 메시지를 받고, 그 메시지를 받은 다음에 그것을 전달해야 할 대상자를 향해 방출하는 과정을 통해서 커뮤니케이션은 이루어진다. 그러므로 설교자는 자신이 전달자로서 말씀을 전달하기 이전에 먼저 수신자의 입장에 서게 된다. 그리고 받은 다음에 자기가 전달하려는 대상을 향해서 전달하는 자가 된다.

 따라서 커뮤니케이션이란 강대상에 서서 어떤 억양과 제스츄어와 음성으로 전달하느냐 하는 것에 앞서 설교자 자신이 메시지를 받는 근원자와의 관계에 관심을 갖는 것이 중요하다.

 명상은 우리가 근원자로부터 메시지를 받는 한 과정이라고 볼 수 있다. 자기 자신이 말씀을 받기에 합당하도록 자기 자신을 투명하게 보존하는 일, 이것은 일반 커뮤니케이션을 연구하는 학자들까지도 강조하고 있다. 내가 얼마나 순수하고 투명한가에 따라서 결국 근원자로부터 말씀을 받는 직관이나 통찰의 폭이 깊고 넓어질 수 있다.

자기 자신을 순결하게 보존하고 계속해서 경건의 시간을 갖고 끊임없이 주님의 뜻 앞에 자신을 노출하고, 점검하는 자세는 모든 커뮤니케이션 이전에 선행되어야 할 가장 중요한 첫 번째 작업이라고 생각한다.

다음에, 메시지를 받아서 전달하는 과정에 있어서 설교자 자신의 선험적인 삶의 구조는 메시지에 영향을 미칠 수밖에 없다. 그것은 설교자 자신의 세계관, 삶의 형태, 사고방식, 또 그 사람의 삶의 환경 등을 통해서 메시지에 여러 형태로 영향을 준다.

이 과정을 통해 대상자를 향해 말씀이 전달될 때 종전에는 우리의 목소리를 통한 커뮤니케이션에만 관심을 가져왔다. 그러나 현대 커뮤니케이션 학자들은 커뮤니케이션의 가장 중요한 요소는 음성으로 나타나는 부분뿐만 아니라 비언어(제스츄어, 그 사람이 가진 분위기, 논리, 상징 또는 그 사람이 사용하는 전달의 도구)에 속하는 모든 것들도 커뮤니케이션에서 중요하고 또 상당한 영향을 끼친다는 사실을 강조하고 있다. 물론 언어가 중요하지만 위의 모든 것들이 전체적으로 통일되어서 커뮤니케이션을 형성한다는 것이다. 그러나 우리는 여기서 넓은 의미의 커뮤니케이션이 아니라 설교를 전달하는 데 관련 있는 커뮤니케이션에 대해서 관심을 가지려고 한다.

1. 전달방법

(1) 원고 낭독형. 원고를 완벽하게 써와서 읽어 내려가는 형태를 말

한다. 이러한 방법이 전혀 유익하지 못하다고 결론내릴 수는 없다. 교회사나 설교사를 보면 원고 낭독형의 설교자로서도 역사 속에 위대한 영향을 끼친 설교자들이 많이 있었다. 조나단 에드워드(Jonathan Edward), 피터 마샬(Peter Marshall), 호레이스 부시넬(Horace Bushnell) 등은 원고를 그대로 낭독하면서도 놀라운 영향력을 나타냈다. 그러나 한결 같은 사실은 이들은 굉장히 많은 기도의 시간과 충실한 학문을 통해서 감탄할 만한 설교의 내용을 가지고 있었다는 사실이다.

목소리가 나쁘다든지 제스츄어에 있어서 어떤 약점이 있든지 할 경우에 많은 실력을 가지고 영성 생활에 깊숙한 체험을 해서 원고 낭독형의 설교자로서도 영향력을 미칠 수 있다는 좋은 의미의 가능성을 우리에게 보여주고 있는 것이다.

이 형태의 장점은 불안할 필요가 없다는 점이다. 원고를 잃어버릴 염려도 없고, 정확하게 내용을 전달할 수가 있다. 또한 표현이나 기록의 예술성을 증진시킬 수 있다. 대부분 이런 설교자들의 설교는 역사를 통해 오랫동안 남아있다. 이러한 종류의 설교는 기록을 위해서 구성되었기 때문에 애초부터 완벽한 문체를 가지고 있으며, 하나의 문학작품으로서도 가치를 가지는 설교로서 역사 속에 오랫동안 영향력을 남길 수 있는 장점도 있다.

반면에 단점에는 시선 접촉(eye-contact)이 없기 때문에 청중과 설교자 사이의 거리가 단절될 수 있는 위험이 있다. 또 원고에만 의존하는 사람은 임기응변의 상황에 적응하기 어렵다. 설교자들에게 꼭 주일날과 같은 상황만 주어지는 것이 아니라, 갑자기 설교를 해야 할 상황들이 언제나 벌어지기 마련이다. 원고 낭독형의 설교자일수록 이런 임기응변의 상황에 대처할 능력이 없기 때문에 종종 당황하는 것을 볼 수가 있다. 또 이런 설교 형태가 가진 제한성 때문에 청중과의 공감대 형성에 어려움이 있다. 그러므로 부득이 이런 형태의 설교를 준비하는 사람은 더욱더 기도를 많이 하고 준비를 철저히 해서 충실한 인격을 가지고 있어야 한다. 미국의 대각성기에 조나단 에드워드와 같은 설교자는 원고 낭독형의 설교자였음에도 이분의 설교를 듣고 사람들은 기둥 뿌리를 붙들고 하나님의 저주와 지옥의 진노를 두려워하고 회개를 했던 역사적인 사실도 상기해야 할 것이다.

(2) 원고 암기형. 원고 낭독형이 청중들과의 시선 접촉이 없어 공감대를 형성하기 어려우므로 이것을 보완하기 위해 원고를 다 작성하고, 암기하여 설교하는 형태이다. 이런 형태의 장점으로는 기억력의 증진을 들 수 있다. 그러나 문제가 있는데, 만일 설교를 잊어버리면 큰일이다. 종종 우리 가운데 원고 암기형이 있다. 그러나 필자는 위의 두 가지 중에서 하나를 선택한다면 원고 낭독형이 더 좋다고 생각한다. 암기하는 작업도 매우 힘이 드는 것일 뿐 아니라 만약 잊어버리면 더욱더 당황하게 되기 때문이다.

(3) 자유 전달형. 이것은 전혀 원고가 없이 약간의 묵상을 한 후에 나와서 자유롭게 전달하는 것이다. 이런 사람들은 대부분 직관력이 깊은 사람들이다. 또 순발력을 가지고 있는 사람들이 이런 형태를 사용한다.

단점이라면 준비가 소홀해질 수 있고, 기록 능력이 퇴진하여 설교의 표현성이나 문학성이 후퇴할 가능성이 많다. 장점은 직관력이 강해질 수 있고, 자유스런 제스츄어와 임기응변에 대처능력이 강해질 수 있다는 점이다. 그러나 이 방법도 추천할만한 것은 못된다. 준비 없는 설교를 통해서 커다란 능력과 축복을 주시리라고는 기대하기 어렵다고 생각하기 때문이다.

(4) 대지 전달형. 대지(outline)만 써가지고 설교를 하는 형태이다. 물론 이러한 형태의 설교자들이라 할지라도 그 개요 이외에는 다른 내용들을 준비할 것이다. 그러나 주요 설교 준비는 주로 그 요지만을 하는 형태이다. 짧은 카드나 한 페이지 정도의 내용만으로 설교를 하는 설교자들이 있다. 이 설교형의 대표자로는 강해설교의 대가인 알렉산더 맥클라렌을 들 수 있다. 오늘날 많은 강해설교자와 인기 있는 설교가들이 이 방법을 사용하고 있다. 필자도 초기에는 거의 설교를 그대로 작성하여 원고 낭독형으로 설교를 하다가, 최근에는 대지전달형을 절충하고 있다. 어느 정도 설교를 작성하는 법에 익숙해졌다고 믿었을 때 비로소 설교 스타일을 바꾸기 시작했다고 할 수 있다.

(5) 숙지 전달형. 이것은 준비를 완벽하게 해놓고 원고를 완전히 소화한 후에 원고가 없이 설교를 하는 형태이다. 여기서는 원고를 암기하는 것이 아니라 소화를 했다고 말하는 편이 옳다.

일반적으로 설교학자들은 설교 초기에는 원고 낭독형을 많이 추천

한다. 그리고 익숙해지면 주로 대지만을 의지하는 네 번째 형태가 가장 천거할만한 형태라고 생각한다.

2. 목소리

우리는 보통 훌륭한 설교자들이 타고난 좋은 목소리와 좋은 화성력을 가지고 있기 때문에 그런 설교를 할 수 있다고 생각하고 있다. 그러나 웅변학이나 설교학의 역사를 읽어보면 전혀 그런 기능을 타고나지 못한 사람들 가운데서도 자기의 노력과 연습을 통해서 극복하고 훌륭한 웅변가나 설교가가 된 경우가 상당히 많이 있다는 사실을 알 수 있다.

희랍의 최고 웅변가였던 데모스테네스는 본래 말을 더듬던 사람이었다. 그런데 그가 말더듬을 교정하기 위해 노력한 것이 동기가 되어 희랍의 최고 웅변가가 되었다. 「전도폭발」이라는 교재를 저술한 제임스 케네디(James Kennedy)목사도 어렸을 때 말을 더듬었다고 한다. 그분의 설교는 속도가 매우 느리다. 이분은 많은 노력을 통해서 말을 또박또박 발음하는 형태가 되었다. 그것은 나름대로의 매력과 설득력이 있다. 이것은 바로 어린 시절의 좋지 못한 발음을 교정하기 위한 노력의 일환으로 이루어진 것이라 할 수 있다. 로버트 홀(Robert Hall)은 선천적으로 아주 약한 목소리를 가지고 태어났다. 이것을 보완하기 위해 아주 빨리 말하는 방법을 통해 약점을 보완했다고 한다.

요즘은 좋은 마이크 시설이 있으므로 목소리의 결함이 핑계가 될 수 없다. 또 근육운동이나 호흡조절, 큰 소리 읽기, 노래하기 등을 통해서 목소리를 보완해 갈 수 있다. 그리고 마지막 클라이막스를 위해 체력을 조절하는 것도 중요하다.

목소리는 또한 청중에 따라 상당히 달라진다. 필자의 최근 설교를 들어 본 사람들이 설교가 느려졌다고 한다. 그것은 나이가 들면서 좀더 여유있는 소통을 노력하는 과정에서 일어난 변화라고 할 수 있다. 필자가 초기 설교를 할 때에는 대상자가 주로 젊은 층이었고, 즉각적인 반응을 볼 수 있었다. 그래서 설교를 빨리할 수 있었다. 그러나 좀더 다양한 계층을 대상으로 설교를 하면서 설명도 하고 천천히 설득도 하다 보니 설교가 느려졌다고 할 수 있다. 청중의 종류에 따라서 목소리를 달리 할 수 있을 것이다.

3. 태도

이것은 비언어(nonverbal)에 속한 부분인데 오늘날엔 몸짓언어(body language)라고 한다. 옛날의 웅변가나 설교자들은 거울을 앞에 놓고 연습을 했다고 한다. 조용기 목사님도 거울을 앞에 놓고 늘 연습을 했다고 들었다. 즉 노력이 매우 중요하다. 자기의 손가락, 제스츄어, 얼굴 표정, 눈의 위치 등을 연습해야 한다. 처음 설교자들은 강단에서 자신의 눈동자를 어디에 두어야 할지 몰라서 안절부절못하는 경우를 많이 볼 수 있다. 이럴 때에는 S자형으로 청중을 훑어본다든지 해서 안정감을 찾을 수도 있을 것이다.

너무 제스츄어를 많이 사용해도 경망스러워 보인다. 또 너무 사용하지 않아도 권태스럽고 지루하다. 필자가 이 문제에 대해서 언급하고 싶은 것은 그 설교자의 태도 자체보다는 그 설교자의 확신과 함께 제스츄어가 나온다는 것이다. 설교자로서 그 메시지에 대한 확신과 믿음이 더할수록 더욱더 강렬한 제스츄어가 동반된다고 생각한다. 그러므로 제스츄어 그 자체에 너무 신경 쓰는 것도 바람직한 것이 아니라고 본다. 그러므로 이와 같은 분야에 대해서는 발달된 과학문명을 통해서 자신을 살피는 노력이 요구된다. 또 "영원한 야당"인 아내의 비판을 잘 듣고 교정해 나가는 것도 좋으리라고 생각한다.

미국의 어떤 목사님들 가운데는 설교 준비 과정에 교인들을 참여시키는 경우도 있다. 설교 준비위원회로 교인들을 구성하여 교인들이 원하는 설교가 무엇인지, 그들이 본문과 제목을 제시하면, 목회자가 그 내용을 구성하고 그들과 함께 토의해서 설교를 준비하고 작성하는 방식이다. 교회도 민주화가 되면서 이러한 과정도 한번 검토해 볼만한 나름대로의 역사적인 시점이 되지 않았나 하는 생각도 해본다.

더 좋은 방안으로, 마음이 통하는 동역자들과 정기적으로 설교연구 모임을 가질 수 있다고 본다.

4. 보조기구

시청각 기구, 그림, 카드, 빔프로젝트 등을 사용할 수 있다. 좋은 메시지를 준비하는 것 다음으로 중요한 것이 있다면 마이크가 아닐까 생각한다. 설교자는 좋은 마이크 시설의 투자에 인색하지 말아야 한다. 프로테스탄트에서 가장 중요한 것이 말씀을 전달하는 일인데, 이런 의미에서 마이크를 준비하는 데에는 최고의 투자를 할 필요가 있다. 설교 시에 시청각 기구들을 사용하는 데에는 최고의 투자를 할 필요가 있다. 설교 시에 시청각 기구들을 사용하는 문제에 대해서는 현재 찬반양론이 있다. 그러나 성경공부에서는 얼마든지 사용이 가능할 것이다.

커뮤니케이션 문제와 관련해서 결론적으로 너무 방법론에 치중하지 말라고 이야기 하고 싶다. 방법에 관심을 갖기는 해야 하지만, 커뮤니케이션은 설교자 자신의 확신과 연결된다는 것을 강조하고 싶다.

실존주의 철학자 키에르케고르(S. Kierkegaard)는 말하기를 "오직 기독교의 복음으로 변화된 사람만이 복음을 전달할 수 있다"고 했다. 자기 자신이 복음을 통해서 변화를 체험한 사람이라고 한다면, 그 불붙는 열정을 전달하기 위해서 자기 나름의 방법을 만들어내고야 말 것이다. 그러므로 이 문제에 있어서는 너무 방법에 치우치지 말고 그 이전에 설교자의 은혜 체험 등이 먼저 선행되어야 할 것이다. 키에르케고르는 커뮤니케이션의 중요한 세 가지 요소를 제시했는데, 함께 살펴보기로 한다.

(1) 듣는 자의 '고통'을 함께 느낄 것. 듣는 자들이 무엇 때문에 그들의 삶 속에서 고통을 당하고 어려워하고 있는지를 함께 느껴야 한다. 청중의 아픔을 함께 느껴야 한다는 것이다. 그렇게 되면 설교는 그만큼 공감대를 가지게 되고 자신을 청중과 동일시할 수 있을 것이다.

(2) 듣는 자가 메시지에 참여할 수 있도록 할 것. 이것은 대화를 하는 것이 아니라, 청중들을 메시지 안으로 끌어들일 수 있는 대화적 요소가 메시지 안에 있어야 한다는 것이다. 이러한 필요성 때문에 한국의 설교

자들이 "믿으시면 아멘하세요."라는 말들을 발생시켰는지도 모르겠다. 필자는 개인적으로 그것을 선호하지는 않는다. 필자의 의견에 동의하지 않아도 좋다. 개인적으로 볼 때 그것은 응답을 얻어내기 위한 지나친 인위적 방법이라고 생각한다. 그리고 설교를 하나의 작품이라 생각할 때 그러한 인위성 때문에 절정으로 이끌고 가는 리듬을 상실할 수가 있다고 생각한다.

자기에게 주신 목소리를 가지고 성실하게 최선을 다하는 것이 중요하다. 하나님께서 내게 주신 자연스러운 목소리를 가지고 자기의 독특한 방법 그대로 하는 것이 바람직하다. 다른 설교자들을 너무 흉내 내는 것은 좋은 설교자의 태도가 아니라고 본다. 신령한 목소리가 따로 있는 것처럼 생각하고 그 신령한 목소리를 만들기 위해서 인위적으로 그렇게 하는 경향이 있기도 했다. 그러나 평신도들의 시각이 깨어나면 날수록 그러한 목소리나 설교가 환영을 받지 못하게 되리라고 생각한다. 그것은 자기 고유의 목소리가 아니다. 누구든지 흉내를 내면 그러한 목소리는 가능하다. 그런 것은 흉내조차 내지 않는 것이 좋다. 이런 말을 하는 것은 그런 목소리의 설교자들을 비판하기 위함이 아니라 필자가 개인적으로 그러한 것을 좋아하지 않는다는 것을 밝히려는 의도일 뿐이다.

(3) 가르치는 자가 가르침의 내용을 먼저 구체화할 것. 다시 말하면 선포하는 자가 먼저 그 말씀대로 사는 흔적이 없다면 사람들은 그 메시지를 별로 신뢰하지 않을 것이다. 비록 내가 그 말씀을 완전하게 소화하지 못하고 있다 해도 적어도 그 표준을 바라보고, 노력하고 자기 자신을

투자하는 자세만은 설교자들의 삶의 모습 속에 반드시 있어야 한다.

| 설교 기록에 대해서 |

1. 설교 초기의 기록. 필자는 설교 초기 5~6년 동안에는 예화는 물론이고 모든 말을 하나하나 기록을 다했다. 그러나 7년 후부터는 간략하게 기록하고 있고, 어떤 경우는 대지와 개요 정도만을 쓰고 설교하기도 한다. 필자가 개인적으로 드리고 싶은 충고가 있다면 설교를 처음 시작하는 분들은 처음 몇 년간은 모조리 기록하는 것이 좋겠다고 하는 것이다. 이렇게 하면 정확한 문장력이나 기록의 능력이 배양되고, 설교자의 표현력이 풍부해지기 때문이다. 그래서 설교 초기에는 상세하게 기록하는 편이 좋겠다는 생각을 한다.

필자는 극동방송에서 설교할 때에 원고를 갖지 않고 그냥 설교를 하기도 했다. 그래서 그 방송국의 PD들에게, 원고를 갖지 않고서도 말이 저렇게 틀리지 않는 설교자는 처음 본다는 말을 들은 적이 있다. 논리력이나 문장 구성력 등을 원고를 갖지 않아도 지금 이렇게 나름대로 전개할 수 있는 이유는 애초에 그렇게 원고를 기록하면서 훈련이 되었기 때문이라는 생각이 든다. 그러므로 설교를 처음 할 때에는 자세히 기록을 하는 편이 좋다고 생각한다.

2. 설교 기록과 청중들과의 시선 접촉. 그러나 너무나 설교를 자세히 기록을 하다보면 설교 시에 눈이 자꾸만 그 원고에 가게 되어 청중들과 눈이 마주치는 경험이 상실되고 만다. 비록 설교를 완벽하게 작성했다 하더라도 설교 시에는 그것을 가지고 설교를 하지 말고 개요만을 가지고 하면서 훈련을 쌓도록 한다. 하나님께서 우리 개인에게 어떤 천부적인 문장력이나 어휘력을 주실 수도 있지만, 개인적으로 고백을 할 수 있는 것은, 그만큼 노력을 하기 때문에 그것이 가능하다고 본다.

3. 설교 기록과 한국어 사용. 우리에게 있어서 한국어라고 하는 것은 이 언어를 통해서 하나님의 말씀을 전달하도록 하신 도구이다. 따라서 우리는 이 한국어에 대해서 계속 진보를 해야 하며, 이에서 후퇴해서는 안 될 것이다. 그렇다면 우리는 하나님의 말씀을 전달할 수 있는 능력이 감퇴될 것이다. 그래서 필자는 언어의 표현력을 날카롭게 보존할 수 있도록 지금도 노력하고 있다. 그래서 신학이나 성서에 관한 서적이 아닌 것들과 접촉을 게을리하지 않는 이유는 현대의 젊은 작가들이 어떤 언어를 통해서 그들의 생각과 사상들을 그려내고 있는가를 계속 추적하기를 원하기 때문에 그렇다. 그래야만 우리의 언어가 시들지 않는 언어가 되고, '소금으로 고르게 함같이 항상 대답할 것을 예비'하고 있다고 고백할 수 있을 것이다.

8장 / 설교와 초청

> "설교에서 초청을 하는 시도는 그리 쉬운 것이 아니다. 이에는 설교자가 피할 수 없는 역사와 논쟁이 있다. 우리는 이 논쟁을 넘어서서 한국의 상황을 염두에 두고 초청의 가능성을 조심스럽게 진단하고 시도해본다."

아마도 한국 교회에서 초청이 본격적으로 보편화된 것은 빌리 그래함 목사님의 영향이 아닌가 생각한다. 물론 부분적으로 혹은 개인적으로 초청을 시도한 사람들이 여러 분 있었을 것이지만 빌리 그래함 목사님의 공개적인 전도 집회를 통해서 '초청'을 보여준 것이 한국 교회가 초청이라는 이 형식을 접하게 된 중요한 전기였다고 생각한다.

그러나 구라파나 미국에서의 강단에서 초청의 문제는 훨씬 더 오랜 역사를 가지고 있고 또 이 문제를 둘러싼 치열한 신학적인 논쟁도 있었다. 일찍이 구라파나 미국에서는 이 초청의 행위를 여러 가지 명칭으로 불러왔는데 어떤 사람들은 공적인 초청, 제단 초청, 혹은 공적인 서약이라고 불렀다. 아주 옛날의 구라파나 미국 설교가들은 이 초청의 습관을 가리켜서 '그물을 당긴다'(drawing the net)고 불러왔다.

01
초청의 성서적 근거

'초청은 과연 성서적 근거를 가지고 있는 행위인가' 라는 물음이다. 그 대답은 '그렇다' 이다. 우선 구약적인 근거에 대해 생각해보자.

1. 초청의 구약성서적 근거

먼저 초청의 방법보다 초청 그 자체가 성서적인가를 살펴보자. 창세기 3장 8~9절의 하나님께서 "아담아 네가 어디 있느냐"는 것은 하나님을 피하여 숨어 있는 자리에서 아담을 불러내신 하나님의 초청 행위이다. 출애굽기 32장 19~20절, 26절은 우상숭배에 빠진 이스라엘 백성들에게 모세가 초청하기를 "여호와의 편에 있는 자는 내게로 나아오라"고 하는데 이것은 하나님 편에 분명히 설 것을 촉구하는 결단의 요구였다.

또 하나 주의할 것은 오늘날 우리가 살아있는 초청의 행위 "손을 드십시오. 앞으로 나오십시오."라는 것보다 초청 그 자체가 성서적인가 하는 문제에 관한 것이다. 여호수아 24장 15~16절, 24~27절을 보면 가나안 땅에 들어온 이스라엘 백성들이 땅에 존재하던 우상 신과 타협하면서 이스라엘 백성들이 우상숭배에 빠지게 되자 여호수아가 도전하면서 말한다. "너희는 오늘날 섬길 자를 택하라. 오직 나와 내 집은 여호와를 섬기겠노라." 이것은 분명한 선택을 요구하는 도전이었다고 생각한다.

열왕기상 18장 20~21절은 바알 신을 섬기는 것도 아니고 야훼를 섬기는 것도 아니고 편리에 따라 전전긍긍하면서 선택하지 못하던 이스라엘 백성들을 향한 엘리야의 도전의 말씀이다. "너희가 어느 때까지 둘 사이에서 머뭇머뭇 하려느냐 여호와가 만일 하나님이면 그를 따르고." 이것도 역시 여호와 하나님과 바알 신 사이에서 분명한 선택을 요구하는 도전이요, 초청이었다고 생각한다.

이사야 1장 18절에 이사야 선지자의 초청이 있다. "오라 우리가 서로 변론하자 너희의 죄가 주홍 같을지라도 눈과 같이 희어질 것이요." 이것은 주님의 용서와 메시야를 향한, 백성들을 향한 초청이었다. 아마도 구약성경에 기록된 초청의 메시지 가운데 가장 탁월한 초청은 이사야 55장 1~3절, 6~7절의 부르심이라고 생각한다. "너희 모든 목마른 자들아 물로 나아오라 돈 없는 자도 … 그리하면 너희의 영혼이 살리라." 특별히 6절 이하를 보면 "너희는 여호와를 만날 만한 때에 찾으라 가까이 계실 때에 그를 부르라 악인은 그 길을, … 그가 너그럽게 용서하시리라." 이것은 분명히 회개를 촉구한 이사야 선지자의 초청이다.

2. 초청의 신약성서적 근거

초청은 구약성서의 메시지뿐만 아니라 신약성서에서도 얼마든지 찾아볼 수 있다. 우선 예수님 자신의 공생애 시작을 보여주는 마가복음 1장 14~15절을 보면, 갈릴리에서 복음을 전파하신 그 첫 번째 말씀이 "때가 찼고 하나님 나라가 가까이 왔으니 회개하고 복음을 믿으라"는 초청의 말씀이었다.

마태복음 4장 19절에서 예수님은 제자들을 불러내시면서 "나를 따라오라"고 초청을 하셨다. 마태복음 11장 28절에도 "수고하고 무거운 짐 진 자들아 다 내게로 오라 내가 너희를 쉬게 하리라" 요한복음 7장 37절 이하에도 " … 목마르거든 내게로 와서 마시라"고 초청한다. 영적인 빈곤의 자리에 있었던 백성들을 향한 주님의 초청이다.

이것은 초대교회사를 형성하는 사도행전에서도 찾아 볼 수 있다. 사도행전 2장 37~38절에서도 "그들이 이 말을 듣고 마음에 찔려 베드로와 다른 사도들에게 물어 이르되 … 너희가 회개하여 각각 예수 그리스도의 이름으로 침(세)례를 받고 죄 사함을 받으라 그리하면 성령의 선물을 받으리니"라고 했으며, 특별히 사도행전 16장 30~31절에 "주 예수를 믿으라 그리하면 너와 네 집이 구원을 받으리라"는 믿을 것을 분명히 권하는 초청이 나타난다.

뿐만 아니라 나중에 바울이 아그립바 왕에게 그리스도인이 되도록 구체적으로 강권했다고 사도행전 기자는 기록하고 있다. 이것은 일종의 초청 행위와 연결시켜서 생각할 수 있다. 로마서 10장 9~11절에 보면 "네가 만일 네 입으로 예수를 주로 시인하며 … 구원을 받으리라" 시인하도록 요구(초청)하고 있다. "사람이 마음으로 믿어 의에 이르고 입으로 시인하여 구원에 이르느니라" 구체적으로 시인할 수 있는 기회를 제공한다는 의미에서 이것은 초청의 개념과 동일하다.

신약의 마지막 장인 요한계시록 22장 17절에도 "성령과 신부가 말씀하시기를 오라 … 생명수를 받으라"는 초청이 있다. 우리는 신약성경의 마지막 메시지가 초청이라는 점에 주목할 필요가 있다. 창세기 3장에서 인류가 하나님을 등지고, 반역하고, 타락의 길로 걸어간 후에 "아담아 네가 어디 있느냐"라고 부르신 그때부터 시작해서, 요한계시록의 마지막 장에 "오라"는 초청에 이르기까지, 성서의 알파와 오메가에 이르도록 성경은 초청의 메시지로 가득 차 있다는 사실을 우리는 성서를 통해서 분명히 발견하게 된다.

그럼에도 불구하고 오늘날 한국 교회의 강단이 아직도 이 초청을 적용하지 못하고 있는 이유 몇 가지는 다음과 같다.

1. 초청의 교회사적 무지: 초청이 도대체 어떻게 해서 생겼는가 라는 교회역사에 대한 무지.
2. 초청의 신학적 근거에 대한 확신의 결핍: 과연 초청을 시도하는 것이 신학적으로 옳은가라는 신학적인 확신의 결핍.
3. 초청의 실천에 대한 낯설음: 초청하는 것을 보기는 했어도 아직도 초청이라는 것이 낯설기 때문이다.
4. 한국이 문화적 상황의 고려에서 온 주저함 때문이다. 이것이 한국 사람들에게 타당할까, 해도 좋을까 하는 문화적 상황에 대한 주저함 때문이다.

이것이 초청을 목회생활과 설교의 현장에서 적용하지 못하는 중요한 원인이라고 생각한다.

02
초청의 역사적 실행

초청의 행위에는 어떤 교회사적 근거가 있을까? 우리가 성경에서 볼 수 있었던 것처럼 – 특별히 신약성서와 사도행전에서 볼 수 있었다 – 초대교회 설교자들의 메시지 자체에는 '믿으라' '회개하라' '오라' 등 강력한 초청이 들어 있었다.

중세기에는 초청의 메시지가 없었다. 초청을 했다는 역사를 찾을 수 없다. 초청에 대해서 주로 연구를 한 알란 스트리트(Alan Streett)라는 침례교 학자는 그 이유를 로마 가톨릭의 신학 때문이라고 했다.

1. 로마 가톨릭의 신학은 교회를 구원의 수호자로 보았다. 그래서 교회에 이미 들어와 있는 사람들에게 구원의 초청이 필요치 않았다.
2. 성례전을 은혜의 수단으로 보았기 때문이다. 설교보다도 미사에 참석해서 성례전을 받을 때 구원을 받는 것으로 이해했기 때문이다.
3. 기독교 국가 개념 때문이다. 우리나라는 기독교 국가이므로 우리 모두는 그리스도인이다. 그러므로 초청할 필요가 없다는 생각이었다.

이러한 로마 가톨릭적인 신학의 영향이 중세기에 초청을 부재하게 만든 신학적인 한 원인일 것이라고 생각한다.

1. 초청의 역사적 배경

필자는 초청을 하면서도 이 초청이 어떻게 시작되었는지는 잘 알지 못했다. 그래서 어느 날 초청의 역사에 대해서 공부를 하리라고 결심을 하고 신학교 도서관에서 초청에 대한 자료들을 아래와 같이 모아서 정리해 보았다. 클레르보의 성 버나드(Bernard of st. Clairvaux, 1093-1153)는 12세기의 설교가로서 기록에 나타난 "손을 드십시오."라는 방법을 사용한 최초의 초청 설교가였다. 1600년대에 들어오면서부터 특별히 청교도 운동 당시 분리주의자들은 공적인 고백을 중요시했다. 그중의 한 사람인 유명한 「천로역정」의 저자 존 번연(1628-1688)은 신앙의 공개적 고백의 중요성을 자주 그의 문서를 통해 강조한 것으로 나타나고 있다.

미국의 대각성기라는 역사적 배경을 둘러싸고 활동했던 조나단 에드워드(1703-1758)는 "예배가 끝난 후에 영적으로 상담하고 싶으면 개인적으로 저를 찾아 주세요."라는 말을 통해 개인적 면담이라는 방식의 초청을 했다. 이것은 간접초청의 한 방법이다. 에드워드는 구원받기를 원하는 사람들에게 1~8주간에 걸쳐 공부를 시켰다. 그리고 이 사람들이 첫 번째 성찬에 참석할 때 반드시 신앙을 간증하도록 요구했다.

조지 휫필드(George Whitefield, 1714-1770)도 설교 후 개인적 면담의 방법을 통해 초청하였고, 혹은 집회가 끝난 후 "어느 집으로 모이세요." 하면 신앙의 상담을 위한 사람들이 가득하게 모였다고 한다.

인디언 선교를 했던 데이비드 브레이너드(David Brainard, 1718-1747)의 일기 가운데, 1743년, 12월 29일에 쓰여진 일기를 보면 공적인 예배 후 구원에 관심을 표시한 사람들을 집에 모아 놓고 구원의 교리를 설명한 것으로 나타나고 있다.

존 웨슬리(John Wesley, 1703-1791)는 네 단계의 공격적인 초청 방법을 사용했다.

1. 상담자를 두고 집회시 구원에 대한 상담을 원하는가 물어본다.
2. 관심 있는 사람들만을 위한 특별집회를 한다.
3. 교회 예배시간 중에 앞에 나와서 "나는 예수를 믿기로 결정했다."고 고백하도록 한 후에 입교식을 한다.
4. 또한 이런 사람들을 위해 예배시 가장 앞줄의 의자들을 비워 두도록 했다. 그리고 그 이름을 '간절한 마음으로 찾고 있는 사람들의 자리'라고 불렀다.

엘리에젤 휠러크(Eleazar Wheelock, 1711-1779) 역시 대각성 시기의 설교자였다. 그는 설교시 "여러분 마음속에 영적 부담을 느끼신다면 설교 후 아래층으로 내려오십시오."라고 초청했다.

윌리암 캐리(William Carey, 1761-1834)는 현대선교의 아버지로서 그가 선교의 중요성을 어느 집회에서 역설할 때, 라일랜드라는 늙은 목사가 "젊은이, 앉게. 하나님이 원하신다면 이방인들을 스스로 구원하실걸세. 자네가 없어도 말이야."라고 했다. 이러한 극단적인 칼빈주의자들은 선교의 열정을 식게 했다. "물론 주님이 하실 것입니다. 그러나 그 주님은 그것을 나에게 요구하십니다." 이것은 윌리엄 캐리의 유명한 대답이다. 캐리는 그의 일기에서 "나는 운명론에 가까운 칼빈주의를 배격한다."고 말한 바 있다. 이 말이 그가 알미니안주의자라는 뜻은 아니다. 그래서 캐리는 설교를 할 때마다 구원을 받고자 하는 사람들이 그 표시를 하기를 원했고 그 사람들과 상담을 즐겨했다.

그러나 이때까지만 해도 "손을 들고 앞으로 나오십시오."라는 형태의 초청은 아직 보편화되기 이전이었다. 존 테일러(John Taylor)라는 설교자가 1785년에 미국 테네시의 한 집회에서 "기도를 받기 원하는 사람들은 앞으로 나오십시오"라고 했다는 기록이 나와 있다. 같은 시대에 도우(Lorenzo Dow)라는 감리교 전도자가 두 가지 방법, "일어서십시오." "앞으로 나오십시오."라는 진행적 초청을 했다.

1800년대를 전후로 미국의 대각성운동이 계속되고 있을 때 켄터키 주에서 'Red River Camp Meeting'이라는 큰 수양회가 열렸다(역사적으로 1799년에 큰 부흥이 일어났는데 이것을 'Cane Ridge Revival'이라 부른다). 이 집회에서 존 맥기(John McGee)라는 감리교 설교자가 설교를 할 때 강단 앞에는 소위 '참회자의 자리'가 준비되어 있었다. 그리고 준비된 사람들을 자리로 초청하여 앉도록 하였다. 오늘날 침례교회에서 초청이 활발하게 진행되고 있지만 사실은 이것이 침례교의 전통이 아니라 다른 교단에서 먼저 시작된 것이다.

찰스 피니(Charles Finney, 1792-1875)는 19세기 부흥 운동의 기수였는데 이 시기부터 초청이 교회에서 보편화되었다. 그는 1822년의 집회에서 회개의 표시로 사람들이 자리에서 일어난 후 앞에 있는 참회자의 자리로 옮기도록 유도했다. 그 자리를 '간절한 마음으로 찾고 있는 사람들의 자리' '참회하는 사람들의 자리' '찾고 있는 구도자의 자리'라고 불렀다. 찰스 피니는 1833년에 뉴욕 로체스터 전도대회에서 본격적으로 초청을 적용하였다. 그는 그 무렵 상담실을 설치 운영하였다. 나중에 부흥이 계속되어 상담자가 많아지자 상담실을 폐쇄하고 강단 앞에 나와 무릎을 꿇고 고백하고, 기도와 결심을 하도록 요구했다. 그러므로 공식적 초청이 누구에 의해서 기독교 역사 안에서 본격적으로 이루어졌는가 하고 묻는다면 찰스 피니라고 해야 할 것이다.

윌리엄 부스(William Booth, 1829-1912)는 구세군의 사령관이었는데 그도 집회 때마다 앞에 결심한 사람들이 앉는 자리를 마련했다.

찰스 스펄전(Charles Spurgeon, 1834-1895)의 설교는 반드시 강해 설교는 아니지만, 철저하게 기독론적인 설교이다. 어느 설교에서나 그는 십자가의 그리스도를 나타내지 않고는 그 설교의 끝을 맺는 경우가 없었다. 이러한 그의 열정은 그 설교를 읽는 독자들로 하여금 가슴이 뜨겁도록 한다. 필자는 한 때 이 스펄전의 설교에 매료를 당해서 그의 설교를 모으는 데 매우 많은 정성을 들인 적이 있었다. 우리가 그의 설교를 쉽사리 찾을 수 있다는 것은 얼마나 큰 축복인지 모르겠다. 스펄전의 모든 설교에는 항상 초청의 메시지가 포함되어 있었다. 그러나 그는 청중들이 손을 들고 앞으로 나와서 결신하도록 하지는 않았다. 단지 상담을 원하는 사람들은 지하실로 내려가서 상담시간을 가지도록 했고, 더 많은 문제를 해결하기 원하는 사람들은 예배 후에 남도록 했다. 그리고 교인들을 소위 '영적인 파수꾼'이라고 칭하면서 교회에서 영적인 문제에 갈급하여 기도를 열심히 하는 사람이라든지 또는 그러한 질문을 하는 사람들과 상담할 수 있도록 훈련을 시키기도 하였다. 그러나 우리가 알 수 있는 것은 그가 "앞으로 나오십시오"라는 형식의 초청을 하지 않앉다는 것이다.

압살롬 얼(Absalom B. Earle, 1812-1895)은 침례교 전도자로 역사상에 나타난 침례교 초청자로서 첫 번째 인물이다. 그는 결심자의 자리, 상담실, 결신 카드를 작성하도록 했다. 오늘날 결신카드의 기원을 압살롬 얼이 제공했다.

무디(D. L. Moody, 1837-1899)는 두 단계의 초청 방법을 사용했다. "먼저, 일어서십시오. 그리고 상담실에 내려가 상담자와 일대일로 상담하십시오." 무디에게 1876년은 잊을 수 없는 해였다. 미국의 일리노이 주에서 한 회중 교회의 집회가 있었다. 이 전도 집회에서 "구원을 받을 사람은 일어나십시오."라고 했을 때 무디의 어머니가 일어났다. 그래서 무디의 생애에 가장 큰 감격의 날로 기록되어 있다.

샘 존스(Sam Jones, 1847-1906)라는 감리교 설교자는 세 단계의 초청을 했다. 일어서고, 손들고, 강단 앞으로 나와서 상담하는 방법을 사용했다.

딕슨(A. C. Dixon, 1854-1925)은 스펄전 목사의 후임이었는데 그는 앞에 나와서 주님을 영접하는 영접기도를 따라서 하도록 했다. 그러나 그가 그렇게 초청하는 것을 그 교회의 평신도들이 별로 좋아하지 않았다. 딕슨의 대답 가운데 이런 것이 있다. "철이 뜨거울 때 두드려라." 사람들의 마음이 준비되었을 때 그대로 지나치는 것은 영혼을 잃어버리는 것이라고 그가 대답한 기록이 있다.

토리(R. A. Torrey, 1856-1928)는 일어서도록 하고, "예수 그리스도를 구주와 주님으로 영접하시겠습니까?"라고 물었다. 그리고 사람들이

"예, 그렇게 하겠습니다."라고 하면 영접기도를 때때로 따라서 하도록 했다. "예수님을 나의 구세주와 주님과 왕으로 영접합니다."

짚시 스미스(Gipsy Smith, 1860-1941)라는 감리교 설교가는 다양한 초청 방법을 사용했다. 가장 많이 사용한 것은 앞에 나와 영접기도를 하도록 하는 것이었다.

빌리 선데이(Billy Sunday, 1862-1935)는 본래 야구선수 출신인데 일억의 청중에게 설교를 했고 일백만의 홈런(결신자)을 날렸다고 한다. 그는 설교 후 간단한 초청의 메시지를 전하고 기다린다. 그 후 상담자들이 "영접하십시오."하면서 돌아다닌다. 그리고 초청하는 동안에 찬양대를 통해 최초로 찬송을 하게 하거나, 가끔씩 독창가들이 부드러운 목소리로 노래를 부르기도 했다(노래를 하는 독창자들이 자신의 실력 발휘를 위해서 크게 찬송을 부르게 되면 초청이 곤란하지 않나 생각한다. 피아노를 칠 경우에도 마찬가지 이다. 그들은 배후에서 조용하게 연주해주는 것이 좋다).

한국의 교인들은 빌리 그래함(Billy Graham, 1918-)을 통해서 처음으로 초청의 행위를 구체적으로 볼 수 있었다. 그는 1934년에 미국의 노스캐롤라이나 샬럿 전도 집회에서 모르드게이 햄(Mordecai Ham)이라는 전도자의 초청에 응하여 주님을 영접하고 고백함으로써 신앙생활이 시작되었다. 그래서 그는 자신이 전도자로서 삶을 시작하면서 늘 초청을 하게 된 것이다.

빌리 그래함을 통해 이 초청을 '그리스도를 위한 결정'이라는 표현을 쓰게 되었다. 그의 방법은 처음에 머리를 숙이고 눈감고 기도하는 시간을 갖도록 했고, 눈 감은 채 손을 들게 했다. 세 번째 단계로 앞으로 나오도록 했고, 마지막으로 상담실로 가도록 했다. 처음에는 거의 이렇게 진행되었다(1957년까지). 그러다가 1957년 뉴욕 전도 집회 이래로 빌리 그래함은 손드는 것을 중단했다. 그냥 앞으로 나오도록 했다. 그 이유는 초청이 너무 인위적이라는 비판에 대한 대안으로 그렇게 했다고 한다.

빌리 그래함 목사님은 자신의 공식적인 초청을 이렇게 설명한다.

1. 예수님도 역시 공적으로 제자들을 부르시지 않았는가? 숨어서 비공개적으로 부르신 것이 아니다. 사람들이 보는 데서, 거리에서 자신을 따르도록 공적으로 초청하셨다. 그래서 우리도 사람들을 공적으로 초청할 필요가 있다.

2. 인간이 범죄할 때에도 삶의 한 가운데서 범죄를 저지른 것이 아닌가? 그렇다면 주님을 위한 회개의 결심도 역시 삶의 한복판에서 공적으로 해야 한다.

3. 우리를 위해서 죽으신 예수님의 십자가 사건 그 자체가 공개적이었다. 십자가에서 주님은 사람들이 보는 앞에서 공개적으로 처형당하신 것이다. 따라서 믿음의 고백도 역시 공개적으로 하는 것이 합당하지 아니한가?

그는 자신의 설교에 대해서 이렇게 말한다. "나는 나의 설교가 이론 중심이 되기를 원하지 않는다. 언제나 철저하게 복음 중심의 설교가 되기를 원한다. 왜냐하면 인간을 변화시키는 것은 이론이 아니라 복음이기 때문이다. 이론은 토론을 요구하지만 복음은 선택의 결단을 요구할 뿐이다. 내가 복음을 설교했다면 어떻게 선택의 결단을 요청하지 않을 수 있겠는가?"

빌리 그래함 목사님의 초청에 대해서 영국 사람들이 특히 이의를 많이 제기한다. 그러나 화장품을 팔러온 사람이 그 물건에 대해서 열심히 설명하고서는 "안녕히 계십시오." 하고 돌아가 버린다면 그것이 무슨 소용이 있겠는가? "이 물건을 사십시오."라고 하는 선택의 순간을 주어서 그로 하여금 그 물건을 구입하도록 하기 위해서 그렇게 설명을 한 것이 아닌가? 그러나 빌리 그래함 목사님은 초청 그 자체가 의미 있는 것이라고 생각하지 않았다. 성령의 외적인 역사가 없는 신앙고백은 아무런 가치를 지니지 못하기 때문에 외적인 신앙고백을 강요하지 않으려고 했다. 초청 그 자체가 구원하는 것이 아니다. 그리스도에 대한 믿음이 우리를 구원하는 것이지 초청이라는 행위가 구원을 가능케 하는 것은 아니다.

03
초청의 문제점

1. 교리적 문제들

초청에 대해 논리적, 교리적으로 논박한 사람은 마틴 로이드 존스일 것이다. 그의 유명한 책 「목사와 설교」(*Preaching and Preachers*)의 14장에서 열 가지 정도로 초청을 반대하는 이유들을 제시하고 있다. 한 가지 재미있는 사실은 그 목사님을 한국 교회에서는 장로교 목사님으로 알고 있는데 사실은 회중 교회의 목사님이다. 웨스터민스터 교회는 장로교가 아니다. 침례 교회와 장로 교회의 중간쯤 된다고 말할 수 있는 회중교회이다. 그런데 그 목사님이 은퇴하신 후에 그 교회의 후임으로 부임하신 R. T. 켄달(Kendall)목사님은 남침례교 신학교인 서든 뱁티스트 신학교(Southen Baptist Seminary)를 졸업하고 옥스퍼드에서 공부를 하면서 웨스터민스터 교회에 출석하였던 목사님이다. 그가 바로 켄달이다. 로이드 존스 목사님이 은퇴하신 후 강단이 비어있을 때 한두 번 그 교회에서 설교를 했는데 설교시 초청을 해서 부임하게 되었다고 한다(지금은 은퇴하였음). 그런데 로이드 존스 목사님이 계실 때에는 초청이 전혀 없었는데 새로 켄달 목사님이 부임하신 이후에 초청을 하게 되었다.

필자는 그 교회를 방문해서 켄달 목사님을 직접 만나 이야기를 할 기회를 가졌는데, 그때 처음으로 물어본 것이 바로 "당신이 이 교회에 부임한 후 로이드 존스 목사님이 하지 않던 초청을 하시는데 그 이유가 무엇입니까?"라는 질문이었다. 그러자 그 목사님의 대답은 "나도 로이드 존스가 반대한 바로 그 이유를 똑같이 반대합니다."라고 하는 것이다. "나는 로이드 존스가 싫어한 이유를 배제하고 초청을 합니다." 켄달 목사님은 자신이 초청하는 이유를 조그마한 소책자를 통해서 변호하였다. 이것을 로이드 존스 목사님의 반대 이유와 대조해 보면 매우 흥미로운 점들을 발견할 수 있다. 로이드 존스가 여러 가지 이유를 제시했지만 중요한 것 다섯 가지만 살펴보기로 하자.

(1) 인간 의지에 직접적으로 압박을 가하는 것은 나쁘다. 따라서 로이드 존스의 견해는 이렇다. 의지의 발동은 지성과 감정의 회로를 통해 일어나야 한다는 것이다. 그런데 지식과 감정의 회로를 거치지 않고 의지면에서만 압박을 가하는 것은 유익하지 못하다는 것이다. 그러나 켄달은 그것이 초청의 폐기 이유가 될 수 없다는 것이다. 효과적인 초청을 위해 복음을 지적으로 전달하고 성령님의 사역에 의해 정적인 깨우침이 이루어진다면 그다음으로 의지에 대한 호소가 왜 나쁘단 말인가? 이것이 켄달 박사의 대답이다.

(2) 죄인들 스스로의 힘으로 회심할 능력이 있는 것처럼 암시하고 있다. 자신이 결신을 했기 때문에 성령의 능력이 아니라 자신의 결심으로 구원을 얻었다고 생각하기 쉽다는 것이다. 초청에서는 결심이 많이 강조되므로 인간의 결심으로 구원이 얻어지는 것이라고 하는 전제가 있지 않은가 하는 문제 제기이다. 켄달은 해답을 위해 성경을 예로 들었다.

예수께서 손 마른 자를 치유하실 때 그는 손을 내밀 수 있는 능력이 없었지만 말씀에 순종해서 손을 내밀 수 있었고 치유가 왔다(막 3:1-6)는 것이다. 이에 대해서 켄달 박사도 자신의 힘으로 회심하는 것이 불가능 하다는 것을 동의한다. 하나님의 명령에 대해서 사람이 응답할 때 그 응답할 수 있는 능력도 하나님으로부터 오지 않겠는가 하는 것이 켄달 박사의 답변이다.

(3) 진리 그 자체보다도, 전도자(설교자)의 개성 또는 분위기 등의 심리적 영향에 의해 앞으로 나올 가능성이 많기 때문이다. 다시 말하면 죄의 문제에 대한 깨달음이 없이 전도자의 권유에 의해 나오는 사람도 있을 수 있다는 것이다. 이것은 사실이다. 그러나 켄달 박사의 대답은 그것은 효과적인 양육을 통해서 얼마든지 극복될 수 있다는 것이다. 그렇기 때문에 양육이 필요하고, 양육 없이 초청하는 것은 때때로 무익할 수 있다고 말한다. 초청을 하고 그래서 사람들이 앞으로 나오고 하는 그 자체가 그리 중요한 것은 아니라고 본다. 사람들이 앞으로 나오는 이유는 여러 가지가 있을 수 있다. 자기가 소외되기 싫어서 나오는 경우가 얼마나 많이 있는가? 우리도 이 사실을 잘 알고 있다. 그래서 초청 이후에 양육이 필요하다는 것이다.

(4) 말씀 증거와 결신 요청이 분리되는 것은 비성서적이다. 켄달 박사의 대답은 분리할 필요가 없다는 것이다. 초청이 메시지의 자연스러운 한 부분이 되도록 하면 된다는 것이다. 그러면서 초대교회에서는 메시지

에 뒤따라오는 것이 회개와 믿음을 촉구하는 행위였다고 강조하고 있다. 또한 초대교회가 회개와 믿음에 대한 응답으로서 침(세)례를 요구했다는 사실도 볼 수 있다. 오늘날같이 침(세)례가 믿음 다음에 바로 이어지지 않는 상황 속에서 메시지에 대한 응답으로서의 초청은 절실히 요청된다고 말한다.

(5) 설교자가 성령의 역사를 조정할 수 있는 것처럼 보여지기 때문이다. 켄달 박사의 대답은 주의 깊게 성령의 인도를 기다리는 성실성 있는 초청은 성령의 역사를 막는 것이 아니라 오히려 성령이 역사하는 중요한 통로와 도구가 될 수 있다고 말한다.

빌리 그래함 목사도 그러한 위험성을 알았기 때문에 그가 여러 가지 방법으로 초청을 강요하기보다는 초청의 메시지를 간결하고, 확실하고, 분명하게 전달한 다음 성령님 앞에 의탁하고 조용히 기다리는 방법으로 바꾼 것이 아닌가 생각된다.

2. 문화적인 상황과 문제점들

특별히 한국에서 거부 반응을 일으키는 이유는 문화적 인식의 차이에 기인한 것이라 생각한다.

(1) 은폐의식. 「한국인의 의식구조」를 쓴 이규태 씨의 지적처럼 한국인의 의식 속에 사적인 자아는 깊이가 있는데 공적인 자아가 빈곤하다. 다시 말하면 한국 사람들은 비밀이 많고 자기를 드러내기를 꺼려한다.

그런 이유로 인간관계에서도 상당히 선택적 접근인 것을 볼 수 있다. 아무나 다 사귀는 것이 아니라 선택적으로 사귄다는 것이다.

이규태 씨는 이것을 가리켜 자기 노출의 위험성을 극소화하기 위해서라고 했다. 우리나라 사람들은 모든 사람과 말하거나 인사하기를 꺼려한다. 반면에 서양인들은 누구를 만나든지 '하이' '굿모닝'이라고 인사한다. 이러한 인사를 받고 당황하는 쪽은 한국 사람이다.

그런 이유 때문에 한국 사람들은 파티를 즐기지 못한다고 지적하고 있다. 모르는 사람과 함께 있으면 거북하고 소화도 잘 안되어 집에 와서 아는 사람들끼리 다시 2차를 해야 직성이 풀린다. 그만큼 한국인은 사적인 의식구조를 가졌다.

이러한 한국인에게 공식적인 초청을 할 경우 '예'와 '아니오'를 대답하는 데 머뭇거리게 된다. 이 '예'와 '아니오'를 분명히 하는 것이 초청이다. 그런데 한국인의 문화 속에는 '예'와 '아니오'를 분명히 하는 문화가 없다. 선생님이 학생들에게 "알았어요?"라고 물으면 "예"하고 일제히 대답한다. 그것은 개인적으로 그것을 아느냐 모르느냐와 상관이 없다. 다 대답해놓고 보는 것이다. 그것이 우리의 문화적 배경이다.

필자가 외국에 가서 가장 당황하는 것은 음식점에 가서 무엇을 먹느냐는 것이다. 옛날에 가난하게 살았던 이유도 있겠지만 우리는 선택하는 데 익숙하지 못하다. 서양음식을 먹으려면 하나하나 다 주문해야 되는데 우리는 골치가 아프다. 그래서 미국에 있는 한국 사람들을 보면 미국인과 음식점에 가서 식사를 할 때 한 사람이 주문을 하면 "나도, 나도"라고 따라 한다. 이것은 초청과 무관하지 않다. 다른 사람이 결심하니까 "나도" 따라가게 된다는 것이다.

(2) 체면의식. 누군가가 말한 것처럼 한국인은 명예보다 체면을 더 중요시 여긴다. 상례(喪禮)시에 미국인들은 아무리 부자라고 해도 의식을 간소하게 할 수 있다. 왜냐하면 그것은 명예와는 관계가 없는 것이기 때문이다. 그러나 한국에서는 아무리 가난해도 초상을 간단히 치룰 수가 없다. 그것은 명예와는 상관이 없을지 모르지만 내 체면과는 관계가 있기 때문이다. 재미있는 것은 사람이 나체가 되면 영국 사람들은 제일 먼저 성기를 가리고, 중국인들은 발을 가리고, 사모아 사람들은 배꼽을 가리는데, 한국 사람들은 얼굴(체면)을 가린다는 말이 있다. 우리는 체면과 관련된 많은 풍성한 언어들을 가지고 있다. '얼굴을 들 수 없다.' '그렇게 해서는 내 얼굴이 안 선다.' '얼굴이 통한다.' '내 얼굴에 먹칠을 하지 마라.' '얼굴 한번 넓다.' '제 얼굴을 봐서 한 번만 부탁합니다.' 등등 많이 있다.

체면이 초청에 미치는 두 가지 현상이 있다. 첫째, 강사의 체면을 봐서 앞으로 나가 주자는 것이다. 그래서 과거에 외국에서 온 선교사가 설교를 하면 멀리서 오신 손님을 대접하기 위해 앞을 다투어 앞으로 나갔다. 둘째, 자기체면 때문에 마음과는 달리 끝까지 버티며 거절하는 현상이다.

지금도 잊을 수 없는 일이 있다. 과거 섬기던 교회에서 총동원 주일을 맞이하여 전도설교를 하고 초청을 했다. 그때 한 자매님이 자기 남편이 나오기를 그렇게 기도하며 기다리고 있었다. 드디어 그날 필자가 마지막 설교를 하고 초청을 하자 그의 남편이 걸어 나왔다. 그 자매님이 얼마나 울고 감격했는지 모른다. 그다음에 데리고 가서 상담을 했다. 그리고 그다음 주일에 나오기를 기대했다. 그러나 나오지 않았다. 그 자매님께 물어보니 이렇게 대답하였다. 자기 남편이 설교를 듣고 앞에 나오는 것까지는 정말 자기 마음속에 감동이 되어 나왔다는 것이다. 그런데 상담자가 "나갑시다."하고 데리고 나가는 순간, 모든 사람이 자기를 바라보고 있음을 느끼고 "괜히 나왔구나."라는 후회의 마음이 들더라는 것이다. 그리고 그다음에 "다시는 나오지 않겠다."는 결심을 했다는 것이었다고 한다. 이것이 우리의 문화적 상황이다.

이러한 이유 때문에 우리에게 초청이라는 것이 상당히 오도될 가능성이 많다는 것을 솔직히 느낀다. 그래서 필자는 오랫동안 고민하면서 결국 이렇게 생각하게 되었다. 두 가지 극단을 피하자. 한 극단은 마치 초청행위 그 자체에 무슨 마술이 있는 것처럼 생각해서 모든 집회마다 반드시 초청을 하는 행위를 피하자는 생각이다. 어떤 미국 교회에서의 초청은 예배 시에 들어가야 하는 철저한 하나의 공식이고 이렇게 해야 성서적으로 충실한 것 같다는 생각을 하고 있다. 필자는 이런 견해에 동의하지 않는다. 사실 한국에서 이런 교회가 성장하지 못하는 이유 중 하나가 바로 초청에 있지 않은가 하고 생각하기까지 한다. 성숙을 위한 많은 메시지를 전달하지 못하고 지나치게 구원 쪽으로만 강조가 되어 초청이 강조되자, 교인들이 그것을 지겹다고 생각하지 않겠느냐 하는 것이다. 여기에서 필자는 한국의 문화적인 인식과 초청을 강행하는 교회가 충돌하고 있지 않나 하고 생각을 해본다.

또 하나의 극단은 성령님이 설교자인 내 마음속을 깊이 감동하시고 영혼을 향한 부담을 주실 때 우리가 문화적인 인식의 차이나 혹은 위험성 때문에 꼭 나를 억제해야만 할까라는 것이다. 필자는 "아니다"라고 부정한다. 필자는 초청을 예배에 공식화시키는 것을 반대하는 사람이다. 심지어 주보에 설교 다음 순서로 초청이라고 써놓는 것 자체도 반대하는 사람이다. 그러나 필자의 설교를 들어보면 초청을 하고 있다. 동시에 초청의 위험성도 알고 있다. 그러므로 초청에 신중을 기하자는 것이다. 성령이 역사하실 때는 초청을 하라. 그러나 상담자를 충분히 준비하고, 성령의 역사 앞에 민감하면서 지나치지 않고, 인위적으로 하지 말고, 궁극적으로 구원의 사역은 성령 자신의 사역이라는 사실을 겸허하게 인정하면서 민감하고 조심성 있게 초청을 해야 한다는 것이 필자의 결론이다.

3. 초청은 설교학적으로 정당화될 수 있는가?

(1) 성서적 근거의 이유에서 정당화될 수 있나? 초청의 행위 자체를 반대하는 로이드 존스조차도 모든 설교가 초청의 메시지를 포함하고 있어야 한다는 사실은 강하게 긍정한다. 초청의 행위는 반대하지만 우리의 설교가 잃어버린 영혼을 주님 앞으로 인도하는 초청의 메시지가 포함되어야 한다는 사실에는 강렬하게 '예'라고 한다. 다만 잘못된 방법을 반대하는 것이다. 따라서 우리도 잘못된, 위험한, 인위적인 방법, 오도될 수 있는 방법들을 최대한 경계하면서 지혜롭게 성령의 인도하심을 따라서 초청을 해야 한다. 그러므로 성서적으로 초청은 정당하다고 생각한다.

(2) 역사적 이유에서 정당화될 수 있는가? 지금까지 초청의 역사를 통해서 본 것처럼 그것이 시작된 시기가 주로 미국의 대각성 부흥운동 때부터였다. 필자는 이 각성운동 자체가 하나님이 주도하신 운동이라고 생각하면서, 이 부흥이라는 하나님의 물결 속에서 '초청'이 탄생되어진 방법이라고 생각한다면 그것을 반대할 아무런 이유가 없다고 생각한다. 초청을 반대하는 사람들에게 헌금 바구니를 돌리는 것이 성서적인가 물어보라. 헌금 자체는 절대적으로 성서적이다. 그러나 헌금의 방법은 달라질 수 있다.

방법을 절대화시킬 필요는 없다. 또한 그 방법 자체를 거부할 필요도 없다. 방법 자체는 언제나 중립적이다. 그 방법을 사용하는 동기와 목적이 건전하다면 방법은 좋은 것이다. 그러나 방법을 사용하는 동기나 목적이 잘못되었다면 방법자체를 의심해야 한다. 그러므로 초청은 역사적으로 타당하며 하나님이 주신 선물이라고 생각한다. 좋은 전통을 우리가 거절할 필요가 없는 것처럼 초청은 좋은 전통이라고 생각한다.

(3) 목회적 이유에서 정당한가? 즉 목회적 차원에서 초청이 바람직한가를 묻는 것이다. 필자는 날마다 습관적으로 기계적으로 하는 초청은 반대한다고 이미 지적했다. 그러나 성령이 역사할 때, 필요할 때의 초청은 목회적으로 중요하다고 생각한다. 그 이유는 다음과 같다. 첫째, 초청을 통해서 교회 내에 구원의 확신이 없는 상태로 존재하고 있던 사람들과 구원에 확신이 없거나 구원받지 못한 사람들에게 구원의 확신을 던질 수 있는 좋은 기회가 될 수 있기 때문이다.

둘째, 교인들에게 영혼을 구령하고자 하는 구령심을 자극할 수 있는 좋은 수단이 된다. 로이드 존스의 설교가 위대하다고 하니까 그분의 설교를 너무 우상화하는 경향이 있는데, 그의 후임자인 켄달 박사의 말에 의하면 로이드 존스 목사가 사역을 할 때 그 교회에 구원의 확신을 가지고 있는 교인이 그렇게 많지 않았다는 사실이다. 물론 설교는 역시 로이드 존스가 더 훌륭한 것 같다. 필자가 켄달 박사를 만나서 "당신이 이 교회에 부임한 후 가장 어려운 일이 무엇이었습니까?"라고 물어본 적이 있다. "나 자신이 되는 것이 가장 어려운 일이었습니다." 이 대답은 위대한 설교자의 그늘 아래에서 그가 얼마나 어려워했는가를 추측해 볼 수 있도록 하는 말이다.

그리고 그는 필자에게 조그마한 소책자를 주면서 읽어보라고 했다. 그 책은 그의 간증 비슷한 내용을 담고 있었는데, 거기에는 웨스터민스터 교회에 부임하는 취임사가 실려 있었다. "나에게는 로이드 존스의 달란트가 없다. 나는 로이드 존스의 능력이 없다. 그러나 나는 그가 가지고 있었던 복음을 가지고 있다. 그의 하나님을 나도 가지고 있다." 상당히 감동적인 내용을 담고 있었다. 그런데 또 하나의 사실은 로이드 존스가 사역을 할 때 보다 그 교회의 교인수가 줄어들었다는 것이다. 그러나 켄달 박사는 그가 부임을 한 이후에 확신을 가진 교인들이 증가했다고 말한다.

그리고 그는 교인들을 데리고 토요일마다 하이드 파크 공원에 가서 복음 전도지를 뿌리고 복음을 전하는 사역을 하고 있다. 그가 비록 그의 전임자인 로이드 존스와 같이 위대한 설교자로 사용되지는 않는다 하더라도 하나님에 의해서 나름대로 귀하게 사용되고 있다는 사실을 알 수 있었다. 초청을 통해서 영혼을 구원하려는 구령심이 자극이 된다. 초청의 빈번한 기회가 영혼에 대한 사랑을 더하게 하기 때문에, 이런 교회는 구령에 더욱더 큰 열정을 가지고 있는 것을 알 수 있다. 그래서 이러한 기회를 통해서 목회자는 교인들을 양육할 수 있어야 한다고 믿는다.

(4) 심리적 이유에서 정당한가? 초청이 많은 위험성이 있음에도 불구하고 초청이 정당화될 수 있는 심리적인 이유는 초청이 인간의 마음속에 새로운 출발에 대한 계기가 될 수 있다는 것이다. 누구나 인간의 마음속에 새로운 출발을 갖고 싶어 하는 열망이 있다. 또 결정적인 계기에 달라지고 싶은 소망이 있다. 형태 심리학이라는 이론을 빌어서 설명하면 인간에게는 어떤 날 "아하, 그렇구나" 하고 감탄하고 싶어 하는 결정적인 계기에 대한 열망과 소망의 순간이 있다는 것이다. 초청할 때 그 계기를 마련할 수 있다는 것이다. 과거로부터 단절시키고 새로운 출발을 할 수 있는 결정적인 계기의 순간을 초청이 제공한다는 이점이 있다는 것이다.

(5) 설교의 논리적인 이유에서 정당화될 수 있는가? 복음은 복음의 성격상 반드시 응답을 요구한다. 복음은 복음을 설명하는 것으로 만족하지 못한다. 복음이 그리스도께서 우리를 위해 죽으시고 장사한지 사흘만에 부활하시므로 우리의 의롭다함과 새로운 생명 안에서 행하는 새로운 삶에 대한 확실한 근거를 복음이 제공한 것이라면, 이 복음은 회개와 믿음의 응답을 분명히 요구하고 있다.

그렇다면 복음을 설교했으면 복음에 대한 응답을 요구하는 것은 당연한 논리적 귀결이다. 그러므로 방법은 달라질 수 있지만 복음은 복음의 성격상 초청이라는 마지막 메시지를 요청하고 있다는 사실이다.

그런 의미에서 필자는 초청의 많은 신학적·심리학적·문화적 어려움과 문제점들이 있음에도 불구하고 여전히 우리에게 있어서 복음의 초청은 필요한 것이라고 결론을 맺고자 한다.

설교 준비 실습문제 Ⅳ

본문: 마가복음 6장 30절~52절

우리가 설교 준비를 위해서 본문을 대하게 될 때 염두에 두어야 할 것은, 우리가 본문을 읽음으로써 성서의 사건 앞에 우리가 부딪힌다는 것이다. 우리는 그 사건을 단지 문자로만 이해하는 것이 아니라 우리의 감성을 가지고 그 사건과 마주친다는 것이다. 따라서 우리는 성서가 우리에게 보여주는 그 사건에 마주해서 상상력과 감성이 날카롭게 반응하지 않으면 안 된다는 것이다. 어떤 사건은 우리에게 지식보다는 감성과 상상력을 요구한다.

일반적으로, 목사님들은 이런 방식으로 성서를 이해하는데 익숙하지 못하다. "무엇으로 느껴지는가?"라는 물음에 대해서 우리가 잘 대답하지 못하는 이유는 단지 성서를 신학적인 지식의 차원에서만 생각하고 대답하려고 하기 때문이다. 그러나 이러한 묵상은 지식의 문제가 아니다. 살아있는 자연으로서 우리가 가질 수 있는 순수한 어떤 느낌, 사건 앞에 서서 가지게 되는 감성의 문제이기 때문이다. 교리적인 우리의 지식의 나열이 아니라 순수한 감정을 가지고 성서가 보여주는 사건 앞에 서서 우리의 상상력으로 그 사건을 느껴야 되는 것이다. 이러한 생생한 체험이 우리의 설교에 생기를 주고 살아있는 그림처럼 설교를 청중에게 보여주는 것이 된다. 본문을 묵상하는 데 있어서 우리가 알몸으로 사건과 마주 대하는 체험의 훈련은 설교를 더욱더 생생하게 할 것이다.
세 가지 질문을 가지고 묵상하도록 한다.

1. 무슨 말씀이 들렸는가?

2. 무엇이 보이는가?

3. 무엇이 느껴지는가?

04
한국 강단에서의 초청의 작용

앞에서는 성서적 근거와 초청이 교회사적으로 어떻게 시행되었는가에 대해서 살펴보았다. 초청하는 데 있어서 우리가 직면하고 있는 교리적인 문제점들과 문화적인 문제점들을 논하였다. 우리는 또한 그럼에도 불구하고 초청을 포기할 수 없는 그 정당한 성서적인 이유와 역사적인 이유에 대해서 살펴보았다. 이제 우리는 초청에 대한 여러 가지 사항들을 염두에 두고 초청에 대해서 살펴보기로 한다.

지금까지 우리가 살펴본 것처럼 초청에는 여러 문제점들이 있다. 교리적인 문제들과 문화적인 문제들도 있다. 어떤 교회는 이 초청을 강조하기 때문에 제도화해서 예배 순서에 삽입함으로 그것을 매 번에 걸쳐 반드시 시행하려고 하는데 필자는 이러한 시도를 좋아하지 않는다. 그 이유는 우리가 지금까지 살펴본 그 수많은 문제점들 때문에 그렇다. "지금 설교를 하기 때문에 따라서 초청을 해야 한다"는 생각은 논리적인 이유도 빈약하고 신학적인 뒷받침도 받기 어렵다. 그럼에도 불구하고 우리는 이 초청에 많은 유익과 장점이 있다는 것을 알아야 한다.

그러므로 우리는 초청이 남용되는 것을 방지하면서 건전하고 성서적인 초청을 실현하기 위해서 신중한 모델을 계발하고 채택해야할 필요가 있다. 초청을 연구하는 학자 특히 알란 스트리트의 두 가지 모델을 살펴보기로 한다.

1. 직접적인 초청(즉각적인 응답) 모델

이 방법은 쉽게 말하면 직접적인 초청을 가리키는 것이다. "손을 드십시오. 자리에서 일어나십시오. 앞으로 나오십시오."와 같은 초청을 함으로써 청중들이 즉각적으로 그 설교에 응답을 하도록 하는 것이다.

남침례교회는 초청을 여러 가지 형태로 계발하여, 구원을 위해 초청할 뿐 아니라 헌신과 교회의 회원이 되기를 원하는 사람들까지도 초청하며, 침례받기 원하는 사람들도 초청해서 앞으로 나오도록 하고 있다.

필자 개인적으로 생각하기에는 구원과 헌신 그리고 침례의 초청은 가능하다. 그러나 "우리 교회의 회원이 되기 원하는 사람은 앞으로 나오라."는 식의 초청은 곤란하지 않은가 생각한다. 이런 초청이 미국의 많은 교회들에 의해서 시행되고 있는데 그 성서적인 근거를 찾아보기가 어려운 것 같다.

그럼에도 불구하고 이런 즉각적인 응답을 유도하는 모델의 장점은 그 순간순간마다 역사하시는 성령의 인도하심에 민감할 수 있다는 것이다. 성령의 감화를 소멸치 않는 설교자가 될 수 있다는 것이다. 설교를 한 뒤에 성령님께서 설교자의 마음에 어떤 부담을 주시고, 참으로 그 말씀을 통한 영혼 구원을 기뻐하시는 성령께서 임재하실 때 그러한 기회를 그냥 놓쳐서는 안 된다. 바로 이것이 이 형태의 가장 중요한 장점이라고 할 수 있다. 설교를 들은 청중이 그 설교에 응답을 하고 싶은데도 많은 경우에 그냥 지나쳐 버리기 십상이다. 우리 설교자들은 성령의 임재하심에 민감하여 청중들이 설교에 응답할 수 있는 기회를 제공할 수 있어야 한다.

C.S. 루이스(Lewis)의 유명한 작품 가운데 「스크루테이프의 편지」라는 것이 있다. 어떤 사람이 교회에서 하나님의 말씀을 듣고 마음에 큰 감동을 받았다. 버스를 타고 집으로 오는데 그에게 악마가 계속 이렇게 말을 건넨다. "네가 지금 집에 가서 해야 할 일들을 생각해보라. 이 일도 해야 하고 저 일도 해야 하고 이것도 결정해야 하고 저것도 결정해야 하는데 …"하면서 그의 주의를 말씀에서 받은 감동으로부터 돌리게 만든다. "그렇지. 괜히 내가 그런 생각에 잠시 빠져 있었구먼."하고 메시지에서 벗어나는 순간, 그 사람의 배후에서 회심의 미소를 짓고 있는 악마의 모습을 우리는 본다.

성령께서 청중의 마음속에 역사하실 때 즉각적으로 그 순간을 포착해서 결단의 순간을 제공하는 것은 설교자에게 매우 중요한 것이라 할 수 있다.

이 모델의 장점은 어떻게든 하나님의 인도하심에 즉각적으로 응답할 수 있다는 것이다.

이 모델이 가지고 있는 두 번째 장점은 공개적인 시인의 기회를 제공한다는 것이다. 예수를 믿는다고 해도 사람들 앞에 나와서 공개적으로 "나는 예수님을 믿습니다."라고 고백하는 것과 그냥 숨어서 예수님을 믿는 것에는 상당한 차이가 있다. 사실 교회 안에는 이러한 공개적인 시인을 한 번도 해보지 않은 교인들이 매우 많다. 분명하게 사람들 앞에서 공개적으로 예수를 시인하는 것은 그의 신앙생활에 미치는 영향이나 그 파장이 매우 크다는 것을 알 수 있다. 성경은 이러한 공개적인 시인의 중요성을 강조하고 있다. "저희가 사람 앞에서 나를 시인하면 …" 물론 우리가 교인들 앞에 나와서 시인하는 것으로 우리가 하는 시인을 끝낼 수는 없을 것이다. 우리의 삶의 과정에서도 계속해서 주님을 시인하는 것이 필요하다. 그러한 시인의 삶을 살기 위한 그 첫 출발점으로 교회의 회중들 앞에서 한 번쯤 공개적인 시인을 한다는 것은 아주 중요한 의미를 지니는 행동이 될 것이다. 사실상 목회적인 경험을 미루어 본다면, 공개적인 시인을 한 사람들의 신앙이 다른 사람들과 다르게 성장하는 것을 볼 수 있다. 그러한 공개적인 성장을 통해서 다른 사람들에게 뿐만 아니라 자신에게도 변화의 계기를 마련해준다.

세 번째 장점은 다른 사람들을 격려하고 고무할 수 있다는 것이다. 신앙고백을 하지 않고 주저하는 사람들, 신앙의 분명한 결단 없이 교회에 출석하고 있는 사람들에게는 결단이라는 관문을 제공함으로써 그들에게 어떤 전기를 마련해주는 계기가 된다. 즉 주님을 고백하고 공개적인 시인을 한다는 것이 결코 부끄러운 일이 아님을 보여준다는 것이다. 주님을 공개적으로 시인하기 위해서는 앞에 나가는 정도의 부끄러움은 견뎌야 한다는 것을 보여 주기도 한다.

네 번째 장점은 교인들의 전도에 대한 의욕을 고취시킬 수 있다는 것이다. 구원을 위한 초청이 있는 교회와 그 초청이 없는 교회를 비교해 보면, 초청을 하는 교회의 교인들에게 구령의 열심히 더 있다는 것을 객관적으로 인정할 수 있다. 교인들은 눈앞에서 예수 믿기를 결심하며 주님 앞에 무릎을 꿇는 새로운 결신자의 모습을 보고 많은 감동을 받게 된다. 따라서 이 교인들은 목사님의 전도설교에 응답하기 위해서도 사람들을 교회로 인도하려고 할 것이다. 초청을 하지 않는 교회에서는 어떤 결단적인 기회를 제공하지 않기 때문에 전도를 잘 하지 않는 교회가 되기 쉽다. "나의 친구를 데리고 와야지."하는 생각은 초청의 광경을 목격한 사람들이 잘할 수 있는 결심이 되며, 그러한 마음가짐을 더욱더 명백히 해줄 수 있다. 성도들의 전도열을 고취시키는데 이 초청의 모델은 상당한 격려가 된다.

2. 간접적 초청(지연된 응답)

이 방법은 직접적인 모델이 계발되기 이전에 설교자들이 오래 전부터 사용하는 형태이다. 그러므로 교회사적으로 볼 때에는 이 방법이 더 오랜 역사를 가지고 있는 것이다. "이 말씀을 듣고 개인적으로 더 알기 원하는 삶은 제게 찾아오십시오."라고 간접적인 초청을 하는 것이다. 즉 설교자가 개인적 면담을 요구하는 것이다.

이 형식에는 성경공부에 초청하는 방법, 카드에 서명하는 방법, 개인적인 면담을 통해서 만나는 방법, 그리고 후에 교회의 지도자들이 그를 만나는 방법 등이 있을 것이다. 이 간접적인 초청에도 역시 장점이 있다.

첫째, 청중에 대한 인위적인 압력을 피할 수 있다. 초청에 너무나 열중을 하다 보면 인위적이거나 압박을 가하는 초청이 되는 수가 있다. 그렇게 되면 성령의 역사보다는 인위적인 조작의 가능성이 더 많게 된다.

둘째, 청중들은 아무런 당황함이나 긴장감 없는 인격적인 응답의 자리로 인도될 수 있다. 분위기나 당황스러움 때문에 억지로 결심하는 경우가 종종 있는데 비해 이 방법은 어떤 인격적인 것이 아닌 경우를 사전에 예방할 수 있다.

셋째, 아직까지 무르익지 않은 결단을 피하게 할 수 있다. 설익은 결단을 함으로써 "나는 앞으로 나가본 적이 있다. 나는 앞에 나가서 침(세)례도 받아 보았다."와 같은 식의 말이 나올 수 있는 가능성을 미리 막을 수 있다. 이렇게 성숙하지 않은 열매를 따 먹으려는 선교적 과오도 있으며, 이로 인하여 하나님 말씀의 권위를 약화시키고 하나님의 말씀이 가진 그 영광스러움을 가리기도 한다.

설교자와 상담자 사이에 더욱 깊은 관계를 발전시켜 나갈 수 있는 기회를 제공한다. 설교자는 상담을 통해서 내담자의 신앙 성숙을 분명히 이해할 수 있을 것이다.

이 두 가지 모델에서 어떤 것을 선택하느냐의 문제는 상황과 문화 그리고 경우마다 각각 다를 것이다. 여기서 우리는 전자가 후자보다 더 우수한 모델이라거나 혹은 후자가 전자보다 더 훌륭한 것이라는 단정을 내릴 수는 없을 것이다. 그러나 "설교할 때마다 성령의 인도하심을 따라서 해야 한다."는 정도의 지침은 제시할 수 있다고 생각한다. 우리는 초청이 가지고 있는 약점과 초청의 남용으로 나타나는 어떤 부작용 때문에 초청을 포기해서는 안 될 것이다. 왜냐하면 그러한 약점이 있음에도 불구하고 초청은 더 많은 장점을 지니고 있으며, 그것은 성경에 근거한 메시지를 전하는 설교자들이 하나님 앞에서 순종하는 것이라 할 수 있기 때문이다.

1871년 10월 8일 시카고의 교회에서 무디가 설교를 한 적이 있다.

그는 마태복음 27장 22절을 본문으로 하여 "그리스도라 하는 예수를 어떻게 하랴"는 제목으로 설교를 했다. 이 설교는 매우 강력했으며 사람들의 마음에 감동을 주었고 무디 자신도 역시 성령의 움직이심에 대한 어떤 확신이 있었다. 그런데도 무디는 초청을 할까 말까 망설이다가 그냥 지나가 버리고 말았다.

그런데 바로 다음날 아침 미국 역사상 가장 참혹한 시카고의 대화재가 발생하여 수많은 사람들이 불에 타 죽고 말았다. 무디는 그날 밤 이후 평생을 두고 철저하게 후회를 했다. 이 후회는 무디의 일생에 걸쳐 짙게 스며들었다. 대화재로 불타 죽은 사람들 가운데는 전날 밤 그의 설교를 들은 사람들이 많이 있었다. "그 불속에서 생명을 잃기 전에 그들에게 그리스도를 영접할 수 있는 기회를 제공했더라면" 하는 후회는 그의 평생에 걸쳐서 그를 안타깝게 하였던 것이다. "내가 왜 그들에게 예수 그리스도를 받아들일 수 있는 기회를 제공하지 않았던가?" 이것이 무디의 가장 큰 후회였다.

05
초청의 방법

1. 믿음을 가지고 하라

초청을 했는데도 한 사람도 나오지 않는 것을 어떻게 하느냐며 푸념하는 어떤 분의 말을 필자는 들은 적 있다. 어떤 설교자들은 자신이 초청을 하면 사람들이 나오지 않을 것이라는 믿음을 가지고 있기도 하다. 어떤 신학생이 스펄전 목사님을 찾아와서 바로 이러한 고민을 털어놓았다. "내가 초청을 하지만 참으로 주님을 받아들이는 사람들이 없는데 어떻게 합니까?" 그러자 스펄전 목사님은 이렇게 말했다. "형제여, 혹시 당신은 매번 설교를 할 때마다 사람들이 반드시 구원을 받기를 기대하는 것은 아니겠지요?" "그야 그렇지요. 어떻게 그것을 매번 기대합니까?" 스펄전 목사님이 다시 이렇게 말했다. "그래서 아무도 없는 것입니다."

복음 메시지의 영광스러움을 확신하고 하나님께서 사람들을 사랑하심을 분명히 확신하고, 주님께서 이 귀한 메시지를 통해서 그리고 부족한 '나'를 통로로 사용해서 누군가가 이 말씀에 응답하도록 하나님께서 역사하실 것이라는 믿음을 가지고 초청해야 한다. 하나님의 주권과 사역에 대한 확신을 가지고 믿음으로 초청하라.

2. 구체적으로 초청해야 한다

이것은 초청의 내용이 무엇인지 구체적으로 밝혀야 한다는 것이다.

요즈음 초청이 하도 유행하다 보니, 오히려 남용되지 않나 하는 생각까지 들기도 한다. 대표적인 예 가운데 하나는 "여러분, 기도 받고 싶은 사람들은 앞으로 나오십시오."같은 것이라 할 수 있다. 이런 초청이라면 청중들이 모조리 다 나오기도 한다. 지금 설교자가 하고 있는 초청이 무엇인지 분명히 해서 회개의 초청인지 아니면 구원을 위한 초청인지 혹은 기신자들을 향해서 하는 헌신의 초청인지를 구체적으로 제시해야 한다. 그리고 믿는 교인들을 향한 침(세)례의 초청도 분명히 구분하라.

3. 적극적으로 초청하라

초청할 때 부정적인 언어를 사용해서는 안 된다. "한 사람도 안 나오셔도 좋습니다." 이렇게 초청을 하면 한 사람도 나오지 않을 가능성이 있다.

4. 예의를 가지고 신중하게 하라

너무 소란스럽게 해서는 안 된다. 신중하고 예의를 지키면서 조용하게 하는 것이 필요하다. 위협하거나 공갈해서도 안 된다.

5. 설교에서 초청으로 자연스럽게 이동하도록 하라

설교의 마지막 부분과 초청을 잘 연결시키도록 한다. 반드시 구원에 대한 메시지를 전달해야만 구원 초청을 할 수 있다고 생각할 필요는 없다. 여러 가지 삶에 대한 자연스러운 설교를 한 후에도 구원 초청이 가능하다. 심지어 십일조 설교를 하고 나서도 구원 초청을 할 수 있다. 이 경우 우리가 유의해야 할 점은 그 결론 부분과 초청이 상황에 따라 잘 연결되도록 해야 한다는 것이다. 한번 예를 들어보기로 하자. 십일조에 대한 설교를 했다고 가정해보자.

"사랑하는 여러분, 지금까지 우리는 십일조에 대한 설교를 들었습니다. 그러나 여러분 가운데 그리스도를 '나'의 주님으로 영접하지 않으신 분이 있다면 지금까지 여러분에게 드린 이 설교는 여러분과 아무런 관계가 없는 것입니다. 성경은, 하나님은 당신의 돈을 요구하시는 것이 아니라 당신 자신을 요구하신다고 우리에게 말씀하시고 있습니다. 당신이 참으로 그리스도 주님 앞에 나와서 그리스도를 주님으로 받아들이고 그분이 나에게 베푸시는 그 은혜의 놀라우심에 감동하기까지는 돈을 하나님께 바친다는 것은 아무런 의미를 지니지 못한다는 것을 알아야 합니다. 지금까지 하나님과 상관없이 살아오셨습니까? 그리고 그리스도와 상관없이 살아오셨습니까? 지금이야 말로 먼저 여러분 자신을 하나님께 바치고 하나님 없이 살아왔던 당신의 죄를 회개하시면서 그리스도를 구세주와 주님으로 영접하시지 않으시겠습니까?

주머니에서 먼저 돈지갑을 건드리지 마십시오. 먼저 주께 나오십시오. 먼저 자신을 드리시기 바랍니다."

결론에서 초청으로 나아가는 전환점에서는 자연스럽게 하는 것이 필요하다.

6. 인위적인 쇼를 제거한 자연스러운 분위기를 창출하라

쇼맨십이 너무나 뛰어난 사람은 이 초청을 쇼로 이끌고 가기가 쉽다. 음악을 너무나 화려하게 하기 위해서 분위기를 이끌어 내려고 한다든지 하는 것은 바람직하지 않다. 음악이 필요할 경우, 아주 작은 소리만을 내도록 하는 것이 좋을 것이다. 음악을 하는 사람들의 초청 시에 자신을 너무 드러내려 해서는 안 된다. 성령이 주도하시는 명상적인 분위기를 만든다는 것이 좋다.

7. 철저하게 준비하라

카드, 상담자, 양육 교재 등을 철저하게 준비하지 않으면 안 된다. 철저하게 준비하지 않았을 경우에는 초청을 하지 않는 것이 차라리 나을 것이다.

8. 성령을 의지하도록 하라

성령께서 어떻게 설교자인 당신을 인도하시는지 자신을 민감하게 주시하도록 하라. 이에 추가해서 하나 더 언급하고 싶은 말이 있다.

준비되지도 않았고, 별 볼일 없는 설교, 충분히 묵상되지도 않았고, 아직 잘 익지 않은 설교, 성령께서도 도저히 사용을 하시지도 않는 그러한 설교를 해놓고 초청을 해서는 백해무익할 뿐이다. 이것은 주님에 대한 모독이다. 이런 설교를 듣고 결신을 했다 하더라도 그것은 열매가 되지 못하고 곧 전락해버릴 뿐이다.

필자가 과거에 섬기던 교회가 있을 때 밤 한시가 다 된 시간에 어떤 사람이 사택의 문을 두드리는 것이었다. "저도 예수 믿고 싶습니다."하며 한 사람이 들어오는데 그렇게 말하는 동시에 술 냄새가 코를 진동하는 것이었다. 이분하고 한 시간 반이 넘도록 상담을 했다. 그는 그렇게 술이 취한 상태인데도 예수님 믿겠다고 영접기도를 했다. 그러나 이것이 그가 진정한 영접을 했다고 생각할 수 있을까? 그래서 반신반의하면서 그래도 기대감을 가지고 그가 교회를 오는지 기다리고 있는데, 그는 다음 주일날 교회에 참석을 했다. 그리고 계속해서 다음 주일날도 또 다음 주일날도 교회에 꼬박꼬박 출석하는 것이었다. 그래서 술 취한 사람에게도 성령께서 역사하실 수 있다고 믿게 되었다.

9장 / 설교 작성의 실례(룻기)

> "강해설교는 그 이중성을 지닌다. 그것은 성서본문과 청중이다. 룻기는 이러한 이중성을 어떻게 통과해서 설교자에 의해서 청중에게 도달되어지는 것일까? 여기서는 룻기를 본문으로 여러 명이 설교 작성을 하고 그에 대한 논의를 해보았다."

여기에서는 여러 사람들이 룻기를 본문으로 해서 설교 작성을 했는데 그 과정을 살펴보기로 하자. 실습자들이 룻기를 본문으로 해서 설교 준비를 했고, 이 내용을 필자를 비롯해서 여러 사람들이 논의를 했다. 이 논의는 '노트'라는 항목에 삽입시켰다. 독자들은 자신이 룻기를 본문으로 해서 설교 준비 과정을 거친 다음에 다른 여러 사람들이 준비한 것과 검토해보면 도움이 되리라고 생각한다. 필자 자신이 준비한 것도 포함시켰다. 독자들의 준비와 비교해 보기를 바란다. 우선 룻기 전체의 개요를 제시해 본다.

01
룻기 전체 개요

1장

1장 전체를 요약하는 구절로서 1장 13~20절을 그 중심으로 잡았다. 여기에 "나오미가 그들에게 이르되 나를 나오미라 부르지 말고 나를 마라라 부르라 이는 전능자가 나를 심히 괴롭게 하셨음이니라"는 구절이 나오는데, '마라'의 의미는 '슬픔' '고통' '괴로움'이다. 그래서 1장을 고통의 장이라고 생각해보았다. 여기의 '고통'이라는 단어는 1장 전체의 색깔을 나타내고 있다.

2장

2장에서는, 2절에 "내가 누구에게 은혜를 입으면 그를 따라서 이삭을 줍겠나이다"라는 구절이 나온다. 여기서 '은혜'라는 단어는 2장에서 처음 나타나는 단어이지만 2장 전체를 통해서 계속 이어지는 말이다. 룻은 보아스에게 은혜를 입기 원하였고 보아스는 룻에게 은혜를 주었다. 그러므로 2장에서 은혜라는 단어는 중요한 주제를 형성하고 있기 때문에 2장을 은혜의 장이라고 부른다.

3장

3장에서는, 1절에서 '안식'이라는 단어가 나온다. 3장은 안식이라는 단어에서 시작되어 안식에서 마무리된다. 3장에서는 전체 분위기가 밝아오면서 새로운 가정을 이룰 수 있으리라는 희망을 갖게 된다. 3장을 안식의 장이라고 부른다.

4장

4장 14절에서 '찬송'이라는 단어가 나타난다. 결혼의 아름다운 축하가 이루어지며 잔치가 베풀어지고 결혼으로 말미암아 새로운 가정이 탄생한다. 여기서 4장 전체를 나타내 주는 단어는 '찬송'이다.

전체

그래서 우리는 1장을 고통, 2장을 은혜, 3장을 안식, 4장을 찬양이라는 주제로 전체를 개관할 수 있다. 룻기의 전체 드라마는 1장의 고통으로 시작하여 4장의 찬송으로 끝이 난다. 4장의 주제를 '회복'이라고 해도 좋을 것이나 성경본문에서 핵심단어를 찾아내어 그 장의 골격을 기억하는 것이 더 좋을 것이다. 이러한 핵심단어를 찾는 이유는 본문 전체를 어떻게 요약해서 그 흐름을 파악해 낼 것인가 하는 고려에서 비롯된 것이다. 여기서 우리가 룻기를 다르게 살펴보는 것도 가능하다고 생각한다. 룻기의 주제를 효도로 볼 수도 있으나 중요한 핵심이 아니라고 본다. 또 하나의 전통적인 주제는 모형론적인 해석을 해서 '친척 구속자'로 한다.

그러나 그 해석에 대해서는 적절성의 여부가 논란의 대상이 되기도 한다. 룻기 전체의 주제를 무엇으로 보느냐 하는 문제는 각자에 따라 다르다. 단 하나의 주제를 강요해서는 안 되고, 여러 가지에 내용들이 한데 어울려야 한다고 생각한다. 우리에게 주어진 삶에 따라서 그 구성하는 맥락도 다르게 나타날 수 있을 것이다.

02 룻기 설교 실습

실습자 A

본　　문: 룻기 1장 전체

제　　목: 참된 그리스도인의 믿음

본문요약: 참된 신앙의 사람은 자신의 모든 것을 포기하고 하나님만을 의지한다.

설교명제: 참된 그리스도인은 오직 하나님만을 의뢰하기로 결심해야 한다.

설교목적: 참된 신앙이 무엇인지 알게 하여 오직 하나님만을 의지하게 한다.

대　　지: 1. 그리스도인이 환경의 어려움 때문에 신앙의 본거지를 떠나는 것은 옳지 않다(1-5절).

2. 그리스도인이 하나님보다 편안한 육신생활을 가까이 하는 것은 옳지 않다(6-15절).

3. 그리스도인은 환경의 어려움이나 생활의 위기가 있어도 신앙생활을 더 소중히 여겨야 한다(16-22절).

결　　론: 참된 신앙은 생활의 모든 위기 가운데서도 하나님을 더 가까이 하는 것을 가장 귀하게 여기는 것이다.

설교 실습에 대한 노트

1. 대지가 너무 길어서 기억하기가 어렵다.
2. 대지의 전개는 그런대로 무리가 없이 진행이 된다고 보여진다. 그러나 대지와 대지 사이의 논리적인 연관성이 부족하다. 그리고 하나의 대지에서 다음 대지로 옮아갈 때의 점진적인 흐름이 결여되었다.
3. 본문요약, 설교명제, 설교목적 등은 매우 잘 구성되었다고 본다.

실습자 B

본 문: 룻기 1장 6~18절

제 목: 고부간의 사랑

서 론: 고부간의 갈등은 한국사회의 고질적인 문제이다. 한국사회의 대가족 제도는 그 구조상 고부의 갈등을 유발시키도록 되어있다. 그러나 오늘 우리의 본문에는 애틋하고 감동적인 고부간의 사랑이 나타나고 있다.

대 지: 1 시어머니의 사랑(8-9, 11, 13절)

　　　　2. 자부들의 마음 자세(9하, 10절)

　　　　3. 시어머니에 대한 룻의 사랑(16, 17절)

결 론: 고부간의 사랑이 이루어질 수 있었던 이유는 시어머니와 며느리가 서로에게 잘 했기 때문이다.

설교 실습에 대한 노트

1. 대지 구성에 있어서 2와 3 사이의 논리적인 연관이 빈약하다. 2에서는 자부로 나타나는데 비해서, 3에서는 룻이 등장하기 때문에 논리적 구조가 약하다.
2. 결론 부분에서 그들이 서로 사랑했다고 하는데, 그들이 어떻게 사랑을 했는지에 대한 구체성이 부족하다. 대지가 물론 단순해야 하지만 어느 정도의 구체성을 잃어서는 안 된다.
3. 이 설교는 순수한 윤리적인 설교에서 끝이 나고 말았는데 하나님이 개입되는 내용이 전혀 나타나지 않는다. 룻과 나오미 사이의 관계에 있어서 어떠한 요소들이 그들로 하여금 그렇게 사랑을 하도록 했는가 하는 신적인 요소에 대한 언급이 전혀 없다. 하나님으로 인하여 그들이 사랑의 관계를 맺었다는 내용이 없다면 우리는 이 설교를 가지고 초청을 하지 못한다.
4. 결론 부분에 구속사적인 요소를 대입시키는 것이 중요하다.
5. 서론 부분에서 고부간의 갈등 관계를 구체적으로 예시할 수 있는 신문의 뉴스라든지 실례를 제시함으로써 공감대 형성이 마련되어야 했다.

실습자 C

본 문: 룻기 1장 전체
제 목: 선택의 기로

서   론: 한 번의 선택이 평생을 좌우한다.

대   지: 1. 잘못된 선택 – 엘리멜렉의 경우: 어려운 환경으로부터
의 도피

　　　2. 눈으로 보이는 것에 의한 선택 – 오르바의 경우

　　　3. 올바른 선택 – 룻의 경우: 하나님 중심으로의 선택

결   론: 환경에 의해서 좌우되지 말고, 하나님 중심으로 모든 것을
선택하라.

설교 준비에 대한 노트

1. 위의 대지는 크게 둘로 나뉜다. 잘못된 선택이 두 가지, 올바른 선택을 한 경우가 한 가지 제시된다.

2. 텔레비전 광고를 서론 부분에 도입함으로써 공감대 형성을 확보하려고 했다.

3. 대지를 쉽게 기억할 수 있다.

4. 여기서는 '룻의 선택' '나오미의 선택'에서 보듯 성경 인물들의 이름이 직접 거론되는데, 이렇게 이름을 쓰는 것은 바람직하지 않다고 본다. 설교를 듣는 청중들이 룻이나 나오미의 경우와 자신의 경우를 빠르게 동일시하지 못한다. 그래서 '올바른 선택' '바르지 못한 선택' 등과 같이 하는 편이 좋다고 본다.

> 실습자 D

본   문: 룻기 1장 1~5절

제   목: 환난 때의 성도의 자세

서   론: 하나님을 믿는 엘리멜렉이 하나님을 섬기면서 살고 있는 베들레헴에 흉년이 들었다고 해서 그곳을 떠나 모압으로 이주했으나, 엘리멜렉과 그의 가족들은 하나님의 치심으로 돌아온다. 이런 환난 시에 성도들은 어떤 자세를 가져야 하는가?

대   지: 1. 성도들은 육신의 흉년보다도 영혼의 흉년을 두려워해야 한다(1절).

2. 성도들은 육신의 양식이 있는 모임보다는 말씀이 있는 베들레헴을 선택해야 한다(1절).

3. 육신의 편의보다는 하나님의 계명을 지켜야 한다(4절).

결   론: 하나님의 성도인 엘리멜렉은 육신적인 편의를 위하여 베들레헴을 떠났고, 그의 두 아들은 모압인을 아내로 맞이했다. 그러나 그들은 환난을 당하게 되었고, 빈 몸으로 다시 베들레헴에 돌아오게 되었다. 이런 육신적인 환난을 통해서 우리는 육적인 편의대로 살 것이 아니라 성도로서 신앙적인 자세를 가지고 살아야 하겠다.

설교 실습에 대한 노트

1. 여기에서 전환문장은 "성도는 …, 성도는 …"으로 이어지고 있다.

2. 서론 전개가 성도들의 관심을 끌기에 부족하다. 당시의 상황을 오늘날의 창조적인 상황으로 연결시켜 재창조해야 한다. 이 부분의 작업이 전혀 되어있지 않았다.
3. '말씀이 있는 베들레헴'이라는 점이 막연한데, 영해를 한 것 같다.
4. 본문에는 환난의 원인이 언급되지 않았음에도 여기서는 어떤 전제를 가지고 그들이 겪은 환난의 원인을 설명했다.
5. 대지를 그렇게 나눈 분명한 이유가 눈에 띄지 않는다.

실습자 E

본   문: 룻기 1장 1~15절

제   목: 실패한 인생

서   론: 모든 사람은 행복의 꿈을 가지고 살아간다. 그러나 우리는 삶의 실패를 많이 목격할 수 있는데 그 특성은 어떠한 것인가?

대   지: 1. 환난을 인간의 방법으로 해결하려고 할 때 우리는 실패한다(4절).

   2. 하나님의 말씀에 불순종할 때 우리는 실패한다(4절).

   3. 회개의 기회를 상실할 때 우리는 실패한다.

결   론: 나오미가 실패하고서 고향 땅에 다시 돌아온 것처럼 우리도 하나님의 품으로 돌아올 때 실패의 자리에서 성공의 자리로 나아가게 되는 것이다.

설교 실습에 대한 노트

1. 제목이 부정적이기 때문에 적절하지 않다. 그러나 때때로 우리는 부정적인 측면을 드러내어서 치유하는 것도 가능하리라고 본다.
2. 해석상의 문제가 있다. 지나친 상상력을 가지고 해석한 감이 있다.

실습자 F

본　　문: 룻기 1장 15~18절

서　　론: 우리 삶의 변화는 항상 결단으로부터 시작이 되어지는 것이다. 결단은 결단을 내릴 수 있는 환경이 아니라도 내릴 수 있어야 한다.

대　　지: 1. 룻은 어려운 환경 가운데서도 중요한 결단을 내렸다.
　　　　　2. 룻은 소망을 바라보고 자신의 결단을 내렸다.
　　　　　3. 이 결단으로 인해서 그는 하나님의 백성이 되고, 어머니의 백성이 되어서 이스라엘 가운데 속하게 되었다.

결　　론: 어려움 가운데서 내린 그의 결단은 하나님이 책임져 주셨고, 희망이 넘치게 하셨다. 우리도 변화를 위한 결단을 내려야 한다.

설교 실습에 대한 노트

1. 본문에서 룻이 내린 결단의 동기를 분명하게 발견하기 어렵다.
2. 서론과 대지 1에서는 희망이 없을 때에 결단을 했다고 했는데 대

지 2에서는 소망이 있기 때문이라고 기술하고 있다. 대지 사이의 논리적인 구성력이 없을뿐더러 서로 모순되는 것같이 보인다. 설교가 참으로 어려운 작업이라는 생각을 감출 수 없다. 우리의 설교를 듣는 청중 가운데서 이러한 모순을 지적하고 있는 사람이 있을 수 있다는 것을 염두에 두지 않으면 안 된다. 우리가 완벽한 설교를 할 수는 없다 할지라도 우리의 설교에 대해 항상 자문자답해 볼 필요는 있다.

3. 만약 이 설교에서 우리가 결단을 강조해야 한다면 결단 그 자체를 대지를 통해서 전개하는 것이 어떨까 생각한다. 희생적인 결단, 믿음의 결단 등으로 연결시킬 수도 있을 것이다. 결단의 상황과 동기를 본문에서는 유추하기 어려운 경우인데도 무리를 해서 전개하지 않았나 싶다.

4. 제목을 '룻의 결단'이라고 한다면, 설교의 청중들은, "그렇다면 그것이 룻의 상황으로 인한 룻의 결단이지 나와 무슨 상관이 있느냐" 하는 식으로 생각할 수 있으므로 공감대 형성에서 문제를 안고 들어가기 쉽다. '결단'이라는 말을 넣은 다른 제목을 생각해 볼 수 있을 것이다. 이럴 경우에는 설교자가 행하는 설교와 청중들의 공감대 형성을 위하여 서론에서 이런 작업이 먼저 잘 선행되어야 할 것이다. 또한 여기서 지적하고 싶은 것은 룻기의 주인공이 나오미냐 룻이냐 하는 논쟁이 있다는 것도 염두에 두어야 한다는 점이다.

룻기 강해사전 계획안

(룻기 강해를 계획하고 있으면 적어도 설교 3개월 전부터 연구를 시작하여 개략의 설교 플랜을 가져야 한다. 아래는 본 저자가 사전에 준비한 계획안의 사례이다.)

전체 주제어 – '기업 무를 자' / 기업 회복자(고엘, Go'el)

(2:20; 3:12; 4:1, 3, 6, 8)

1장(열쇠구절-1:20) '마라의 장' (열쇠단어-마라)

  1) 1:1-6

  2) 1:7-18

  3) 1:19-22

2장(열쇠구절-2:13) '은혜의 장' (열쇠단어-은혜)

  1) 2:1-7

  5) 2:8-16

  6) 2:17-23

3장(열쇠구절-3:1) '안식의 장' (열쇠단어-안식)

  7) 3:1-5

  8) 3:6-9

  9) 3:10-18

4장(열쇠구절-4:14) '찬송의 장' (열쇠단어-찬송)

   10) 4:1-12

   11) 4:13-17

   12) 4:18-22

위와 같은 설교 계획안이 있으면 12주에 걸쳐 대략 어떻게 설교 방향을 이끌어 갈 것인가를 예상할 수 있다. 이런 계획아이 없이 설교를 시작하면 설교 중간에 반복내지 나중에 강조할 바를 미리 강조한다든지 등의 시행착오를 피할 수 없다.

저자의 룻기 아웃라인 작성 실제 사례

1. 룻기 1:1-6

  A. 설교제목 – 〈고통수업〉

  B. 전환문장(열쇠 문장/질문)

    "고통의 어둔 밤에서 배우는 레슨은 무엇입니까?"

  C. 아웃라인

    1. 성도에게도 고통의 밤은 찬아온다는 레슨입니다(1-2절).

    2. 고통으로부터의 도피는 더 큰 고통을 초래한다는 레슨입니다 (3-5절).

    3. 어떤 큰 고통도 인생의 마지막은 아니라는 레슨입니다(3-5절).

2. 룻기 1:19-22

A. 설교제목 - 〈고통 테라피〉
B. 전환문장
"우리가 직면한 고통에서의 치유 테리피는 무엇입니까?"
C. 아웃라인
   1. 고통의 현실을 인정해야 합니다(20절).
   2. 고통의 원인을 진단해야 합니다(21절).
   3. 치유의 자리로 돌아와야 합니다(22절).

3. 룻기 2:1-7

A. 설교제목 - 〈굿 모닝, 은혜의 아침입니다.〉
B. 전환문장
"은혜의 새 아침을 맞기 위해 할 일은 무엇입니까?"
C. 아웃라인
   1. 은혜 입기를 소원해야 합니다(2절).
   2. 은혜 받는 자리에 있어야 합니다(3절).
   3. 은혜 주시는 분을 만나야 합니다(4절).

4. 룻기 2:8-16

A. 설교제목 - 〈은혜가 동반한 축복 플러스〉

B. 전환문장

"우리가 주의 은혜를 입을 때 경험하는 축복 플러스는 무엇입니까?"

C. 아웃라인

    1. 보호의 축복입니다(8-9절, 12절).

    2. 위로의 축복입니다(13절).

    3. 교제의 축복입니다(14절).

    4. 만족의 축복입니다(14-16절).

10장 / 설교의 영광과 소명

> "설교자여! 그대의 왕좌는 강단이다. 그리고 그 강단은 이 세계를 항해하는 배의 가장 앞부분이다. 여기에 하나님의 진노와 축복이 임한다. 설교는 설교자의 운명이다. 이 영광과 소명에서 설교자는 파라독스의 삶을 살아간다."

아모스 선지자는 "물이 없어 갈함이 아니요, 양식이 없어 기근이 아니요, 하나님의 말씀이 없어 갈하다"고 했다. 주께서는 사랑하시는 주의 백성들의 목마름과 배고픔의 문제에 대한 응답으로 설교자들을 세우신 것이다.

캔터베리의 대주교였던 도날드 코갠(Donald Coggan)은 설교자에 대하여 "하나님의 용서와 사람의 죄 사이에 있는 자, 하나님의 도움과 사람의 필요 사이에 있는 자, 하나님의 진리와 사람의 물음 사이에 있는 자"라고 말했다. 설교는 인간의 죄에 대한 하나님의 용서의 선포이고, 인간의 필요에 대한 하나님의 도우심의 선포이며, 인간의 질문에 대한 하나님의 대답의 선포라고 할 수 있다.

마틴 로이드 존스는 참된 설교자가 사라진 것은 중세기의 암흑 때문이라고 지적한 바 있다. 종교개혁은 '오직 성서로만'(Sola Scriptura)의 외침과 함께 그 새벽을 밝혔고, 종교개혁의 가장 귀한 열매는 설교의 권위를 회복한 것이다. 작가 허만 멜빌(Herman Melville, 1819-1891)은 1851년 그의 작품이었던 「모비 딕」(Moby Dick)에서 "설교단은 세상이라는 배의 가장 앞부분이다. 설교단은 하나님의 진노와 폭풍이 임하는 곳이며 또한 우리는 이 뱃머리에서 순풍과 역풍을 주관하시는 창조주 하나님께 기원을 드린다. 세계는 항해 중에 있는 배이며 그 항해는 끝나지 않았다. 그리고 설교단은 이 뱃머리인 것이다."라고 말했다.

금세기의 위대한 신학자 칼 바르트(Karl Barth)는 "시간 안에서 말씀을 선포하는 일, 이보다 더 중요하고, 이보다 더 긴박하고, 이보다 더 유용하고, 이보다 더 유익한 일이 어디 있겠는가?"라고 말했다. 존스(J. D. Jones)라는 설교자는 그의 탁월한 스피치의 재능을 보고 주변 사람들이 의회 출마를 권유했을 때, 그는 느헤미야의 유명한 말씀 "내가 이제 큰 역사를 하니 내려가지 못하노라"를 인용하여 대답을 대신했다. 존 웨슬리(John Wesley)는 1757년 8월 28일자의 한 투고기사에서 "나는 설교 때문에 살고 있다."고 고백했다. 그는 "주여, 나를 한 권의 책의 사람이 되게 하소서. 참으로 주의 말씀을 외치게 하소서."라고 거듭 기도했다.

설교는 최고의 보람이요 최고의 특권이다. 천사도 흠모하는 일이다. 존 스토트는 "앞으로 천년동안 하늘의 천사가 그 일에 고용되기를 열망하는 것이 설교의 작업이다."라고 말했다. 앤드류 블랙우드는 "설교는 지상에서 인간이 할 수 있는 고귀한 일로서 목회자에게 있어서 다른 어떤 일보다 그 우선적 자리를 차지해야만 한다."고 증언했다.

그럼에도 불구하고 기독교에서 참된 말씀의 선포가 등한히 다루어짐에 대하여 영국의 유명한 종교개혁자였던 휴 래티머(Hugh Latimer, 1485?-1555)는 이렇게 경고한다. "영국 전역에서 가장 부지런한 주교, 부지런한 성직자, 부지런한 사역자 - 그는 누구인가? 그는 결코 자기의 교구를 떠나지 않는다. 그는 결코 게으르지 않다. 그는 정력을 다하여 자기의 회심자를 만들고 있다. 그는 사탄이다. 사탄이 일하는 곳에 복음의 빛은 사라지고 촛불이 세워진다. 성경은 치워지고 염주알이 세워진다. 책들은 없어지고 제단이 세워진다. 하나님의 말씀 대신에 교회의 전통과 법규가 제정된다."

제임스 알렉산더(James Alexander)는 이렇게 탄식했다. "오늘의 젊은이들은 설교에 임할 때 대전투를 하루 앞둔 자의 각오로 임하지 않는다. 그들은 가장 강력한 열정의 원천을 찾아 인간의 감정의 깊은 곳까지 충격을 주어야 하는 사람으로서 설교를 준비하고 있지 않다." 칼빈은 죽기 한 달 전 제네바의 동료 목회자들에게 이렇게 자신의 사역에 대한 평가를 고백했다. "나는 성경의 한 구절도 더럽히지 않았으며 내가 아는 한 성경을 왜곡하지 않으려고 했다. 그리고 내가 세밀하게 본문의 의미를 연구하였다고 할지라도 그 의미가 난해할 때는 임의대로 해석하지 않았고 언제나 그 의미가 단순하고 분명하게 나타날 때까지 기도하며 연구했다."

포사이드(P. T. Forsyth)의 말처럼 "기독교는 설교와 함께 사활을 같이"할 것이다. 오늘날 설교의 위기와 설교자들의 설교에 대한 태만에도 불구하고 다음과 같은 알렉산더의 말에 우리는 전적으로 동의한다. "설교는 대다수의 현대인들에게 가장 숭고한 영향을 미치는 수단으로 존재하게 될 것이다. 설교가 하나님의 방법을 미치는 수단으로 존재하게 될 것이다. 설교가 하나님의 방법이기 때문이다. 하나님께서는 자신의 방법인 그 설교를 영화롭게 하실 것이다. 동서고금을 막론하고 한 시대를 깨어 일으켰던 하나님의 사람들은 모두가 위대한 말씀의 선포자였기 때문이다."

알렉산더 화이트(Alexander Whyte)는 목회와 설교에 대해 낙담하고 있는 감리교의 한 목사에게 이렇게 충고했다. "설교를 포기하지 마십시오. 하나님의 보좌에 둘러서 있는 천사들이 당신의 그 위대한 일 때문에 당신을 부러워하고 있소." 마틴 로이드 존스는 "설교는 나의 최대의 로맨스"라고 고백했다. "아! 강단에 오를 때의 설렘이여, 기대여, 감격이여, 이 낮고 천한 죄인을 보혈로 씻으시고 그 의를 옷입혀 주시고 이 강단 위까지 불러서 그의 말씀을 선포케 하는 이의 영광이여, 웬 소명인가!"

우리는 웨슬리의 고백을 되풀이하고 싶다. "나는 설교하기 위해서 살고 있습니다." 바울은 그 최후의 유언 같은 서신에서 믿음의 아들이요 제자였던 디모데에게 이렇게 부탁한다. "하나님 앞과 살아 있는 자와 죽은 자를 심판하실 그리스도 예수 앞에서 그가 나타나실 것과 그의 나라를 두고 엄히 명하노니 너는 말씀을 전파하라 때를 얻든지 못 얻든지 항상 힘쓰라 범사에 오래 참음과 가르침으로 경책하며 경계하며 권하라 때가 이르리니 사람이 바른 교훈을 받지 아니하며 귀가 가려워서 자기의 사욕을 따를 스승을 많이 두고 또 그 귀를 진리에서 돌이켜 허탄한 이야기를 따르리라 그러나 너는 모든 일에 신중하여 고난을 받으며 전도자의 일을 하며 네 직무를 다하라 전제와 같이 벌써 내가 벌써 부어지고 나의 떠날 시각이 가까웠도다 내가 선한 싸움을 싸우고 나의 달려갈 길을 마치고 믿음을 지켰으니 이제 후로는 나를 위하여 의의 면류관이 예비되었으므로 주 곧 의로우신 재판장이 그 날에 내게 주실 것이며 내게만 아니라 주의 나타나심을 사모하는 모든 자에게도니라"(딤후 4:1-8).

　마지막으로 매튜 심슨(Mathew Simpson)의 말을 인용하고자 한다. "설교자여, 그대의 왕좌는 강단이다. 그대는 그리스도를 대신하여 강단에 서며, 그대의 메시지는 하나님의 살아있는 무오한 말씀이다. 불사의 영들이 그대를 둘러싸고, 에워싸고 있다. 보라, 보이지 않는 구주께서 그대 곁에 서 계신다. 성령께서는 회중을 돕고 계신다. 천사들은 이 광경을 주시하고 있으며 천국과 지옥이 그 결과를 기다리고 있도다. 이 얼마나 놀라운 특권인가, 이 얼마나 무서운 책임인가!"

참·고·문·헌

1. 국내 도서

데니스 레인, 〔강해설교〕. 최낙재 역, 서울:한국성서유니온, 1982

루돌프 보렌, 〔설교학실천론〕. 박근원 역, 서울:대학기독교출판사, 1980.

루돌프 보렌, 〔설교학원론〕. 박근원 역, 서울:대한기독교 출판사, 1982.

루이 벌코프, 〔성경해석학〕. 윤종호, 송종섭 공역, 서울:한국개혁주의 신행협회, 1982.

발터 헨릭슨, 〔평신도 성경해석 지침〕. 권달천 역, 서울:생명의 말씀사, 1981.

워치만 니, 〔말씀의 사역〕. 권혁봉 역, 서울:생명의 말씀사, 1974.

장두만, 〔강해설교작성법〕. 서울:요단출판사, 1988.

제이 다니엘 바우만, 〔현대 설교학 입문〕. 정장복 역, 서울:양서각, 1984.

존 스토트, 〔현대교회와 설교〕. 장성구 역, 서울:풍만출판사, 1985.

해든 로빈슨, 〔강해설교〕. 박병호 역, 서울:기독교문서선교회, 1983.

해롤드 낱, 〔주해설교〕. 안형직 역, 서울:생명의 말씀사, 1973.

C. H. 스펄젼, 〔스퍼젼의 설교학〕. 김병호 역, 서울:신망애 출판사, 1979.

D. M. 로이드 존스, 〔목사와 설교〕. 서문강 역, 서울:예수교 문서선교회, 1997.

J. E. 아담스. 〔바울의 설교에 나타난 청중에의 적응〕. 서울:예수교 문서선교회, 1978.

H. 틸리케, 〔현대교회의 고민과 설교〕. 심일섭 역, 서울:대한 기독교 출판사, 1982.

H. C. 브라운 Jr. H. G. 크리나트 & J. J. 소스케트 공저, 〔설교 방법론〕. 이정희 역, 서울:요단출판사, 1983.

2. 영서

1. Achtemeier, Elizabeth. *Creative Preaching*. Nashville: Abingdon, 1981.

2. Adams, Jay E. *Pulpit Speech*. Grand Rapids: Baker Book House, 1797.

3. Bausch, William J. *Storytelling Mystic*: Twenty - third Publications, 1984.

4. Blackwood, Andrew Watterson. *Expository Preaching For Today*. Grand Rapids: Baker Book House, 1977.

5. Broadus, John A. On *the Preparation and Delivery of Sermons*. San Fransisco: Harper & Row, Publishers, 1979.

6. Bryson, harold T. and Taylor, James C., *Building Sermons to Meet Peoples Needs*. Nashville, Broadman, 1980.

7. Claypool, John R. *The Preaching Event.* WACO: Word Books, 1980.

8. Clowney, Edmund P. *Preaching And Biblical Theology.* Grand Rapids: Eerdmans Publishing Co, 1961.

9. Daane, James. *Preaching with Confidence.* Grand Rapids: Eerdmans Publishing Co, 1980.

10. Davis, H. Grandy. *Design for Preaching.* Philadelphia: Fortress Press, 1958.

11. Demaray, Donald E. *An Introduction to Homiletiecs.* Grand Rapids: Baker Book House, 1980.

12. Eggold, Henry J. *Preaching is Dialogue.* grand Rapids: Baker Book House, 1980

13. Evans, William. *How to Prepare sermons.* Chicago: Moody Press, 1964.

14. Garret, Duane A. and Melick Jr., Richard R. (ed). *Autbority and Interpretation.* Grand Rapids, MI: Baker Book House, 1987.

15. Gibbs, Alfred P. *Preach The Word.* Oak Park: Emmaus Bible School, 1958.

16. Horne, Chevis F. *Crisis in the Pulpit.* Grand Rapids: Baker Bible House, 1975.

17. Howard J. Grant. *Creativity in Preaching.* Grand Rapids: Zondervan, 1987.

18. Jones, D. Martyn Lloyd. *Preaching and preachers*. Grand Rapids: Zondervan, 1971.

19. Kaiser, Walter C. *Toward An Exegetical Theology*. Grand Rapids, MI: Baker Book House, 1981.

20. Lewis, Ralph and Gregg. *Inductive Preaching*. Westchester, Illinois: Crossway Books, 1983.

21. Litfin, A. Duane, *Public Speaking*. Grand Rapids: Baker Book House, 1981.

22. McClorey, John A. S. J. *The Making of a Pulpit Orator*. New York: The Macmillian Co, 1934.

23. Mitchell, Henry H. *The Recovery of Preaching*. New York: Harper & Row, Publishers, 1977.

24. Moorehead, Lee C. *Freedom of the Pulpit*. New York: Abingdon Press, 1961.

25. Perry, Lloyd M. *Biblical Preaching for Today's World*. Chicago: Moody Press, 1981.

26. Perry, Lloyd M. and Sell, Chales. *Speaking To Life's Problems*. Chicago: Moody Press, 1983.

27. Pinnock, Clark H. *Biblical Revelation*. Philipsburg, New Jersey: Prosbyterian and Reformed Publishing Co., 1985.

28. Roninson, Haddon W. *Biblical Preaching*. Grand Rapids: Baker Book House, 1980.

29. Roninson, Haddon W. *Biblical sermons*, Grand Rapids:

Baker Book House, 1980.

30. Sangster, William E. *The Approach to Preaching*. Grand Rapids: Baker Book House, 1974.

31. Stott, John R. W. *The Preacher's Portrait*. Grand Rapids: Eerdmans, 1961.

32. Taylor, William. *The Ministry of the World*. Grand Rapids: Baker Book House, 1989.

33. Thompson, William D. *Creative Preaching*. Nashville: Abingdon, 1980.

34. Troeger, Thomas H. *Creating Fresh Images for Preaching*. Valley Forge: Judson Press, 1982.

35. Unger, Merrill F. *Principles of Expository Preaching*. Grand Rapids: Zondervan, 1977.

36. Vines, Jerry. *A Practical Guide to Sermon Preparation*. Chichago: Moody Press, 1985.

37. Walter, Otis M. *Speaking to inform and persuade*. New York: Macmillan Publishing Co, 1982.

38. Watson, Ian Pitt. *A Primer for preachers*. Grand Rapids: Baker Book house, 1982.

39. White, Douglas M. *The Excellence of Exposition*. Neptune: Loizeaus Brothers, 1977.

40. Yohn, David Waite. *The Contemporary Preacher and His Task*. Grand Rapids: Eerdmans Publishing Co, 1969.

요단 사역정신

"그러므로 너희는 가서 모든 민족을 제자로 삼아 아버지와 아들과 성령의 이름으로 침(세)례를 베풀고 내가 너희에게 분부한 모든 것을 가르쳐 지키게 하라 볼지어다 내가 세상 끝날까지 너희와 항상 함께 있으리라 하시니라"

1. **For God and Church**
   하나님의 영광과 그의 몸 된 교회의 영적 성장과 성숙을 위한 도서를 엄선하여 출판한다.

2. **Prayer-focused Ministry**
   기획 · 편집 · 제작 · 보급의 전 과정을 기도 가운데 진행한다.

3. **Path to Church Growth**
   건강한 교회를 세우는 축복의 통로로 섬긴다.

4. **Good Stewardship and Professionalism**
   선한 청지기와 프로정신으로 문서 사역에 임한다.

5. **Creating a Culture of Christianity by Developing Contents**
   각종 문화 컨텐츠를 개발함으로 기독교 문화 창달에 기여한다.